宁波大学人才工程项目（文）"德语转折连接词习得顺序与语法课堂潜能"（ZX2022001058）

宁波大学"外国语言文学"学科经费资助项目

外国语言文学前沿研究丛书

德语连接词 aber 的语义范畴及其中文翻译

李俊鸿 著

上海交通大学出版社

SHANGHAI JIAO TONG UNIVERSITY PRESS

内容提要

本书的主要研究对象为德语连接词 aber 的语用功能、语义内涵、在不同上下文中合理的德文替代方式及中文翻译方式。该连接词看似简单,但其语义内涵广泛,难以概括;其使用类型共计十余种,在不同上下文中可被不同的德语连接词替代。中文转折连词"但"或"但是"虽然与该连接词的语义重叠度较高,但也不能覆盖其在实际语用中出现的所有功能。本书的研究成果可以帮助德语学习者提高语言表达的多样性与准确性,帮助德语教学人员、教材及词典编纂者为该连接词提供更系统全面的阐释,为中德翻译人员更准确地翻译带有该连接词的复合句提供参考。

图书在版编目(CIP)数据

德语连接词 aber 的语义范畴及其中文翻译/李俊鸿
著.—上海:上海交通大学出版社,2024.3
ISBN 978 - 7 - 313 - 30415 - 5

Ⅰ.①德…　Ⅱ.①李…　Ⅲ.①德语—连词—研究
Ⅳ.①H334.2

中国国家版本馆 CIP 数据核字(2024)第 052873 号

德语连接词 aber 的语义范畴及其中文翻译
DEYU LIANJIECI aber DE YUYI FANCHOU JI QI ZHONGWEN FANYI

著　者:李俊鸿

出版发行	上海交通大学出版社	地　址	上海市番禺路 951 号
邮政编码	200030	电　话	021 - 64071208
印　制	苏州市古得堡数码印刷有限公司	经　销	全国新华书店
开　本	710mm×1000mm　1/16	印　张	16
字　数	251 千字		
版　次	2024 年 3 月第 1 版	印　次	2024 年 3 月第 1 次印刷
书　号	ISBN 978 - 7 - 313 - 30415 - 5		
定　价	96.00 元		

前　言

　　本书的主要研究对象为德语词 aber 作为连接词的语用功能、语义内涵以及在不同上下文中合理的德文替代方式及其对应的中文标记词。

　　之所以把连接词 aber 选为研究对象，是因为该词看似简单，但其用法非常广泛，其在各类上下文中的使用可以反映说话者不同的认知操作。与其他学者所持的观点不同，本书认为 aber 的语义内核并不是单元结构，而是多元结构且可分为多个层次。即便 aber 与其他连接词相比，可以较早被德语学习者习得（参见 Birkner et al. 1995），但如果细究其具体功能或语义，即便是德语母语者也很难保证在不假思索的情况下将其解释清楚。因为德语连接词 aber 所能表达的语义关系多种多样，所以它在特定的上下文中可以被其他功能相近的连接词所替代，比如 demgegenüber、jedoch、dennoch 等等。也就是说，aber 所能表达的语义关系在实际的语用当中不一定非要通过由连接词 aber 衔接的复句来实现，在不同的上下文中，也可以通过与其功能等价的其他连接词所衔接的复句实现。

　　当然，前后两个语言单位之间的语义关系并不一定需要使用某个连接词进行标记。当某人说"今天天气很好，我出门散个步"的时候，即便没有加入"因为……所以……"这类的连接词，听众也能明白这两个小句之间的因果关系。这种情况符合 Lang 对于省略连接词现象的解释：说话人在表达某种语义关系时之所以省略连接词，是因为该语义关系已经明确到不需要连接词来标记（Lang 1977：73f.）。然而在某些情况下，如果省略连接词，两个小句之间可能存在多种语义关系，比如"叔叔病了，婶婶去出摊了"。这两个小句之间既可以存在因果关系（婶婶因为叔叔病了才得去出摊），也可以存在对立关系（叔叔婶婶的生活状态不同），还可以理解成让步关系（虽然叔叔生病，但婶婶没有留下来照顾他，而是去出摊了）。在这种情况下，如果缺少上下文信息的辅助，两个小句之间的语义关系对于读者来讲并不十分明确。对这类省略连接词的语义关系的理解，很大程度上取决于信息接收者本身的生活经验、知识储备等因素（参见 Stede 2007）。

aber 所能表达的语义关系在实际语用中也可能以省略连接词的方式出现，但笔者认为，语言输出者与接收者的知识背景不尽相同。语言接收者在多大程度上能够在没有连接词标记的情况下明白语言输出者实际想要表达的语义关系，尚待研究。与省略连接词的语义关系相比，被连接词标记过的语义关系更加明确，也更便于研究。因此，在本书中提及的连接词 aber 所能表达的语义关系皆是以实际语用中带有连接词的复句为基础总结归纳出来的。

虽然带有连接词 aber 的复句已经是很多语言学家的研究对象（参见 Wunderlich 1980；Brauße 1998；Breindl et al. 2014 等），但上述所有学者实际上都遵循同一个研究逻辑，即连接词 aber 的功能范围可以通过某一个单一的语义范畴进行描述，比如"对立"或"矛盾"。换言之，上述学者皆认为 aber 的语义核心只包含一个元素。这个研究逻辑在本书中被证明是不合理的。因为大量的真实用例证明，连接词 aber 的功能范围十分广泛，难以用某一个单一的语义范畴来总结归纳。本书尝试寻求一种更加合适的方式对连接词 aber 的语义内核进行描述。

Breindl 等语言学家认为，在研究中详细列举 aber 的使用类型是没有意义的（参见 Breindl et al. 2014）。笔者不赞同这种观点，因为如果想要尽可能准确地描述该连接词所能表达的语义关系，首先需要对该连接词的使用类型有清晰的认知。在正式研究之前，笔者曾进行过可行性调查，建立了一个小型的语料库。该语料库包含摘自德语原版高阶教材 *em neu Abschlusskurs* (C1) 前三单元中出现的由 aber 或与之功能等价的其他连接词衔接而成的复合句。通过对这数十个用例进行分析，笔者已然发现，现存语法书或者相关专业文献中提及的连接词 aber 的用法并不能完全涵盖其在实际语用中出现的用法。这说明，连接词 aber 的功能范围仍有研究空间，学界对该连接词语义范畴的描述尚不全面。对 aber 的使用类型进行尽可能准确又系统的描述，首先可以填补上述学术空白，进而为德语语法书、德语词典、德语教材及其他工具书的编纂者更准确地呈现该词的功能或语义范畴提供新的依据；这些工具书又可以为德语学习者深入了解这门外语、为德语教师甄选教学内容、制定教学策略提供便利。另外，相关研究成果也可以为自然语言处理技术的发展提供新的依据。

鉴于 aber 所能表达的语义关系众多，且在实际语用中不一定通过带有该连接词的复句实现，为了探究在同一语境当中 aber 与其他等价连接词的相对使用频率，为德语学习者在语言输出的过程中选用更恰当的连接词提供事实依据，本书采纳的真实用例中不仅包含带有 aber 的复句，也包含带有其他可与其进行等价替换的连接词的复句。这些连接词本身也可能有多种使用类型，或者除了做连接词之外，还可以有其他词性。这里仅举一个例子加以说明。德语中的 allerdings 做连接词时可能出现在评价性上下文中（比如权衡某事物的优点/缺点），也可能出现在限制性的上下文当中（比如限制某说法的正确性或恰当性）。在这两种情况下，allerdings 均可与连接词 aber 进行替换。然而，allerdings 除了做连接词之外，还可以在对话当中用来表示肯定语气，以解除对方表现出来的疑虑。这种情况下，allerdings 与连接词 aber 并不存在功能等价性。为了确定 aber 在不同上下文中能够通过哪些德语连接词进行改写或替换，首先要讨论这些功能等价词本身作为词位而言完整的语法、语义与语用特征。

为了尽可能完整地描述连接词 aber 的语用功能，笔者在正式研究阶段建立了一个较大的语料库，其中包含八百余个带有 aber 或其功能等价词的复句，这些复句均是德语原版中高阶教材（B1 以上水平）中的用例。这些教材中提供的阅读文章涉及日常交流用语、新闻、文学作品、德语科学文献等不同体裁。在检索德语教材中的用例时，笔者不仅兼顾了阅读文章，还分析了题目要求、语法解析、习题等所有模块中出现的文本。这一教材分析法被称为"linguistische Lehrwerkanalyse"（参见 Ahrenholz 2007）。其核心理念是把教材中所有的语言输出当作一个语料库，从语言学角度全面分析教材中出现的各类文本。完整描述连接词 aber 的语用功能也是探讨该连接词的中文对应词之前提。

具体而言，本书拟回答如下几个问题：①连接词 aber 在实际语用当中有多少使用类型？②这些使用类型是根据哪些因素进行区分的？③如何更加合理地描述连接词 aber 的语义范畴？④连接词 aber 在不同上下文中可与哪些德语词进行替换？⑤连接词 aber 在不同上下文中对应哪些中文标记词？

　　为了实现上述研究目标,笔者采用了多种研究方法。在建立理论基础的阶段,文献研读是主要的研究方法。在实证研究阶段,为了更加全面地了解德语连接词 aber 的语用功能,选用语料库分析法①。在语料库数据分析的过程中,既采用以理论为指导的自上而下的分析路径,即先总结其他学者定义过的连接词 aber 的使用类型,用以指导语料库数据分析,又采用以数据为基础的自下而上的分析路径②,即从真实用例中归纳新的使用类型。

　　本书分为八个章节。在第 1 章中,笔者在研读现存的相关文献之后,剖析了其他学者的研究思路,指出了传统研究逻辑中的缺陷,为更加合理地描述连接词 aber 的语义范畴提供了新的建议。在第 2 章中,笔者吸收了不同语言学家提出的关于复合句语义关系影响因子的观点,探讨了区分连接词 aber 不同使用类型时需要考虑的因素,并建立了更加完整的理论模型,为下文系统描述该连接词的使用类型奠定了理论基础。在第 3 章中,笔者对其他学者已经提及的连接词 aber 的使用类型进行了比对。虽然不同学者对同一使用类型的命名方式不尽相同,但其所指内容具有较高的可比性,因此,在第 4 章中,笔者系统描述了比对过后总结出的不同使用类型的特征。在第 5 章中,笔者通过查阅相关学术文献、各类德语词典以及德语语法书,确定了哪些德语词可能与连接词 aber 具有功能等价性。在详细描述了这些词位的句法功能、语义特征及语用功能之后,笔者总结出连接词 aber 理论上在不同使用类型中可以与哪些等价词进行替换,该结果也为之后的语料库数据分析提供了指导。第 6 章涉及语料库分析的过程及其结果。结合理论研究与实证研究的结果,笔者在第 7 章尝试用第 1 章中提出的新的思路,结合第 2 章所构建的理论模型,用全新的方式描述连接词 aber 的语义范畴。在第 8 章中,笔者以国内学界对转折关系及其标记词的讨论为理论依据,结合前几章中涉及的例证翻译,总结归纳连接词 aber 在不同使用类型下分别对应哪些中文标记词。

---

① 语料库分析法详情参见杨惠中(2002)、吕长竑(2010)、Meißner et al.(2016)、Lemnitzer & Zinsmeister(2010)等学者的研究。

② 有关语料库分析中的两种分析路径,详见 Douglas(2010:162)、Fritz(2014:165f.)等学者的研究。

目　　录

第1章

连接词语义的研究逻辑

1.1 "连接词"的定义之争

德语"连接词"(Konnektor)的概念有广义与狭义之分。广义的连接词包含所有可以用来连接两个或多个语言单位的词(Birkner 1994:304)。《杜登德语语法》对该词类的认定遵循了广义的连接词概念。比如在 2009 年出版的《杜登德语语法》当中,从属连词、并列连词、介词、关系代词、部分副词、部分情态小品词等均被归为连接词一类(参见 Duden 2009:1066ff.)。

Pasch 等学者对德语连接词进行了更加精确的定义。他们认为,一个德语词只有满足了如下条件才能被称为连接词:第一,该词本身不存在曲折变化;第二,该词不会对其周边词的格(Kasus)产生任何影响,即对其他词不存在语法支配关系;第三,该词体现的是一种二元关系;第四,该词连接两个句子或是"可以拓展成句的结构"(Pasch et al. 2003:333)。之所以在最后一个条件中添加了"可以拓展成句的结构"这一项,是因为在现实的语用当中,连接词所衔接的两个语言单位不一定是完整的句子,也可以是两个省略结构或者是两个句子成分,比如:Das ist ein sehr kleines, aber wunderschönes Zimmer(这是一个很小但非常漂亮的房间)。虽然 aber 衔接的不是句子,而是两个定语 sehr klein 和 wunderschön,但是这个结构完全可以被拓展成由 aber 衔接的两个完整的句子,比如 Das Zimmer ist klein, aber es ist wunderschön(这个房子很小,但它非常漂亮)。鉴于此,Pasch 等学者把由连接词衔接的所有语言单位(包括完整的句子及其他可以拓展成句的结构)命名为"Konnekt"(Pasch et al. 2003:4)。笔者根据其含义将其译为"连接单位"。

本书所提到的"连接词"概念,以 Pasch 等学者提出的连接词定义为基础,但并不与之完全一致。在狭义连接词概念的指导下,介词是不能被认定为连接词的,因为介词可以支配其后名词的格,在这一点上本书支持 Pasch 等学者的观点。Pasch 等学者把部分聚焦小品词(Fokuspartikel①)例如 nur、allein 以及部分情态小品词(Modalpartikel②)例如 aber、denn 等都认定为连接词,理由是这些词连接了一个语言实体,即真正被讲出来或写出来的内容,以及一个没有被真正讲出来的背景知识或信息(参见 Pasch et al. 2003:581)。这里仅举一例加以说明:当某人看到一个前不久做过手术的朋友在田径场上飞驰,他可能会说"Du läufst aber schnell!"(你跑得挺快啊!)其中情态小品词 aber 的使用暗示说话人并没有预料到眼见的事实。按照 Pasch 等学者的观点,小品词 aber 在这里连接了"你跑得挺快"这句话,以及"我并没有预料到会这样"这个隐含的信息,所以也可以被认定为连接词。

与 Pasch 等学者的观点不同,笔者认为,连接词所衔接的语言单位必须是两个语言实体。聚焦小品词或情态小品词的使用虽然可以标记语言实体与暗示信息之间的关联,但与连接两个语言实体的连接词相比有显著差别。实际上,不仅仅这两种小品词可以隐含某些没有被说出口信息,当某人说"我今天不在家吃饭了",也会隐含"我过去一般都在家吃饭"这个信息。如此看来,所有的时间副词,例如"今天""现在"也都可以具备连接词的功能,把时间副词也看作连接词显然不合理。笔者的观点与 Diewald 和 Fischer (1998:82f.)的想法不谋而合。两位学者也认为,情态小品词不能被看作连接词,因为被情态小品词暗示的信息并没有以书面或口头形式表达出来。因此,本书中所定义的"连接词"除了满足 Pasch 等学者提出的四个条件之

---

① "聚焦小品词"的定义参见 Duden(2009:589f.)和 Métrtich & Faucher(2009:XIVf.),这一类的德语词也被称为"Gradpartikeln"[参见 Helbig(1988:37ff.)、Zifonun et al.(1997:57)和 König(1991a)]。但后者有歧义,因为也有学者将其与程度小品词(Intensitätspartikeln)画等号。程度小品词的定义参见 Helbig(1988:46ff.)和 Duden(2009:588f.)。另外,个别聚焦小品词本身也可以承担程度小品词的功能,比如德语中的 sogar、selbst 以及 auch,参见 Jacobs(1983:128f.)、König(1991a:793)和 Duden(2009:590)。

② 情态小品词的定义参见 Weydt(1969/1968)、Müller(2014:4)、Thurmair(1989:94ff.)、Zifonun(et al. 1997:59)和 Duden(2009:591)。

外,还要满足第五个条件,即该词衔接的必须是语言实体。

1.2　aber 作为连接词及情态小品词的区别与联系

德语词 aber 除了做连接词之外,也可以做情态小品词,表达说话人的某种心情或态度。在这种情况下,只涉及一个语言实体,因为说话人的内心活动并不会以语句的形式表达出来。

aber 作为情态小品词首先可能出现在感叹句的中场,用来暗示说话人的惊讶(Kwon 2005:144; Métrich & Faucher 2009:15; Szulc-Brzozowska 2010:22ff.; Breindl et al. 2014:534),比如上文中提到的例子"Du läufst aber schnell!"此外,aber 也可能出现在省略句句首,暗示说话人的催促、指责、抗议、愤怒等心态(Helbig 1988:81; Métrich & Faucher 2009:14),比如 Aber Kinder, seid endlich still!(孩子们,快安静下来吧!)。在体现上述心态时,aber 也可能单独出现,通过逗号与其后相随的感叹句分开,此时 aber 需要重读,比如 ABER, sei endlich still! 除此之外,aber 还可以用来加强化某种声明(DWDS①),比如 Aber gern!(当然乐意!)。因为 aber 作为情态小品词的用法并非本书的研究对象,此处不再赘述。

许多学者认为,aber 不论是作为连接词还是作为情态小品词,都离不开同一个义项,即说话人的期待与事实相反(Bublitz 1977; Asbach-Schnitker 1978; Helbig & Kötz 1981; Thurmair 1989; Diewald & Fischer 1998; Cárdenes 1997)。这一观点的底层逻辑是,aber 的诸多功能可以用单一的义项来概括。然而,在实际语用中,这个义项并不存在于所有的由 aber 衔接的复合句当中,这一点将会在后续的章节中详细论证。

1.3　针对连接词 aber 语义范畴研究的传统思路

1.3.1　aber 与 und 的语义对比

在研究德语连接词 aber 的语义范畴时,传统的研究思路之一是把该连

---

① https://www.dwds.de/wb/aber

接词与 und 的语义范畴进行对比。多数学者习惯把 und 的语义范畴概括为"相合"(Additivität),把 aber 的语义范畴概括为"对立"(Adversativität),并将"对立"看作"相合"的一种子类型。例如 Starke 把 und 看作最具普遍适用性的连词,认为 aber 的语义与 und 相比更具特殊性,指出当 und 衔接的两个句子当中包含语义相互对立的句子成分时,连接词 und 可以被 aber 替换(Starke 1989:31f.)。Lang(1991:615ff.)和 Rudolph(1996:21ff.)也持相似观点,认为"相合"是"对立"的基础。但也有以 Brauße(1998)为代表的学者认为,"相合"与"对立"之间并不是上下义关系,而是反义关系。

Brauße(1998)首先对 Posner(1979)和 Lang(1984)关于德语连接词 und 及 aber 语义的描述提出质疑。Posner(1979:387)在描述 und 的语义时倾向于语义最小论[①],认为 und 的语义与逻辑运算符"与"(常被写作"∧")等同。按照这个观点,und 所连接的两个句子只有同时为真时,整个复合句才可以成立。Brauße(1998)则认为,连接词 und 的语义远比运算符"与"要特殊,该运算符只强调被连接的命题为真,而实际上,并不是任意两个事实都可以通过 und 连接成复合句,两个句子的衔接必须要有意义,不可任意为之。

为了强调这种非任意性,Brauße(1998)引用了 Lang 在描述并列复合句的语义时使用的概念"Common Integrator(CI)"(Lang 1984:69)。这个概念是 Lang 在其 1977 年发表的德文版学术专著中提出的"Gemeinsame Einordnungsinstanz(GEI)"这个概念(Lang 1977:66)的英文翻译。借助这个概念,Lang 想强调并非任意两个句子之间的衔接都具有交流意义。两个句子在实际交流当中可以被衔接的前提是:人们可以从这两个句子的含义之中抽象出来某个上层概念。这个上层概念被 Lang(1977/1984)称为 GEI/CI。例如,当某人说"Meine Eltern wohnen in Ningbo und ich wohne in Hangzhou"(我父母住在宁波,我住在杭州)的时候,我们作为听众可以很轻松地从被衔接的两句话"我父母住在宁波"和"我住在杭州"的含义中抽象出一个上层概念,即"某家庭成员的住处"。这两个句子的衔接可以被听众接受,具备交流意义。但是假设某人说"Meine Eltern wohnen in Ningbo und Elefanten sind soziale Tiere"(我父母住在宁波,大象是群居动物)的时候,听众很难理解为什么这两句话会被衔接起来。也就是说 GEI/CI 这个概念强

---

① 关于语义最小论的基本主张参见姚小琴(2022:430)。

调的是两个被衔接的句子之间需要具备连贯性,与篇章语言学中强调的"连贯"(Kohärenz)(Bußmann 2001:351; Stede 2007:24f.;张勇 2016:210ff. 等)有异曲同工之妙。

在强调 GEI/CI 的基础上,Lang 认为并列连词的运用可以反映说话人的某种认知操作,因此,并列连词的语义本质上是"操作含义",即"operative Bedeutung"(Lang 1977:64)。Lang(1984:143)用符号"SIMUL"来描述连接词 und 的操作含义,这个符号是德文符号"GILT ZUGLEICH"(Lang 1977:143)的英文翻译,强调被 und 衔接的两个句子的内容可以同时为真。除此之外,Lang 还指出,由 und 衔接的两个句子的语义必须是"独立的"(Lang 1977:144)。语义独立意味着两句话的真/假值之间不存在相关性,即两句话之间不能存在同义关系、语义包含关系或是语义对立关系。因为在这三种语义关系下,两句话之间的真/假值会产生关联,例如,当两句话 S1 和 S2 之间存在同义关系,那么如果 S1 为真,S2 必然也为真。然而,单单在描述符号 SIMUL 的含义时,Lang 在上述著作中并未明确指出该符号本身是否强调从被衔接的句义当中能够抽象出一个上层概念,也未明确指出该符号本身是否强调句义的独立性,这也给了其他学者提出质疑的机会。

根据 Brauße(1998:141)对 Lang(1984)的解读,符号 SIMUL 与逻辑符号"与"的含义是一样的,即两个命题同时为真。在 Brauße 看来,单单用这层含义来描述德语连接词 und 的语义是不恰当的,该连接词与其他连接词相比有其特殊之处,即表达被衔接的句义在某种视角下可以被合并。为了体现出 und 所表达的"相合"这层特殊含义,Brauße(1998:142)引入符号"ADDITIV"来指代它。与此同时,Brauße 认为连接词 aber 所表达的"对立"可以解释为被衔接的句义在某个视角下不可以被合并,即"不相合",用符号"CONTRAST"或"-ADDITIV"来表示(ebd.)。如此一来,aber 和 und 本身都有各自的语义特殊性("相合"vs."对立/不相合"),而且连接词 und 和 aber 的语义之间也不再是其他多数学者所认为的上下义关系,而是反义关系(ebd.:145)。

此外,Brauße(ebd.)还强调,被衔接的两个句子本身的含义并不能对这两句话之间语义关系起决定性作用,两句话之间的语义关系最终是由上下文决定的。Brauße 指出,上下文中隐含的需要回答的问题,即"Quaestio"(参见 Klein & Stutterheim 1991)决定了前后两句话是为了表达何种语义关系被衔接起来的。为了说明上下文对于语义关系的成立或者对连接词的选择起决定性作用,Brauße 列举了如下例子,其中的问句代表的是上下文中需要回答的问题:①

(1a) —Wo leben Hans und Peter?

　　　—汉斯和皮特住在哪里?

(1b) —Hans lebt in Berlin **und** Peter in München.

　　　—汉斯住在柏林,皮特住在慕尼黑②。

(2a) —Leben beide in Berlin?

　　　—两人都住在柏林吗?

(2b) —Nein, Hans lebt in Berlin, **und/aber** Peter in München.

　　　—不,汉斯住在柏林,皮特住在慕尼黑。(und 句)

　　　—不,汉斯住在柏林,但皮特住在慕尼黑。(aber 句)

(3a) —Deine Freunde sind wohl alles echte Berliner?

　　　—你的朋友们大概都是柏林本地人吧?

(3b) —Nein, Hans und Fritz sind (zwar) aus Berlin, **aber** Peter ist aus München.

　　　—不,汉斯和弗雷茨(虽然)是柏林人,但皮特是慕尼黑人。

(3c) —Ja, fast alle sind aus Berlin, **aber/allerdings** Peter ist aus München.

　　　—是的,几乎所有朋友都是柏林人,但/不过皮特是慕尼黑人。

(Brauße 1998:144)

Brauße(1998:144)认为,(1a)的问题决定了(1b)两个小句之间只能存在相合关系,不能存在对立关系,因为(1a)的问题只要求回答者列举不同人的住处即可。与此相反,(3a)的问题决定了(3b)及(3c)被衔接的两个小句

---

① 除了特别说明之外,本书例句中的汉译均由笔者添加。

② und 表达的"相合"关系在这句话中没有恰当的中文对应词,因此没有被翻译出来。

之间无法存在相合关系，只能存在对立关系，因为并非所有朋友都如提问者期待的那样住在同一座城市。Brauße 还指出，即便两个小句本身的语义中存在对立成分，也不意味着两个小句在实际语用中必须通过连接词 aber 来衔接，比如"Hans ist groß"（汉斯长得高）、"Fritz ist klein"（弗雷茨长得矮）这两个小句中存在对立的语义成分"高"和"矮"。如果已知汉斯和弗雷茨是双胞胎兄弟，那么人们会期待二人的身材相似。在这个上下文中，选用连接词 aber 来衔接两个小句是恰当的。但是如果汉斯和弗雷茨不是双胞胎，也不存在任何其他亲缘关系，上下文只是单纯地在讨论不同人的身材，那么应该选用连接词 und 来衔接两个小句（ebd.：151）。在进行了上述论证之后，Brauße 把连接词 aber 所表达的"对立"归结为"事实与上下文中隐含的期待相悖"（ebd.：155）。

　　Brauße 的论证看上去可以把德语连接词 und 和 aber 所表达的语义关系明确区分开来，但忽视了一个问题，就是为什么在某些上下文当中，既可以出现 und 衔接的复合句，又可以出现 aber 衔接的复合句？比如上文列举的（2b）为什么两个连接词都可以出现？Brauße 对此并没有进行明确解释。

　　按照 Brauße 对连接词 aber 的语义描述，如果（2b）的两个小句可以通过 aber 来衔接，那么从理论上来讲，问题（2a）应该隐含提问者期待汉斯和皮特这两个人确实都在柏林住这个信息。但在笔者看来，在没有任何特殊的疑问标示①的情况下，单单从"Leben beide in Berlin?"（两人都住在柏林吗?）这个一般疑问句中很难看出说话人是否期待两位确实都住在柏林。因为通常情况下，一般疑问句的功能只是用来发问，不会反映提问者的任何心理倾向。如果提问者想表明自己期待汉斯和皮特二人确实都住在柏林，那么更合适的表达方式是附加问的形式，比如"Beide leben in Berlin, oder?"（两个人都住在柏林，对吧?）或者类似（3a）的形式"Beide leben wohl in Berlin?"（两个人大概都是住在柏林的吧?）。

　　在剖析了 Brauße 的研究之后，有三个疑问尚待解决。第一，如果说（2b）的两个小句可以用 aber 进行衔接，且需要回答的问题（2a）并不包含提问者的任何心里倾向，那么我们是否可以认为，"事实与上下文中隐含的期待相悖"这个义项并不是连接词 aber 所包含的唯一义项？第二，如果（2b）的

---

① 关于"疑问标示"的概念参见于善志（2003：46）。

两个小句既可以用 und，也可以用 aber 来衔接，我们是否可以认为，在没有任何心理倾向、单纯表达人/事物的差异性的时候，und 和 aber 可以相互替换？第三，连接词 aber 所表达的"对立"除了"事实与上下文中隐含的期待相悖"之外，是否还可以解释成"人/事物具有差异性"？如果这三个问题的答案是否定的，那么说明连接词 aber 不该出现在例句（2b）之中；如果这三个问题的答案是肯定的，那么说明连接词 und 和 aber 的功能范畴有交集，Brauße 对二者进行的语义描述和区分有待商榷。

事实上，Brauße 的研究思路并不是个例，而是遵循了相关研究的学术传统。比如 Fritsche 早在 1986 年就提出，与连接词 und 相比，当连接词 aber 出现的时候，听话人被迫从前一个小句给出的信息当中做出一个符合常识的推断，这个结论会被后一个小句中提到的事实否定掉。Fritsche 认为，当对话中出现"Franz ist Alkoholiker, aber…"（弗兰茨是个酒鬼，但……）"这个表达的时候，听话人被迫按照自己的常识从前一个小句中做出一系列推断，比如"弗兰茨会不守时"，因为酒鬼精神萎靡一般都没有什么时间观念；或者"弗兰茨的肝脏会受损"，因为常年喝酒的人肝脏一般会受到损伤。直到第二个小句出现，这些推断当中的一个会被否定掉。比如，当第二个小句"er kommt jeden Morgen pünktlich zur Arbeit"（他每天都准时去上班）出现，听话人之前所做出的推断"弗兰茨会不守时"即刻被否定。Fritsche 还指出，同样的两个小句，如果用连接词 und 来衔接，那么听话人在听完第一个小句的内容之后虽然也有可能做出上述推断，但这个做出推断的过程对于理解前后两句话之间的语义关系不是必要的（Fritsche 1986：63ff.）。由此可见，Frische 在描述 und 与 aber 所表达的语义关系时也强调二者的区别，放大了 aber 本身所包含的"事实与期待相悖"这一义项，而忽视了其他可能存在的义项。

1.3.2 aber 与 obwohl 等词的语义对比

在研究德语连接词 aber 的语义范畴时，另一研究思路是把该连接词与 obwohl、trotzdem、dennoch 等表达让步关系的连接词进行语义对比，从而区分"对立关系"（Kontrastverhältnis）与"让步关系"（Konzessivrelation）。

在 Di Meola（2004：288）看来，与对立关系相比，让步关系的特殊性在于该语义关系的成立以因果或条件关系为前提。让步关系与因果/条件关系之间的联系也是学界共识，比如 Starke(1982:132ff.)曾提出，让步关系是矛盾关系（Widerspruchsverhältnis）和因果/条件关系的结合体。Rudolph(1995:227)也认为，让步关系其实隐含着一个根据经验和常识判断出来的因果或者条件关系，即"当 A 成立，那么通常情况下 B 不成立(A→¬B)"；而从条件/原因 A 中推导出的结果 ¬B(非 B)与事实相悖。

　　在论证"让步关系"与"对立关系"之间的区别时，Di Meola 分别列举了带连接词 obwohl 和 aber 的复合句：

（4）Monika hat die Pilze gegessen, **obwohl** sie giftig waren.
按德文语序翻译：莫妮卡吃掉了这些蘑菇，尽管它们有毒。
按中文语序翻译：虽然这些蘑菇有毒，但莫妮卡还是吃掉了它们。

（5）Monika hat die Pilze gegessen, **aber** sie waren giftig.
莫妮卡吃掉了这些蘑菇，但它们有毒。

（Di Meola 2004:288）

　　Di Meola(2004:288)指出，人们在读到例句(4)时，会认为莫妮卡是在明知蘑菇有毒的情况下吃了它们。在这种情况下"蘑菇有毒"是一个"起因/前提"；"莫妮卡吃掉了这些蘑菇"是一个"未预料到的结果"；例句(4)中的"对立"存在于这个前提和这个未料到的结果之间。而当人们读到例句(5)时，只会认为"莫妮卡吃了蘑菇"和"蘑菇有毒"这两件事之间存对立关系，不会读出"明知蘑菇有毒还去吃"的意味。借由例句(4)，Di Meola 进一步指出，每一个让步关系实际上都隐含着两个原因/条件关系；其中的一个原因/条件关系被肯定了，而另外一个被否定掉了；也就是说，之所以会出现一个意料之外的结果，肯定是有其他原因的(ebd.:289)。这个观点与 Klein(1980:161ff.)的想法不谋而合。Klein 认为，当人们在论证的过程中使用让步关系时，隐含着两个步骤：第一步，出于合作原则承认对手逻辑中的因果关系，肯定对方的论证；第二步，指出因果关系中的前提有变，从而得出不同的结论，用以否定对手的观点。

　　以(4)为例，Di Meola 认为，例句中的主人公莫妮卡在明知蘑菇有毒的情况下吃掉了它们，肯定是有缘由的，比如莫妮卡想了结自己，只是这个缘

由没有被明说。通过下面的表格,Di Meola 解析了(4)所隐含的双重因果/
条件关系:

表 1　例句(4)隐含的双重关系(Di Meola 2004:289)

	Ursache/Prämisse 起因/前提	Folge 结果
potentiell 按照常理应该成立的关系	Giftigkeit(A1) 蘑菇有毒	Meiden(A2) 避开毒蘑菇
wirksam 实际上成立的关系	Todeswunsch(B1) 想要了结自己	Essen(B2) 吃掉毒蘑菇

在前提 A1(蘑菇有毒)和 B1(莫妮卡想了结自己)之下,分别会产生截然
不同的两种结果,即 A2(避开毒蘑菇)和 B2(吃掉毒蘑菇)。其中,A1 与 A2
之间的因果/条件关系按照常理本该成立,但在现实中随着 B2 的成立而被
推翻;实际上成立的是 B1 与 B2 之间这个因果/条件关系,其中 B1 这个缘由
是"被隐藏起来"的(Di Meola 2004:289)。也是出于这个原因,Di Meola 在
其较早发表的文章中把"让步关系"称为"隐藏的因果关系"(Di Meola 1997:
34f.;1998:340)。

在进行了上述论证后,Di Meola(2004:289)得出结论,认为让步关系
中包含两个要素:①一般意义上的对立关系;②因果/条件关系。至于让
步关系到底应该算是一种特殊的对立关系还是算一种特殊的因果关系,Di
Meola 并没有下定论,而是指出,逻辑/语义关系之间不存在严格的等级结
构,而是网状结构,不同的语义关系之间会或多或少地共享某些特征
(ebd.:290)。这个观点与 Breindl 的观点不谋而合。Breindl(2004a:223)也
认为,与其说不同的语义关系之间相互排斥、泾渭分明,不如说它们构成了
松散的集体。

假设连接词 aber 的语义范畴真的可以被简单地归纳为"对立",那么笔
者赞同 Di Meola 的观点,即对立关系与让步关系之间确实存在语义交集,因
为 obwohl 引导的复合句确实可以通过 aber 来改写,比如,在表达某人"虽然
病得厉害,但仍然来上班"这个让步关系时,德文中既可以说"Obwohl er
schwer krank ist, kommt er zur Arbeit",也可以说"Er ist schwer krank,
aber er kommt zur Arbeit"。在 Di Meola(2004:290)看来,aber 虽然原本不

是让步连接词,但是由 aber 衔接的复合句在特定的上下文中可以被理解为让步关系。然而,笔者认为,aber 之所以可以出现在让步关系中,不是因为上下文的加持,而是该连接词本身就含义广泛,可以表达多种语义关系,其中也包括让步关系。笔者与 Di Meola 的想法在一个点上存在分歧,即连接词 aber 是否只能用来表达“对立关系”,或者说,通过对比 aber 与 obwohl 的语义范畴来确定“对立关系”与“让步关系”之间的区别是否恰当。这个问题在笔者阅读其他更早发表的相关文献时也遇到过,这里不再列举,但 Umbach 和 Stede 在其相关研究中的分析方法是其他学者没有提到过的,值得在下文中展开介绍。

Umbach 和 Stede(1999)在其共同发表的文章中提出了一种“替代信息分析法”,用来对包含连接词 aber 的复合句进行语义分析,旨在把“对立”和“让步”两种语义关系区分开来。两位学者认为,“对立”和“让步”是两种完全不同类型的语义关系,对于文章的构建来讲没有可比性。两位学者首先反驳了 20 世纪 70 年代以来,以 Lakoff(1971)和 Eggs(1977)为代表的学者提出的观点,即对立关系至少有三种解读方式:语义相反(semantische Opposition)、相反的评价(gegensätzliche Bewertung)、事实与期待相悖(Widerspruch der Erwartung)。Umbach 和 Stede 认为,用这三个义项来描述“对立关系”的核心含义是不恰当的。两位学者首先指出,上述三个义项可以归纳于“相反”(Gegensatz)这个上位概念之下,只是不同类型的“相反”罢了。其次,两位学者指出,语义相反或者说字面上的反义绝对不是对立关系成立的决定性因素,否则人们无法解释为什么连接词 und 也可以用来衔接包含语义相反成分的句子。此外,两位学者还认为,这三个义项之间的区别并不十分明显,人们在遇到 aber 衔接的复合句时经常难以判断其解读方式,比如,当某人说“Hans ist reich, aber Paul ist arm”(汉斯富有,但保罗贫穷)的时候,首先可以找到语义相反的成分,即“贫穷”vs.“富有”;但若汉斯是保罗的父亲,那么听众可能会期待保罗不会贫穷,如此一来又可以解读出“事实与期待相悖”这层含义。两位学者还指出,“事实与期待相悖”这个义项通常被看作让步关系的内涵,如果遵循 Lakoff(1971)、Eggs(1977)等学者的观点,那么让步关系就得被看作对立关系的子类型,“事实与期待相悖”这个义项就难以作为区分“对立”和“让步”关系的标准。另外,两位学者还提到,上述三种解读方式难以覆盖实际语用中出现的所有带有连接词 aber 的复合句。鉴于此，两位学者想寻求一种新的分析方法，以期更简单地描述 aber 的语义内涵，也就是所谓的替代信息分析法。

这一分析法的底层逻辑是认为连接词 aber 的出现可以对文章的信息结构产生影响，即 aber 有聚焦的作用，可以把信息接收者的注意力转移到紧随 aber 其后的信息上（Umbach & Stede 1999：5）。所谓的"替代信息"（Alternativen）是指属于同一类型或范畴①的信息。在由 aber 衔接而成的复合句中，一个小句中的焦点信息（der fokussierte Teil）以及另一个小句中与其属于同一类型的替代信息共同构成一个"替代信息集合"（Alternativenmenge）（ebd.：6）。为了使读者明确这些概念，Umbach 和 Stede 举出如下例句（6a）加以说明。其中第二个小句中的焦点载体（Fokusträger），即口语中需要重读的部分，在两位作者的原文中被大写（即"BERTA"的形式）。因为汉字不存在大小写之分，所有的焦点载体在本书汉译中由加粗字体标出：

(6a) (Anna hat nicht geputzt,) aber BERTA hat geputzt.
（安娜没打扫卫生，）但**贝尔塔**打扫了。

（Umbach & Stede 1999：6）

Umbach 和 Stede 认为，第二个小句中的焦点信息"贝尔塔"以及第一个小句中与它属于同一类型的替代信息"安娜"共同构成了一个替代信息集合。两位学者还指出，例句（6a）中的"对立关系"在于，焦点信息"贝尔塔"符合句中的话题"打扫卫生了"，而其替代信息"安娜"不符合这一话题。"话题"译自 Umbach 和 Stede（1999）著作中出现的德语词"Topik"。对于这个概念，两位学者没有进行详细的阐释，而是简单地提到，句子中除了焦点信息之外的成分被看作话题（ebd.：6）。另外，两位学者还认为，连接词 aber 在第二个小句中可能出现的位置与其信息焦点所处的位置息息相关。以（6a）为例，两位学者认为，在不改变信息结构的情况下，连接词 aber 在第二个小句中可以出现在如下两个位置：

---

① "范畴"的概念参见文旭、杨坤（2022：12ff.）的论述。

(6b) ..., aber BERTA hat geputzt.

(6c) ..., BERTA aber hat geputzt.

(Umbach & Stede 1999:6)

连接词 aber 在(6c)中所处的位置被称为"Nacherstposition(NE)",即紧随句子第一位成分其后且位于第二位成分之前的位置。很多学者对这一位置的功能进行过研究并一致认为,处在这个位置的连接词有一个特殊的作用:把处于句子第一位的成分标记为焦点信息(Koch-Kanz & Pusch 1977:94; Breindl 2004c:192; Weinrich 2007:814)。连接词 aber 在(6c)中的 NE 位置出现,标记了处于句子第一位的信息,即"Berta"(贝尔塔)是句子的焦点信息。从信息结构上来说,(6c)与(6b)无异。Umbach 和 Stede 还强调,若句子的信息焦点(Fokus)不在第一位,而是在其他位置,那么连接词 aber 就不能出现在 NE 这个位置,比如例(7a),其中的星号意味着句子有不妥之处:

(7a) (Berta war nicht einkaufen,) * Berta aber hat GEPUTZT.

　　　(贝尔塔没去购物,)但她**打扫卫生**了。

(Umbach & Stede 1999:5f.)

已知例(7a)第二个小句的焦点信息实际上是"打扫卫生",倘若连接词 aber 出现在 NE 位置,那么处于第一位的成分"贝尔塔"将会成为信息焦点,与实际情况不符。所以在这种情况下,把连接词 aber 放到 NE 位置并不妥当。Umbach 和 Stede 认为,在(7a)这个复合句中,连接词 aber 可以处于零位(Nullposition),即位于两个小句之间不占位;也可以位于第二个小句的信息焦点之前,即位于"geputzt"之前,如例(7b)所示:

(7b) (Berta war nicht einkaufen,) Berta hat aber GEPUTZT.

(Umbach & Stede 1999:5f.)

经过如上所述的初步探讨,Umbach 和 Stede(1999)指出,在由连接词 aber 衔接的复合句中,根据其中一个小句的焦点信息的内容,可以确定另外一个小句中与之属于同一类型并形成对立的替代信息是什么;根据焦点信息在小句中出现的位置,可以推测出连接词 aber 可能出现的位置。在此基础上,两位学者提出,连接词 aber 所表达的对立不是由字面上的语义对立决定的,而是与句中的信息结构密切相关;对立的产生建立在"排除某个替代信息"(ebd.：6)的基础上,且在排除的过程中要考虑句中的话题是什么。

为了论证上述观点,Umbach 和 Stede 列举出了多种由连接词 aber 衔接而成的复合句,并全面剖析了其中所有小句的信息结构。为了使两个小句中互为替代信息的成分一目了然,两位学者为每个复合句构建了一个需要回答的问题,即"Quästio",以问句的形式呈现;两位学者强调,这个"Quästio"不是随便任何形式的问句,而是由复合句的信息结构提出的一个一般疑问句;根据复合句中两个小句的句义,这个一般疑问句可以同时用"是"和"否"来回答(ebd.：10)。

在两位学者列举出的第一类复合句中,两个小句的主语是话题,谓语构成信息焦点,每个小句中的信息焦点以中括号加下角标"[]$_F$"的形式标出,例如:

(8) Anton hat [eingekauft]$_F$, aber er hat nicht [abgewaschen]$_F$.

　　安东[买东西]$_F$ 了,但没[洗碗]$_F$。

　　Quästio："Hat Anton eingekauft und abgewaschen?"

　　问题："安东买东西和洗碗了吗?"

(Umbach & Stede 1999:7)

在例(8)中,焦点信息"买东西"和"洗碗"互为替代信息,这两个信息构成了一个替代信息集合,其中的一个替代信息,即"买东西"符合"安东……了"这个话题,而另外一个替代信息,即"洗碗"不符合该话题。在 Quästio 中被提问的两个替代信息由连接词 und 衔接。Umbach 和 Stede 根据 Lang (1991)对连接词 und 的语义描述指出,und 的出现意味着被衔接的两个替代信息必须归纳到同一个上层概念中去,而且两个替代信息必须满足语义独立①的条件。两位学者还指出,例(8)的"洗碗"这个替代信息的排除是通过直接否定的表达形式实现的,即在该信息前面直接加上否定词,也可以通过

---

① 有关"语义独立"的定义参见本书第 1.3.1 节。

与之含义相同的其他表达方式实现,例如:

（9）Anton hat [eingekauft]_F, aber er hat [den Abwasch stehen lassen]_F.

安东[买东西]_F了,但他[把脏了的碗碟搁在那没动]_F。

（Umbach & Stede 1999:7）

显然,"把脏了的碗碟搁在那没动"与"没洗碗"含义相同,都是否认了"洗碗"这件事,只是表达方式不同。

在 Umbach 和 Stede 列举出的第二类复合句中,两个小句的主语不一致,而谓语(不含否定词)一致,如下所示:

（10）[Anton]_F hat eingekauft, aber Bruno hat [nicht]_F eingekauft.

安东[买东西]_F了,但布鲁诺[没有]_F买东西。

Quästio: „Haben Anton und Bruno eingekauft?"

问题:"安东和布鲁诺买东西了吗?"

（Umbach & Stede 1999:7）

两位学者指出,例(10)第一个小句的焦点信息"安东"和第二个小句中与之属于同一类别的"布鲁诺"构成了替代信息集合。在第二个小句中,否定词 nicht 的出现意味着其中一个替代信息,即"布鲁诺"不符合"……买东西了"这个话题,因而被排除。在第三类复合句中,两个小句的主语和谓语皆不相同,如例(11)所示:

（11）Anton hat [eingekauft]_F, aber abgewaschen hat [Bruno]_F.

安东[买东西]_F了,但碗是[布鲁诺]_F洗的。

Quästio: „Hat Anton eingekauft und abgewaschen?"

问题:"安东买东西和洗碗了吗?"

（Umbach & Stede 1999:8）

例(11)需要回答的问题和例(8)的问题是一样的,这也意味着,例(11)的替代信息仍然是"买东西"和"洗碗",话题依然是"安东……了"。然而,与例(8)不同的是,例(11)"洗碗"这个替代信息的排除不是通过直接的表达方式,而是通过间接的表达方式实现的:"安东没洗碗"这个事实在例(11)中可以从"碗是布鲁诺洗的"中推断出来。也就是说,为了排除替代信息"洗碗",说话人在上下文中引入了一个新的成分,即"布鲁诺";这个新的成分与被排除的替代信息"洗碗"相契合。

在 Umbach 和 Stede 列举的最后一类复合句中,互为可替代信息的不再是句子成分,而是两个小句中完整的句义。在这种情况下,句子的信息焦点不再由某个成分来承担,而是由完整的句子来承担。这一类型的信息焦点被 Höhle(1992:112)称为"全局焦点"(Verum-Fokus)。Höhle(ebd.:114)指出,全局焦点的出现意味着在前文中已经出现过、被熟知的想法在下文中又像新的想法一样被提出。在这种情况下,句子的变位动词会被重读,但被强调的不是变位动词的内容或其变位形式,而是整个句子的句义,如例(12)所示:

(12) [Es regnet]_F zwar, aber [Anton bleibt nicht zu Hause]_F.
   虽然[下着雨]_F,但是[安东不在家待着]_F。
   Quästio: „Regnet es und bleibt Anton zu Hause?"
   问题:下着雨吗? 安东在家待着吗?
   (Umbach & Stede 1999:9)

这种情况下,问题中两个完整的句义由 und 衔接,即两个句义互为替代信息。从例(12)的汉译可以看出,这里的连接词 und 很难被译成恰当的中文,因此笔者选择用两个前后连续问句的形式译出。值得思考的是,在这种情况下,句中的话题是什么。按照 Umbach 和 Stede 的观点,句中除了焦点信息以外的成分是话题。那么当所有成分都是焦点信息时(连接词 zwar、aber 不算句子成分),话题又该是什么呢? "下着雨"这个焦点信息符合哪个话题? "安东在家待着"这个焦点信息又是因为不符合哪个话题而被排除了呢? 既然两个完整的句义在问题中由 und 衔接,那么它们可以归纳到哪个上层概念中去呢? 对于这一系列的问题,Umbach 和 Stede 并未加以探讨。

Höhle 在解释"全局焦点"这个概念的时候曾经提到过,如果一整句话都是信息焦点,那么说明句中命题的真值被说话人强调了(Höhle 1992:114)。由此可见,类似例(12)两个完整的句义之所以能构成替代信息,是因为上下文中的话题是命题的真值,也就是说"下着雨"符合话题"……是真的";而"安东在家待着"不符合"……是真的"这一话题,因而被排除。为了更清晰地呈现这个话题,笔者认为,例(12)的问题应该改成"Ist es wahr, dass es regnet und Anton zu Hause bleibt?"("下着雨"和"安东在家待着"这两件事是真的吗?)。如此一来,"……是真的"这个话题一目了然。

Umbach 和 Stede(1999:9)在经过上述论证之后指出,从 aber 衔接的复合句中,人们总是能够读出"否定"或"对立"意味,而这种"否定"或"对立"应该被理解为:第一个小句中焦点信息的替代信息(即第二个小句中与前一个小句的焦点信息属于同一类别或范畴的信息)因为不符合第一个小句中的话题而被排除。

Umbach 和 Stede(ebd.:11)认为,"对立"与"让步"是两种截然不同的语义关系;对立关系的本质是"排除替代信息"(Ausschluss einer Alternative),而让步关系的本质是"被否定的因果关系"(Inkausalität)。为了进一步说明让步关系的本质,两位学者举出一个由连接词 obwohl 衔接而成的主从复合句,并对其进行了改写,如例(13)所示:

> (13) **Obwohl** es regnet, hat Anton eingekauft.
> = Es ist nicht so, daß Anton, weil es regnet, nicht eingekauft hat.
> 尽管下着雨,安东还是买东西了.
> = 安东没有因为下着雨而没买东西.
>
> (Umbach & Stede 1999:11)

另外,Umbach 和 Stede(ebd.:12)还指出,在让步关系中被否定的因果关系,比如例(13)的"因为下雨而没买东西",并不是公理或定律,这类因果关系不是"永远"成立,而只是"在通常情况下"成立。

按照 Umbach 和 Stede 的论证,"对立"和"让步"确实应该是两种独立的语义关系,但有一个问题:假设连接词 aber 的语义范畴真的与两位学者论文中所阐释的"对立"相等同,且认定"对立"与"让步"是两种独立的语义关系,那么如何解释由 obwohl 衔接的复合句可以用 aber 衔接的复合句进行改写这一事实? 比如上文中提到过的例(13)在语义不变的前提下完全可以改写成由 aber 衔接的复合句,如例(14)所示:

(14) Es regnet, **aber** Anton hat eingekauft.
虽然下着雨,但安东还是买东西了。

Umbach 和 Stede(ebd.)认为,连接词 aber 之所以被理解为表达"让步",是在特定的上下文中被"过度解读"的结果。这种过度解读有一个前提条件,就是 aber 所衔接的两个小句的语义之间可能隐含某种因果关系。为了更加清晰地呈现这种过度解读的过程,两位学者列出了"Es regnet, aber Anton hat eingekauft"(虽然下着雨,但安东还是买东西了)这句话的三个解读步骤,如下所示:.

第一步:解读出句中的"对立"
下着雨这件事是真的,而安东没买东西这件事是假的。
第二步:解读出句中隐含的因果关系(过度解读)
安东没有因为下着雨而不买东西。
第三步:解读出句中的"让步"
尽管下着雨,但安东还是买东西了。

(Umbach & Stede 1999:13)

Umbach 和 Stede(ebd.:13)认为,人们从"对立"和"让步"这两种语义关系中虽然都能读出某种表示否定的意味,但二者之间存在着显著的区别:让步关系中的"否定"是让步连接词本身的语义组成部分(因为让步关系的本质是被否定的因果关系);对立关系中的"否定"并非语义层面的概念,而是信息结构层面的概念(因为对立关系的本质是排除替代信息)。总之,让步关系是语义层面的关系,而对立关系是信息结构层面的关系。

经过如上论述,Umbach 和 Stede 看似更加清楚地解释了对立关系与让步关系之间的区别,但忽视了一个问题:为什么不能同样采用"替代信息分析法"去解释让步关系? 实际上,aber 和 obwohl 在某些情况下可以用来回答同一个问题,比如例(12)中提到过的问题也完全可以用 obwohl 衔接的复合句来回答,如例(15)所示:

> (15) Quästio: Regnet es und bleibt Anton zu Hause?
> **Obwohl** es regnet, bleibt Anton nicht zu Hause.

　　笔者认为,例(15)由 obwohl 引起的第一个小句也可以被理解为肯定"下着雨"这件事的真值,第二个小句也可以被理解为否定"安东在家待着"这件事的真值。例(15)完全可以像例(12)一样用替代信息分析法进行解析:例(15)的第一个小句符合"……是真的"这一话题,第二个小句因为不符合"……是真的"这一话题被排除。既然如此,由 obwohl 表达的"让步"同样可以被理解为"排除替代信息";让步关系同样可以放到信息结构层面去解释。由此可见,Umbach 和 Stede 的论证也并非无懈可击,所谓的替代信息分析法实际上并不能清楚地区分对立与让步两种语义关系。

　　除了上述学者的探索之外,也有学者尝试用逻辑公式去描述对立与让步两种语义关系并对其加以区分。例如,Pasch(1994)、Breindl(2004d)等学者曾就"让步关系"的语义内涵进行过如下描述:

> 确定的是:p 和 q 同时为真
> (上下文中)预设的是:如果 p 成立,那么 q 通常不成立
>
> (Breindl 2004d:4)

　　公式中的"p"代表的是条件命题,这个条件下通常会成立的结果是"$\neg q$(非 q)",也就是说,命题"$\neg q$"与期待中的结果"q"相反。Breindl(2004d:4)认为,让步关系的成立需要满足两个条件:第一,两个被连接的事实同时成立;第二:要满足"p 成立则 q 通常不成立"这一预设。此外,Breindl 还强调,这个预设反映的并不一定是"自然法则"(naturgesetzlicher Zusammenhang),而是"说话人质朴的世界观"(das naive Weltbild des Sprechers),包括各种各样的知识、规则和事物之间的联系,比如说自然法则、社会规约、法律规定、

语言规则、信仰等等(ebd.：12)。类似的观点 König 和 Eisenberg(1984：319)也提到过。两位学者也认为，在让步关系中，按照说话人的常识或者刻板印象应该会有的事物走向被驳回了。此外，两位学者还指出，让步关系中预设的条件关系可能只存在于两个小句中具体的事实之间，也可能具有普遍适用性(ebd.)。例如，"obwohl Thomas krank ist, geht er zur Arbeit"(尽管托马斯生着病，还是照样去工作了)这个句子中预设的条件可以是"通常情况下，托马斯不会在生病的时候还坚持去工作"，也可以是"通常情况下，人们不会在生病的时候还坚持去工作"。

Breindl(2004d)认为，表达"对立关系"的连接词的语义内涵可以通过如下的公式进行描述：

adversativ　　　　　　　　(表达对立关系的)

p, aber q　　　　　　　　 (p，但是 q)

assertiert: $p \wedge q$　　　　(确定的是：p 和 q 同时为真)

präsupponiert: $p \wedge \neg q$"　(预设的是：p 成立且非 q 成立)

(Breindl 2004d:24)

由上述公式可见，Breindl 也把连接词 aber 的语义内涵与"对立关系"画等号。在 Breindl 看来，对立关系的成立也需要满足两个条件：第一，两个小句中的命题 p 和 q 皆为真；第二，要满足"p 为真且非 q 为真"这个预设。由此可见，Breindl 认为与让步连接词相比，对立连接词 aber 的语义内涵中不包含"p 成立则 q 通常不成立"这个成分。

然而，Breindl(2004d)对连接词 aber 所进行的语义描述在笔者看来并不完全恰当。因为如果公式中的第二个条件必须得到满足，即必须预设"p 成立且非 q 成立"，那么如下这类复合句的出现就无法得到合理的解释：

(16) Die Stadt ist sehr klein, **aber** die Lebenshaltungskosten
　　 hier sind niedrig.
　　 这个城市很小，但好在这里的生活费用不高。

在例(16)复合句中，连接词 aber 衔接的两个事实分别是某个城市的优缺点(缺点是规模很小,优点是生活费低),可见连接词 aber 可以在带有评价性的上下文中出现。按照 Breindl(2004d)的观点,aber 的出现需要满足"p 成立且非 q 成立"这个预设。而在例句(16)中,"非 q",即"这里的生活费高"这个预设从何而来呢? 城市规模小这个事实并不意味着在该城市的生活费用会高。上下文中显然缺少可以触发"这里生活费高"这个预设的条件。由此可见,Breindl(2004d)中对连接词 aber 语义内涵的描述有待商榷。

在发表上述观点的十年之后,Breindl 与其他几位学者一同出版了《德语连接词手册 2》(*Handbuch der deutschen Konnektoren 2*)一书。在此手册中,aber 依然被看作"表达对立关系的核心连接词"(Breindl et al. 2014.:515);"对立"这个语义关系依然是通过详细讨论连接词 aber 的语义内核的方式被定义的(vgl. ebd.:521ff.)。关于对立连接词与让步连接词之间的区别,该手册中提到,让步关系中隐含的"p 成立则 q 通常不成立($p \rightarrow \neg q$)"这层关系是让步连接词自身固有的词汇含义;而这层关系并不是对立连接词固有的语义成分,当对立连接词出现的时候,需要特定的上下文才能成功推断出这层关系(ebd.:520)。关于对立关系的语义模型,也就是连接词 aber 的语义模型,该手册中进行了如下描述:

> 确定的是:p 和 q 同时成立
> 预设的是:p 成立且非 q 成立
> 　　　　p 成立则 q 通常不成立(当在特定上下文中被理解成让步关系时)
>
> 　　　　　　　　　　　　　　　(Breindl et al. 2014:396)

然而笔者认为,不论是按照上述模型中的描述,还是 Breindl(2004d)2004 年的描述,对立关系归根结底与让步关系无异。因为预设了"非 q 成立",就等于预设了"q 不成立",且这一预设与实际情况相悖,因为 q 实际上是成立的(确定的是:p 和 q 同时成立)。如此一来,对立关系也完全可以被理解成"事实与期待不符",与让步关系的语义相比又有何实质性区别呢? 为什么对立关系中必须存在"非 q 成立"这一预设呢? 这个问题始终令人不解。

1.3.3 对连接词 aber 的语义范畴进行模糊化描述

在对连接词 aber 的语义范畴进行描述的时候,除了上述学者提供的思路之外,还存在另外一种模糊化的定义方式。比如 Stede(2004:276)曾提出,连接词 aber 所表达的"对立"包括"让步关系"和"其他的对立关系"。该学者指出,与对立关系相比,让步关系的语义特征更容易被清楚地描述出来(ebd.:274)。Stede 在其研究中援引了 Grote 等学者在 1997 年对让步关系所作出的语义描述。Grote 等学者认为,让步从句"Although A, Not-C"(尽管 A,但没有 C)的语义模型如下所示:

> [……],我们能得到一个可能会不成立的蕴涵(这里用符号＝>来表示)和一个从上下文中可以推导出来的精确的规则(这里用符号—>来表示)
>
> 由"A 成立"这个事实通常情况下可以得出"C 也成立"这个蕴涵(A＝>C)
>
> 因为 B 成立所以 C 不成立(B→Not-C)
>
> 我们还知道 A 和 B 同时成立
>
> (Grote et al. 1997:95)

与 Grote 等学者的观点一致,Stede(2004:274)也认为,让步关系中存在着双重蕴涵。一个是"默认蕴涵"(Default-Implikation):通常情况下,A 的成立会导致 C 的成立;另外一个是"精确蕴涵"(strikte Implikation):B 的成立导致 C 不成立。Stede 还指出,"默认蕴涵"是一个"正常情况下会成立的假设",只是在让步关系所出现的语境中破例不成立了而已。

同其他学者一样,Stede 也把连接词 aber 的语义范畴与"对立关系"的内涵画等号,认为通过对连接词 aber 和 dennoch 进行语义分析的方式可以解释"对立"与"让步"之间的关系。基于连接词 aber 在某些情况下可以被连接词 dennoch 代替且与 dennoch 相比拥有更宽泛的语义范畴这一事实,Stede 认为,"对立关系"包含"让步关系"与"其他对立关系",即"对立"是"让步"的上层概念(ebd.:276)。在 Stede 的论述中,虽然"让步"或"让步关系"的概念相对清晰,但对于"其他对立关系",作者并未进行明确阐释。因此"对立"

作为"让步关系"和"其他对立关系"的上层概念,其内涵始终是模糊的。

1.4　对连接词 aber 的语义范畴进行定义的新思路

研究了其他学者在定义连接词 aber 的语义范畴时所采用的思路之后,有如下三个问题亟待解决:

(1) 假设连接词 aber 的语义范畴与"对立关系"的内涵相同;同时假设"对立"与"让步"是两种不同的或区别明显的语义关系,那么如何合理地解释连接词 aber 在某些情况下可以被让步连接词例如 dennoch 所替代的情况?

(2) 假设连接词 aber 的语义范畴等同于"对立关系",und 的语义范畴等同于"相合关系";同时假设"对立"与"相合"是两种相反的语义关系,那么如何合理地解释同一个上下文中需要回答的问题有时既可以用 und 衔接的复合句,也可以用 aber 衔接的复合句来回答?

(3) 用"Kontrast"这个概念来概括连接词 aber 的语义范畴究竟是否合适? 连接词 aber 的语义范畴可以用某一个概念来概括吗?

笔者认为,问题(1)和问题(2)中的第一个假设,即连接词 aber 和 und 的语义范畴等同于"对立"和"相合"两种语义关系是不成立的。因为像 aber 或者 und 这类在实际语用中用途广泛的连接词,可以出现在很多语义关系之中。如果不想在明确区分"对立""相合""让步"等语义关系时陷入窘境,我们必须放弃上述假设,重新选用其他单义连接词作为"对立"或"相合"关系的典型代表。

笔者认为,不选用连接词 aber,而是改用连接词 hingegen(与此相反)的语义范畴来定义"对立关系",那么"对立"这个概念就变得相对清晰了。如此一来,"对立关系"就可以解释为"中立的对比",也就是两个事物之间的不带任何心理倾向的对比。同理,在解释"相合关系"或"让步关系"的时候也应该选取单义的连接词与之对应,比如"sowohl… als auch"(既……

也……)或者"trotzdem/dennoch"(尽管如此)。当选用这些单义连接词的语义范畴来描述各类语义关系时,就会发现,"对立"与"相合"确实如 Brauße(1998)尝试论证的那样,是两种截然不同的语义关系,因为连接词"hingegen"与"sowohl...als auch"不可以相互替代;同理,"对立"和"让步"也确实如 Umbach、Stede(1999)和 Breindl(2004d)尝试证明的那样,是两种区别明显的语义关系,因为"hingegen"和"trotzdem"也不能在不改变句复合句句义的情况下相互替代。

由此可见,仅改用单义连接词的语义范畴来定义"对立""相合"与"让步"关系,(1)和(2)中所涉及的问题就迎刃而解了。仍待解决的只剩下问题(3)——用德语词 Kontrast 来概括连接词 aber 的语义范畴是否合适? 连接词 aber 的语义范畴可否用某一个概念来概括?

Stede(2004:276)虽然提议用"Kontrast"来概括连接词 aber 的语义范畴,但没有解释"Kontrast"这个概念到底包括哪些义项,只是粗略地说"Kontrast"既包含让步关系,又包含其他对立关系。这种对概念的模糊化处理实际上也存在于其他相关研究当中,只是其他学者默认"Kontrast"与"Adversativität"这个概念等同,二者经常在同一篇论文中作为同义概念交替出现(参见 Lang 1975a/1975b/2004; Brauße 1983a/1998; Di Meola 1997/1998; Umbach & Stede 1999; Breindl 2004b),至于二者的具体内涵,在相关文献中也找不到详细的阐释。

通过查阅词典可以发现,"Kontrast"在德语中的含义是"deutlich erkennbarer Gegensatz"(清晰可见的对比)(DWDS①)或者"starker, ins Auge springender Gegensatz"(强烈、鲜明的对比)(Duden Online②)。这个义项在笔者看来不足以涵盖连接词 aber 的语义范畴,因为连接词 aber 不总是用来表达"清晰可见的或强烈、鲜明的对比"的。如果确实要把"Kontrast"用作概括连接词 aber 语义范畴的专有名词,那么应该对其内涵进行更加详细具体的阐释。

现在只剩下最后一个疑问,连接词 aber 的语义范畴究竟能否通过某一个概念来概括?

---

① https://www.dwds.de/wb/Kontrast
② https://www.duden.de/rechtschreibung/Kontrast

Fritsche 早在 1986 年就尝试过把连接词 aber 的不同用法加以概括，最终得出的结论是：在概括连接词 aber 的语义范畴时，要遵循"结构原理"（Strukturprinzip）（Fritsche 1986：61）；在这一原理的指导下，连接词 aber 的语义可以被拆解为一个"必须有的核心部分"和"一些可选的附加部分"（ebd.）。Fritsche（ebd.：62）认为，连接词 aber 的语义可分为一个核心部分和四个附加部分，这个核心部分是一种衔接功能，即标记"论证方向的改变"，四个附加部分如下所示：

　　—在论证方向或话题改变的过程中产生矛盾或对立。
　　—这种矛盾或对立可以存在于从第一个小句中得出的推断和
　　　第二个小句之间，也可以存在于从两个小句中得出的推断
　　　之间。
　　—这种矛盾或对立关系可以存在于言语行为层面、对世界的
　　　主观认识层面或事实层面。
　　—两个小句可能包含说话人的评价。

事实上，Fritsche 所讲的"论证方向的改变"仍然是个模糊的描述，所以才需要其他四个"附加部分"来更加详细地阐释连接词 aber 的语义范畴。这四个附加部分实际上是从连接词 aber 不同的使用类型（详见第 4 章）以及其不同的作用域（详见第 2.2 节）中抽象出来的。由此可见，要想描述连接词的 aber 的语义范畴，必须考虑其多种多样的使用类型，而这些使用类型实际上很难通过某一个概念来进行精准概括。

鉴于此，笔者提出假设：德语连接词 aber 可以表达多重语义关系，且其语义范畴难以用某一个概念来概括。基于这个假设，笔者认为在对 aber 及其同类型连接词进行语义描述的时候，须对传统的研究思路进行调整，不局限于某一个语义范畴，而是允许多个概念的同时使用。要找到这些概念，首先要对该连接词在实际语用中的使用类型进行归纳总结，进而从这些使用类型中抽象出某些义项。此外，笔者认为"语义关系"（如对立关系、让步关系、相合关系等）和"连接词的语义"应该被看作两个不同的集合，且这两个集合的元素之间不必只存在一对一的关系，也可以存在一对多或多对一的关系。例如，"让步关系"不一定非要通过单义的让步连接词（比如

trotzdem/dennoch）表达出来，也可以通过 aber 等其他功能范畴更广泛的连接词实现；反之，连接词 aber 除了表达让步关系之外，还可以表达对立、限制等其他语义关系，如图 1 所示：

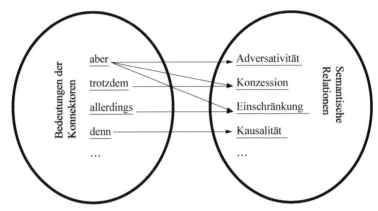

图 1　"连接词语义"与"语义关系"之间的映射

通过以上论述，笔者想强调的是，德语连接词 aber 在实际语用中的使用类型十分广泛，或者说其所能够表达的语义关系是多种多样的，很难用某个单独的概念加以概括，但可以尝试为该连接词划定一个语义框架，在这个框架之内可以存在不同的义项。为了划定这个框架，有必要对该连接词的不同使用类型进行分类和归纳。在第 4 章中，笔者将会详细介绍连接词 aber 的使用类型。

第 2 章
连接词 aber 不同使用类型的区分因素

2.1　并列复合结构语义关系影响因子

Lang(2004)在其文章中构建了一个并列复合结构语义关系影响因子模型。该学者认为,要想理解并列复合结构(Koordinative Konstruktion,简称KK),首先要考虑两个连接单位①本身的语法特征,包括其各自的形态句法特征、韵律特征以及语义特征;这些特征之间相互影响、相互作用,共同参与并列复合结构语义关系的构建(ebd.：51ff.)。另外,在实际的语用当中,任何一个并列复合结构的出现都有特定的上下文,因此"上下文(Context)"也被 Lang 纳入并列复合结构语义关系影响因子行列。上述影响因子之间的"互动区域"(Interaktionsbereich)被 Lang 称为"交界面"(Schnittstellen)(ebd.：51)。Lang 认为,在阐释某个并列复合结构所表达的语义关系时,各个影响因子之间会形成"句法解析"(Parsing)、"语义区分"(Semantic Differentiation)、"衔接并构"(Connection)以及"语篇链接"(Discourse Linking)四个交界面(ebd.：53f.)。其中,"句法解析"界面讨论的是形态句法结构对韵律结构的影响;"语义区分"界面讨论的是在上下文的限制作用下,两个连接单位的语义对并列复合结构语义关系构建的影响;"衔接并构"界面讨论的是连接词的使用对并列复合结构语义关系构建的影响及其与篇章连贯性之间的关系;"语篇链接"界面讨论的是信息结构与韵律结构之间

---

① 关于"连接单位"的定义,请参阅本书第 1.1 节。

的关联性(ebd.)。为了将并列复合结构语义关系影响因子之间的互动性可视化，Lang(2004:51)绘制了如下模型图：

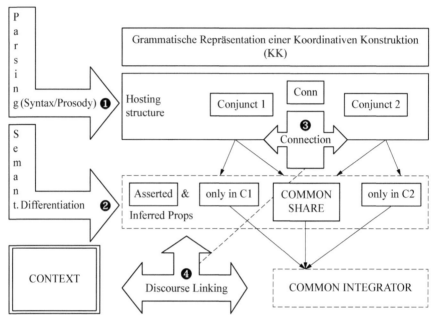

图2　并列复合结构语义关系影响因子模型(Lang 2004:52)

根据 Lang(2004:51ff.)的解释，模型标有序号 1 到 4 的箭头框分别是上文提到的四个交界面。由实线绘制的模块"Hosting structure"(语言实体的结构)指的是并列复合结构的形态句法结构以及韵律结构；实线模块中的元素指的是并列复合结构中出现的语言实体，其中 Conjunct 1 指的是第一个连接单位，Conjunct 2 指的是第二个连接单位，Conn 指的是连接词。"Asserted & Inferred Props"(被陈述和被推断出的内容)这个模块指的是并列复合结构在具体上下文中的语义。其中"only in C1"指的是第一个连接单位的语义，"only in C2"指的是第二个连接单位的语义，"COMMON SHARE"指的是两个语言单位的语义体现出的共性成分。

总的来说，Lang 认为有两个"部门"参与构建并列复合句所表达的语义关系。在绘制图 2 模型中的"Asserted & Inferred Prop"这个模块时，Lang 用了两种线型的方框，以便区分这两个"部门"对并列复合结构语义关系构建的贡献：实线方框描绘的是"部门 1"的贡献；虚线框描绘的是"部门 2"的贡献。"部门 1"对并列复合句的"组成意义"(kompositionelle Bedeutung)负责。所谓的"组成意义"由"小句语义"和"连接词的语义贡献"组成。"小句语义"指的是小句在没有特定上下文时本身的含义;"连接词的语义贡献"比较复杂,要综合考虑连接词对小句句法结构特征、韵律特征产生的影响以及连接词本身的"操作含义"才能得以确定(Lang 2004:54)。所谓的"操作含义"是 Lang 在 20 世纪 70 年代为了描述连接词这类功能词的语义所提出的概念。Lang(1977:64)认为,连接词的操作含义相当于一个指示或者说命令,在这个指示或命令的指导下,人们会对连接单位的语义进行某种认知操作(ebd.；67)。"部门 2"对并列复合句"在上下文中含义的具体化"负责(Lang 2004:55)。此处所提到的"上下文"又包含两层含义:首先,两个小句互为"结构性上下文"(struktureller Kontext),另外,语篇中讨论的主题构成并列复合句的"主题性上下文"(thematischer Kontext)(ebd.)。

　　并列复合句中的两个小句互为"结构性上下文",这一点首先从"并列复合结构的平行效应"(Parallelisierungseffekt der Koordination)(Lang 1991:604)中可以看出来。这个效应意味着人们会以同样的方式去理解并列复合句中的两个小句(ebd.)。这种"平行效应"主要由两部分组成:一种被 Lang 称为"选择效应"(Selektionseffekt)(ebd.),另一种被称为"传递效应"(Übertragungseffekt)(ebd.；605)。其中选择效应指的是,如果小句本身在没有上下文的情况下有歧义,那么当它们出现在并列复合结构中时,两个小句的解读方式必须一致。为了更清楚地解释这个效应,Lang 举出了例(17):

> (17a) Peter　liebt　Verwandtenbesuche,　**aber**　Ina　haßt
> 　　　Verwandtenbesuche.
> (17b) 汉译 1:皮特喜欢亲戚来做客,但伊娜讨厌亲戚来做客。
> (17c) 汉译 2:皮特喜欢去亲戚那里做客,但伊娜讨厌去亲戚
> 　　　那里做客。
>
> 　　　　　　　　　　　　　　　　　　　　(Lang 1991:605)

　　例(17a)的复合词"Verwandtenbesuche"本身其实是有歧义的,既可以理解成"去亲戚那里做客",也可以理解成"亲戚来做客"。但是当它们出现

在并列复合句中的时候,例如出现在被不占位的 aber 衔接的两个小句中时,两个词的解读方式必须一致,即要么都理解成"亲戚来做客"(17b),要么都理解成"去亲戚那里做客"(17c)。虽然两个小句本身可以有多种理解方式,但如果出现在并列复合结构中,那么只能选择其中一种。

传递效应指的是,如果并列复合句中的一个小句本身语义明确,另一个小句本身有歧义,那么语义明确的小句会对有歧义小句的语义产生限定作用,促使本身有歧义的小句在并列复合结构中的语义明确化,如例(18)所示:

(18) Peter liebt Verwandtenbesuche, **aber** er haßt Besuche bei Verwandten.

皮特喜欢亲戚来做客,但他讨厌去亲戚那里做客。

(Lang 1991:605)

虽然第一个小句中的"Verwandtenbesuche"(亲戚来做客/去亲戚那里做客)本身有歧义,但是因为第二个小句中的"Besuche bei Verwandten"(去亲戚那里做客)语义明确,在考虑连接词语义的情况下,第一个小句中的"Verwandtenbesuche"只能被理解成"亲戚来做客",否则并列复句就是"难以接受的"了(＊皮特喜欢去亲戚那里做客,但他讨厌去亲戚那里做客)。

另外,Lang(1975a:89)曾指出,所有并列复合结构的共同点在于,两个连接单位必须在某些语法特征上存在"相似性"(Gleichartigkeit)。其中,"相似性"又有两层含义:一方面,两个连接单位的某些"元语言特征"(metasprachliche Charakteristiken)必须一致或等价。另一方面,两个连接单位作为语言实体又不能够一致或等价(ebd.)。在 Lang(1977:36ff.;1991:602ff.)以及 Lang 和 Umbach(2002:150ff.)的著述中详细解释了并列复合结构中的两个连接单位如果要符合"相似性"原则须满足哪些具体的条件,简单来说可以总结为三点。第一,如果两个连接单位是完整的句子,那么二者的句子类型(Satztyp)要相同(Lang 1991:602);两个小句句子类型不一致的情况并不符合常规,需要用特殊的方式进行解读才可以(ebd.;603)。第二,如果两个连接单位不是完整的句子,而是句子成分,那么它们在句法上必须具备相同的特征(ebd.)。第三,并列复合结构中的两个连接单位在语义上应具备"最小差异"(Minimaldifferenz)(ebd.：604)。

针对第一点提到的前后两个小句句子类型不一致的情况,Lang 和 Umbach(2002)的文章中有一例:

> (19) Ist sie Chemikerin? — **denn** sie kennt sich so gut in Drogen aus.
>
> 她是化学家吗？——因为她对毒品特别熟悉。
>
> (Lang & Umbach 2002：151)

Lang 和 Umbach(2002：151)认为,这个例子中的并列连词 denn(因为)的使用表示说话人在为前后两个言语行为的衔接陈述理由。具体而言,例(19)中连接词 denn 的出现并不是在表达两个事实之间的因果关系,而是为了解释说话人提出"她是化学家吗?"这个问题的理由。

此外,Lang(1977：89ff.；1991：607)还曾指出,两个连接单位之间可能存在某些"既定的语义关系",例如语义包含关系(semantische Inklusion)、语义对立关系(semantischer Gegensatz)、语义兼容关系(semantische Verträglichkeit)等等。而两个连接单位之间存在的既定的语义关系需要满足某个并列连词的需求,才有可能被该连词所衔接,因为并列连词对两个连接单位之间的语义关系非常敏感(Lang 1991：608),例如,und 和 aber 要求两个连接单位之间存在语义兼容关系(可以同时为真);而 entweder...oder 和 nicht...sondern 要求两个连接单位的语义不兼容。

然而,即便并列复合结构中的两个连接单位之间存在"相似性",并且两个连接单位之间既定的语义关系也满足某个并列连词的需求,也不意味着该并列复合结构一定可以被理解。在"Tom ist groß und ein Elefant ist schwer"(汤姆高,大象重)这个例句中,两个小句的句子类型一致(陈述句),两个小句之间也存在语义兼容(可同时成立)的关系。但是当读到或者听到前后这两句话时,却很难想到一个合适的主题性上下文,使这两句话之间的衔接变得合理。相比而言,类似"Tom ist groß und Alex ist klein"(汤姆高,艾利克斯矮)这样的并列复合结构就容易接受得多了,说话人显然是在谈论"人的身高"这一话题。这个例子也说明,为什么本书第 2.1 节中曾提到的 GEI/CI,即可以从被衔接的两个语言单位中抽象出来的一个共同的上层概念,亦即图 2 模型右下角的"COMMON INTEGRATOR"(CI 的全称),必须被纳入并列复合结构语义关系影响因子之列。

如图 2 所示,Lang 在"Discourse Linking(语篇链接)"这个交界面周围绘制了三个模块,分别是"Asserted & Inferred Props""COMMON INTERGRATOR"以及"CONTEXT"。Lang 可能想通过此种排布方式体现语篇因素或上下文对并列复合结构语义关系构建的影响。然而,考虑到 Lang(2004:53f.)对"Discourse Linking"这个交界面的解释以及对"Parsing"这个界面的解释就会发现,"Discourse Linking"这个交界面实际上应该与"Parsing"这个界面以及"CONTEXT"这个模块的关系更为紧密,因为 Lang 认为句子的韵律结构受其本身的形态句法结构的限制,同时与其信息结构紧密相关,而上下文又对信息结构有直接的影响(ebd.:54)。图 2 所示的各个模块或者交界面的排布方式显然无法清楚地体现这一点,可见,Lang 的观点与其设计的理论模型图之间的对应关系有待提高。笔者认为有必要在保留 Lang 的核心观点的情况下,重新绘制并列复合结构语义关系影响因子模型图,以便使各个因子之间的关系得到更加清晰的体现。

与 Lang 不同的是,笔者认为在绘制并列复合结构语义关系影响因子模型图时,也应把"知识储备"(Wissensbestand)作为因子之一纳入其中。Vogel 早在 1979 年就强调过语言输出者/语言接收者的知识储备在复合句语义关系的构建/阐释中起到的重要作用:

> 并不是句子本身在声称或预设某些信息,而是说话人通过某种特定的方式表达句子,用以声称或预设某些信息。

> (Vogel 1979:98)

通过上面的论述可以看出,Vogel 有关复合句语义关系的构建总是会反映出说话人的知识储备。以"It is June, but it is snowing"(现在是六月份,但在下雪)为例。Vogel 认为,该例句中的转折关系对于生活在柏林的人来说很好理解,因为通常情况下,柏林在六月份不会下雪,也就是说"六月一般来说不会下雪"属于柏林居民的生活常识;然而,如果同样的句子说给其他地方的人听,并且这些地方六月通常会下雪的话,那么那里的人会很难理解为什么"六月"和"下雪"之间会存在转折关系(Vogel 1979:97ff.)。Pötters

(1992:34)也曾提到,转折关系的可接受度取决于语言输出者和接受者共有的生活常识或是对事理的认知、文化或意识形态背景以及价值观。

笔者的观点与 Vogel 和 Pötters 两位学者的观点略有不同。笔者认为,人的"知识储备"并不是一个静态的体系,是一个实时更新的动态系统;在交流的过程当中,这个知识体系也会得到拓展,语言输出者在交流的过程中可以为语言接收者带来新的知识,从而拓展语言接收者的知识储备。当对话中的说话人 A 说"现在是六月份,但是在下雪"的时候,即便听话人 B 在听到这句话之前一直生活在一个六月份也会下雪的地方,也可以根据自己的语言知识,即对"但是"这个词用法的了解,推测出有些地方六月份一般是不会下雪的,比如说话人 A 所在的地方。相似的观点 Umbach 在 2001 年也提到过。Umbach 认为,语言接收者的常识并不是理解语义关系的决定性因素。为了论证这个观点,Umbach(2001:178)举出了例(20):

(20) It was July, **but** we couldn't find any loosestrife.
那时候是七月,但我们找不到任何的珍珠菜。

Umbach 指出,在理解例(20)时,听话人可能并不知晓"loosestrife"究竟是什么。尽管如此,听话人在听到这句话时仍然可以推断出,七月份一般找不到"loosestrife"这个东西。

综上所述,对一个复合句进行理解的过程实际上是依据说话人的语言表达对说话人的所思所想进行解码的过程。经过上文论证可知,听话人的常识虽然会对语义关系的理解产生影响,但不会起决定性作用,因为交流的过程也是一个拓展知识储备的过程,听话人完全可以在交流过程中从说话人那里汲取新的知识,用以理解所接收到的语言信号。如图 3 所示,笔者通过加入"知识储备"这一因子,希望强调两个方面的内容:第一,如 Vogel(1979)所言,语义关系的表达建立在语言输出者的知识储备之上;第二,为了理解或阐释某个语义关系,语言接收者会激活已有的知识或是汲取新的知识拓展其知识储备。

除了加入"知识储备"这一影响因子之外,笔者绘制的模型中其他的影响因子与 Lang(2004)在其文章中提到过的因子成分一致,只是按照笔者看来更符合逻辑的顺序重新进行排布:在"并列复合结构"这一上层因子之下,

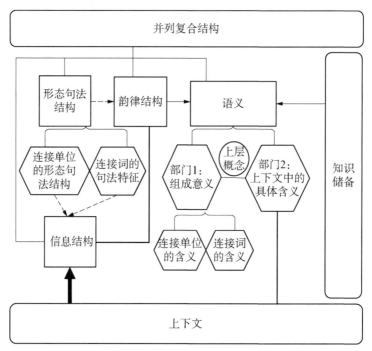

图 3　并列复合结构语义关系影响因子及其之间的关系

笔者列出了四个子因子,分别为形态句法结构、韵律结构、信息结构以及语义,其中形态句法结构这一子因子又可细分为连接单位的形态句法结构以及连接词的句法特征。Lang(2004)在其文章中所提到过,但是在其绘制的模型图中没有得到呈现的参与并列复句语义构建的两个"部门",在笔者绘制的模型图中也得到了清晰呈现:"部门 1"负责核算并列复合结构的"组成意义",包括连接单位的含义以及连接词的含义;"部门 2"负责考察上下文对并列复合结构语义的限定作用,从而最终确定某个并列复合结构在具体上下文中的语义。Lang 认为,"部门 2"的存在也可以体现出并列复合结构是"句子领域和语篇领域之间的桥梁"(Lang 2004:55)。因此,笔者在设计模型时,在"上下文"这一上层因子和"部门 2"这一子因子之间绘制了一条竖线,直观呈现上下文信息对并列复合结构语义构建的参与作用。"上层概念"对应的是 Lang 所提出的"GEI"或"CI",即从两个连接单位的语义中抽象出来的上层概念,这个概念当然与上下文中谈论的主题相关。因此,"上层概念"被置于"部门 1"和"部门 2"之间。

事实上，如果并列复合结构出现在口语当中，在阐释其所表达的语义关系时，除了考虑上述影响因子以外，还要兼顾说话人所采用的重音策略，这就涉及并列复合结构的韵律特征。并列复合结构的韵律特征与其信息结构（Informationsstruktur 或 Fokus-Hintergrund-Gliederung）密不可分，而上下文对语句的信息结构又有直接的影响（Lang 2004：54）。Féry（2001：219）指出，句子中的焦点信息原则上是重读的，而背景信息可能重读，也可能不重读。如果背景信息"话题化"（Topikalisierung）处理，也就是被置于句子的开头，伴随有明显的升调，那么说明说话人想要强调这个背景信息，因此会重读这个信息。Féry（ebd.：185）还提到，句子的语调随着上下文的变化而变化，是"高低重音语言"（Intonationssprachen）比如德语的典型特征，改变德语句子的重音结构不会影响句子在语法上的规则性（ebd.：188）；而在像中文这样的"声调语言"（Tonsprachen）中，每个语素都有其声调，一旦改变，句子就变得不合规（ebd.：188f.）。

为了体现出上下文对句子信息结构的直接影响，笔者在设计图 3 时在"上下文"与"信息结构"这两个因子之间绘制了一个实线单向箭头。为了显示信息结构与韵律结构之间的密切相关性，笔者在"信息结构"和"韵律结构"之间进行了实线连线。又因为韵律特征在口语当中也直接参与并列复合结构语义关系的构建（Lang 2004：57ff.），所以笔者在"韵律结构"和"语义"这两个因子之间也绘制了实线单向箭头。另外，Lang（ebd.：77ff.）曾指出，并列复合结构理论上可能呈现出来的韵律结构或者可能呈现出来的信息结构受其本身形态句法结构的限制。这层限制关系在图 3 中通过"形态句法结构"下方的两个子因子与"信息结构"这个上层因子之间的虚线单向箭头加以说明。

为了更清楚地解释"形态句法结构""韵律结构""信息结构"以及"上下文"几个因子之间的关系以及其对并列复合结构语义构建的影响，Lang（2004：57 - 58）举出如下例子，其中（D）这个句子在不同上下文中可以有不同的解读方式；（K）代表的是上下文，以问题的形式出现：

(K) Was machen denn deine Eltern?

　　你父母亲现在在做什么？

(D) Mein Vater ist ernsthaft krank, aber meine Mutter geht

arbeiten.

我父亲病得很重，而我母亲在上班/我母亲却在上班。

    Lang 认为，例(D)由连接词 aber 衔接的并列复合句可以有两种不同的解读方式，该句在 Lang 看来要么表达对立关系，要么表达让步关系。在两种不同的解读方式之下，例句(D)的信息结构以及韵律结构有所不同，如下所示：

die kontrastive Lesart：

表达对立关系时：

(K) Was machen denn deine Eltern?

    问题：你父母亲现在在做什么？

    Vorausantwort：[Es geht ihnen unterschiedlich]

    预回答：他们的情况不同

                L*H   L*H H% L   L*H   H*L L%

(21a) [[[Mein VAter↗]$_T$ [ist ernsthaft KRANK↗]$_F$]^{IP} [aber [meine MUtter↗]$_T$ [geht ARbeiten↘]$_F$]^{IP}]^U

(21b) 我父亲病得很重，而我母亲在上班。

die konzessive Lesart：

表达让步关系时：

(K) Was machen denn deine Eltern?

    问题：你父母亲现在在做什么？

    Vorausantwort：[Ich bin ziemlich entsetzt]

    预回答：我很失望

              L*H   L*H   H   H*   H*L L%

(22a) [[Mein VAter↗]$_T$ [ist ernsthaft KRANK↗]$_F$ [aber meine MUtter geht ARbeiten↘]$_F$]^U

(22b) 我父亲病得很重，我母亲却在上班。

    为了方便读者理解例句中的信息结构标记以及例句上方的韵律标记符号，特附如下注释①：

---

① 注释主要参照 Lang（2004：57f.）中的解释给出，部分参照 Féry（2001：191ff.）以及 Pierrehumbert 和 Hirschberg（1990：302ff.）中的解释给出。

- 符号 $[\ldots]_T$ 表示背景信息(非焦点信息)。
- 符号 $[\ldots]_F$ 表示焦点信息。
- 符号 $[\ldots^{IP}]$ 表示语调中的调群(Intonationsphrase),即以发音划分的单元。
- $[\ldots^U]$ 表示整个表达(Utterance/Äußerung)。
- L^*H(或者.↗),H^*L(或者↘)表示语调上属于二重调性(bitonal)的高低重音;H^* 或者 L^* 表示语调上属于单调性(monotonal)的高低重音。高低重音(Pitchakzent)指的是在强调某个信息时,在某个调群之内所进行声调变化,可以是升调,也可能是降调。其中 H 指的是高重音(Hochton);L 指的是低重音(Tiefton);在二重调高低重音中,星号 * 的出现意味着其左边的音更重一些。
- 字母 H 或者 L 不带星号单独出现表示的是词组重音(Phrasenakzent),词组是比调群更小的单元,词组重音比高低重音弱一些,用来标记某个调群中各个词组的边界。其中字母 H 的作用是标记其所在词组从属于某个上层单元;字母 L 的作用是标记其所在词组与下一个词组之间的分界。
- 符号 H% 或者 L% 表示的是某个调群的边界音,其中符号 H% 的效用是把听话人的注意力吸引到接下来要出现的内容中,而符号 L% 表示表达结束。

如例(21a)的信息结构标记符号所示,Lang 认为,当例句(D)表达对立关系时,两个小句的信息结构对称。同时,从例句上方的韵律标记也可以看出,两个小句各自构成一个调群(Intonationsphrase),在不考虑边界音的情况下,两个调群的韵律结构具有高度对称性(Lang 2004:58)。Lang(ebd.)进一步指出,两个小句中的主语,即"我父亲"和"我母亲"构成所谓的"对照话题"(Kontrast-Topiks)。这组对照话题的内容虽然在问题"你父母亲……"中已然被提及,属于已知信息或者说背景信息,但是通过一个带有二重调性的升调"L^*H"(即先降再升且其中降调更重)被重读了。这种类型的升调也被 Jacobs(1997:92)形容为"根形调"(Wurzelkontur),用符号"√"表示。关于

37

"对照话题"的适用场景，Krifka(2007:44)也曾及，当对方期待的信息不是一次性地，而是分步骤地被提供的时候，句中就经常会出现"对照话题"这个现象。这个观点在例句(21a)中也能得到验证：提问者期待得到的信息是回答者父母亲的近况，回答者并没有以"我父母亲"(meine Eltern)为主语进行作答，而是用了两个小句，分别以"我父亲"和"我母亲"为主语进行作答，因此并未一次性提供对方需要的信息，而是分步提供。Lang(2004:62f.)也指出，回答(21a)中的两个小句都直接依附于问句，两个小句中说的都是父母中一方的近况，且强调父亲与母亲的近况不同，通过预回答中的内容"他们的情况不同"也能够看出这点。

与例(21a)不同，例(22a)表达的是让步关系（虽然父亲病得很严重，但母亲没有选择在家照顾自己的伴侣，而是去上班）。Lang(ebd.：59)认为，在这种情况下，两个小句的信息结构和韵律结构都是不对称的。第一个小句中的主语属于背景信息，而第二个小句中的主语被高重音符号 H* 所标记，因而属于新信息的一部分(ebd.：62)；而且第二个小句不是与上下文中需要回答的问题(K)直接相关，而是与前一个小句直接相关，是第一个小句在内容上的延续(ebd.：87)。按照这个解释，我们可以认为，例(22a)实际上并没有直接回答问题(K)，从 Lang 为例(22a)设置的预回答的内容中也能够看出，"我很失望"实际上并不能直接用来回答"你父母亲现在在做什么"这个问题。

Lang(ebd.：81)指出，例句(D)可以有两种不同解读方式的前提条件是，连接词 aber 处于两个小句之间不占位，也就是说在句法上处于"零位"，而处于这个句法位置的连接词对其后小句的信息结构没有任何限制作用。但是，假设例(D)的连接词不是处于零位，而是处于其他的位置，比如处在 NE 位置（即变位动词之前且紧随句子第一位其后的位置）或者"Mittelfeld"（中场，即变位动词之后、右句框之前的位置），那么例(D)只能够呈现出一种信息结构和韵律结构。当连接词 aber 紧随主语"meine Mutter"之后，也就是处于 NE 位，主语就会被标记为"对照话题"，在这种情况下两个小句的信息结构和韵律结构都会呈现出对称性；当 aber 处于中场，将会阻碍两个小句中出现对称性的信息结构和韵律结构(Lang 2004:78ff.)。

实际上，Breindl(2008:45)在 2008 年曾有针对性地研究过不同连接词处于 NE 位置的情况并得出结论：联结副词 aber、hingegen、dagegen、allerdings、jedoch 如果处于 NE 位置,那么大多数情况下标志着两个小句的信息结构对称,这也就意味着,上述连接词如果处于 NE 位置,那么带有这些连接词的复合句绝大多数情况下是用来表达对立关系的;但也有可能只是对话题转换(Topikwechsel)进行标记(ebd.：46)。另外,Breindl(2011：17)在其 2011 年发表的论文中补充说明,连接词 aber 在表达让步关系的时候也有可能出现在 NE 位置,并举出如下例句：

(23) Es stürmte und regnete heftig, Robert **aber** rannte ins Freie.

外面狂风暴雨,但是罗伯特却跑出去了。

Breindl 还指出,与处在其他位置的连接词不同,在类似例(23)的复合句中,处在 NE 位置的连接词 aber 除了表达让步关系之外,还可以起到标记话题转换(ebd.)的作用。Uhmann(1991:7)也曾指出,连接词如果出现在 NE 位置,会具备"焦点控制"(Fokuskontrolle)功能。这一点也是学界共识,因为处于 NE 位置的成分有一个特殊的作用,就是标记其前面的成分被说话人所强调(Koch-Kanz & Pusch 1977:94f.；Breindl 2004c:192；Weinrich 2007:814)。

从上述论证中可以得出两个结论：第一,如果连接词 aber 处于 NE 位置,那么会对句子可能呈现出的信息结构和韵律结构起到一定的限制作用;第二,连接词 aber 在句中的位置与带有该连接词的并列复句的语义之间并不存在一对一的关系,连接词 aber 的位置并不是并列复合结构语义关系的决定性因素。

Lang 还提到,例(D)之所以只能被理解成对立关系或者让步关系,而不能被理解成其他的语义关系,比如因果关系,是由连接单位的语义和连接词的语义共同决定的。抛开连接词 aber 不看,两个连接单位分别描述了两个事实,即"爸爸病重"和"妈妈在工作"。连接词 aber 的语义元素被 Lang(2004:98)写成如下公式：

Connection

Variable q

$$\exists q[q \in ALT(p2) : [p1 \& q] >> [p1 \& p2]]$$

其中"Connection"这个元素意味着,由 aber 衔接的两个连接单位的语义满足三个条件:第一,"可以兼容",也就是两个命题可以同时为真;第二,"相互独立",意味着其中一个命题的成立/不成立不会对另外一个命题的成立/不成立产生影响;第三,"可以归纳到同一个上层概念中去"(Lang 2004:53,63f.)。引文中的公式翻译成自然语言是:存在一个变量 q,使得"p1 成立且 q 成立"比"p1 成立且 p2 成立"更符合人们的期待(ebd.:73)。其中,p1 和 p2 分别代表的是 aber 所衔接的两个连接单位中所描述的事实;而变量 q 指的是"根据上下文信息可以做出的一个推断"(ebd.:64)。

Lang(ebd.:83)认为,因为例(21a)两个小句的结构具有对称性,两个小句同时与上下文中需要回答的问题(K)直接相关,所以连接词 aber 的语义中所蕴含的"变量 q"需要从上下文信息中推断。当问题(K)被提出的时候,提问者期待听到的回复是父母的情况相同,比如"Meine Eltern/Mein Vater und meine Mutter gehen arbeiten"(我父母/我的父亲和我的母亲都在上班),这与例(21a)整个复合句中所描述的父母近况不同的事实不符。而在例(22a)中,因为第二个小句与前一个小句直接相关,所以变量 q 可以直接从第一个小句的内容中推断出来:基于"父亲病重"这个事实,同时借助关于"家庭成员的行为方式"的常识,信息接收者可以得出推论,母亲会照顾生重病的父亲,这个推论与实际情况相悖(ebd.:74)。由此可见,这个与事实不符的推论 q,也就是连接词 aber 的语义中所蕴含的变量 q,既可以从前一个小句的内容,也就是"结构性上下文"中,也可以从两个小句以外的更广泛的上下文信息,也就是"话题性上下文"中推断出来。

此外,Lang 还提到,如果例(D)的连接词不是 aber,而是换成 und,那么该复合句可能表达的语义关系更多样。因为在 Lang 看来,连接词 und 仅包含"Connection"这一个语义元素(ebd.:68),即两个小句的命题可以同时为真,其真值互不影响且从两个小句的内容中可以抽象出同一个上层概念。在这种情况下,除了上述两种解读方式之外(对立关系和让步关系),und 衔接的复合句还可能被解读成因果关系。Lang 认为,如果该复合句表达因果关系,那么两个小句的信息结构及韵律结构如下所示:

(K) Was machen denn deine Eltern?

问题:你父母现在在做什么?

$$L^* \ H \ H\% \qquad H \qquad \uparrow H^* \ L \quad L\%$$

(24a) $_{[}$Mein Vater $_{[}$ist ernsthaft KRANK↗$_{]F}$$_{[}$und meine MUtter↘geht arbeiten$_{]F}^{U}_{]}$

(24b) 我父亲病得很重,所以我母亲去上班。

(Lang 2004:68)

上述例句中,第二个小句的主语,即"meine Mutter"上方的标识符"↑H*"代表"提高声调的高重音"(raised High peak)。Lang(2004)指出,该类重音的出现标志着该成分为"对比焦点"(Kontrast-Fokus)(ebd.:68),这个观点 Ladd(1996)也提到过。Lang(ebd.:71)指出,"raised High peak"落到主语"Mutter"上,作用是强调去上班的人是"母亲",而不是其他可以替代"母亲"的人。联系上下文可知,在"父母"这个集合当中,可以替代母亲的人只有"父亲",因此可以得出结论,被强调的是:母亲去上班,而不是父亲去上班。结合生活常识可知,当某人病重的时候一般会失去劳动能力,而且夫妻中至少有一方需要维持生计,所以"父亲病重"是"母亲(必须)去上班"的理由,两句话间的因果关系由此被解读出来。

在本节中,通过对例(D)不同解读方式的分析,详细阐释了图 3 中各个因子对于并列复合结构语义关系构建的影响以及各个因子之间的相互作用。然而,除了考虑上述因子之外,在划分连接词 aber 的不同使用类型时,还需考虑不同的"作用域"(Verknüpfungsebenen)。这个概念将在下一节中介绍。

2.2　连接词的作用域

某些连接词在不同上下文中可以有不同的理解方式,这个现象被 Sweetser(1990:77)称为"语用歧义"(pragmatic ambiguity),这个概念可以追溯到 Horn(1985):

我将会论证,至少某些连词并不属于词汇多义的情况,这些连词符合 Horn(1985)所提到的"语用歧义"的情况。在这种情况下,

某个义项在不同的语境下可以有不同的运用方式。

(Sweetser 1990:77)

Sweetser(1990:78)认为,一个具备"语用歧义"的连接词可以至少在三个层面上进行认知操作,或者说有至少三个作用域:第一个层面叫事实层面(content conjunction),此时连接词衔接的是客观事实;第二个层面叫认知层面(epistemic conjunction),此时连接词衔接的是认知内容;第三个层面叫言语行为层面(speech-act conjunction),此时连接词衔接的是言语行为。Sweetser(ebd.)还指出,在理解这一类连接词衔接的复合句时,关键不在于两个小句的语法结构问题,而是在于究竟应该把两个小句看作客观事实、认知内容还是言语行为的问题。为了对上述三个层面或作用域进行详细的解释,Sweetser(1990:77)以英文中的因果连接词 because 为例,列举了该连接词在三个不同的层面上如何进行认知操作:

(25) John came back **because** he loved her.

约翰回来了是因为他爱她。

(26) John loved her, **because** he came back.

约翰是爱她的,因为他回来了。

(27) What are you doing tonight, **because** there's a good movie on.

你今晚有什么安排?(我提问是)因为有一部好电影正在上映。

Sweetser(ebd.:77)指出,例(25)的连接词 because 衔接的是两个客观事实,也就是说"约翰爱她"是事实,"约翰回来了"也是事实,并且"约翰因为爱她而回来了"这个因果关系存在于客观世界当中。与此相比,例(26)表达的意思是,说话人推测或者认为"约翰是爱她的",理由是"约翰回来了",第二个小句中的客观事实是说话人输出第一个小句中猜测内容的依据,这个因果关系只是存在于说话人的认知世界中,至于约翰究竟是否真的爱他的妻子,尚未可知。而在例(27)中,第一个小句是一个问句,第二个小句的作用是对第一个小句中输出的言语行为,即"提问"这个行为,说明理由,因此该例句要在言语行为层面进行解读才可以。此外,Sweetser(1990:77)还指出,在一个缺少上下文的句子中,具有"语用歧义"的连接词有可能被读者在不同的层面进行解读,如例(28)所示:

(28) She went, **because** she left her book in the movie theater
last night.

她去了,因为她昨天晚上把她的书落在电影院了。

Sweetser(ebd.：77)认为,例(28)的第一个小句要么可以被理解成是一个推测,即说话人认为主语"她"去过(电影院),理由是说话人发现主语"她"昨天晚上把书落在电影院了;要么两个小句中的内容都可以被看作客观事实,即主语"她"确实去(电影院)了,因为要去取昨晚落下的书。Sweetser(ebd.)指出,在诸如此类的情况下,只有借助其他上下文信息,才能最终确定所涉及的连接词究竟应该在哪个层面进行解读。

Sweetser 提出的上述三个认知操作层面或作用域被沈家煊(2003:195)称为"行、知、言"三域:

"行"指行为、行状,"知"指知识、认识,"言"指言语、言说。

沈家煊(ebd.：196)认为,上述例(25)陈述的是"事理上的因果关系",该例句中的"因为"属于"行域";例(26)表达的是一种"推理上的因果关系",该例句中的"因为"属于"知域";例(27)的主句为疑问句,从句为陈述句,二者之前的因果关系既非事理上的,也非推理上的,从句的出现是为了说明主句中出现"提问"这个言语行为的原因,该例句中的"因为"属于"言域"。

与 Sweetser 的观点不同,Lang(2000:238)认为,了解复合句的语法特征是正确判断某复合句应该在哪个作用域上进行解读的基础。Lang(ebd.：242)指出,就算是像德语 aber 或者英语 but 这样具有高度的语用歧义性的连接词,其所衔接的两个小句的语法特征都能对复合句解读方式的确定起很大的作用,如例(29)和(30)所示:

(29) Wir sind mit dem in Verzug, **aber** welcher Autor hält

schon Termine ein?

我们的初稿不能按期交了，不过有哪个作者会遵守截止日期呢？

(30) Willst du heute etwa ins Kino — **aber** ich komme nicht mit.

你今晚或许想去看电影？不过我是不会跟你一起去的。

(Lang 2000:243)

Lang(ebd.：243)认为，类似例(29)或(30)这样的复合句得从言语行为层面进行解释，正是因为前后两个小句的句子类型不一致。另外，Lang 还指出，Sweetser 对英语连接词 but 的作用域的认定存在问题。Sweetser (1990:103)认为，连接词 but 只能在认知层面或者言语行为层面进行解释，而不能在事实层面进行解释，理由是"对立"这种关系不存在于客观世界之中，而是存在于人的认知世界当中：

说 A 和 B 在现实世界中"冲突"或"对立"是什么意思呢？"不和谐"或"对立"怎么会存在于说话者脑中关于"和谐"或"非对立"的概念之外呢？

(Sweetser 1990:104)

这个观点 Lang(2000:245)也表示赞同。然而，在认定下面这个复合句中连接词 but 的作用域时，Lang 遇到了一个问题，这个例句也被 Sweetser (1990)提到过：

(31) John keeps six boxes of pancake mix on hand, **but** he never eats pan cakes.

约翰手上端着六盒松饼，但他从来不吃松饼。

(Sweetser 1990:100; Lang 2000:243)

Sweetser(1990:100)认为，例(31)需要在认知层面进行解释，因为在读完或者听完这个复合句时，可以根据第一个小句中的内容，即"约翰手上端着六盒松饼"这件事做出推断："约翰应该是吃松饼的"，而这个推断与第二个小句中的内容，即"他从来不吃松饼"相对立。Lang(2000:243)则指出，该例句中的两个小句都是客观事实："约翰手上端着六盒松饼"是客观事实。"他从来不吃松饼"也是客观事实。根据 Sweetser(1990:77f.)对连接词作用域的定义，这种情况本应该属于"事实层面"上的衔接，因为在这个层面上，连接词衔接的才是客观事实，而在"认知层面"上，连接词衔接的本应该是认知内容，但 Sweetser 却说例(31)要在认知层面进行解释。

　　在提出这一质疑之后，Lang(2000:245)对这个问题产生的根源进行了阐释。Lang 认为，Sweetser 对"认知层面"的定义以及对类似例(31)中连接词 but 作用域的认定之间之所以存在上述矛盾，是因为她搞混了两个概念：一个是"Inferenz"，另外一个是"epistemischer Status"。根据 Lang 的解释，前者是关于某事究竟是被确信的还是被推测出来的问题，后者是关于某个内容究竟是客观事实还是某人的猜测的问题。笔者认为，Lang 所提出的这两个概念之间的区别，可以借助例(32)和(33)进行解释：

　　(32) 小明大概率在家，因为他家的灯亮着呢。
　　(33) 我以为小明还在路上，但实际上他已经到家了。

　　很显然，例(32)第一个小句的内容是在第二个小句内容的基础上提出的假设。虽然第一个小句有"大概率"这个表示相对来说确信程度比较高的副词，但仍然难以确定小明是否真的在家，因为也有可能小明离家之前忘记关灯了。例(33)第一个小句本身是个事实：说话人"我"确实以为小明还在路上，这不是在撒谎；只不过，第一个小句的实际功能不是对"我以为小明还在路上"这个命题真值的肯定，即不是在强调"我"确实有这样的想法，而是为了提出某个假设，即"小明应该还在路上"这个假设。也就是说，虽然例(32)的第一个小句从形式上看本身就是假设，而例(33)的第一个小句从形式上看是个客观事实，但实际上这两个小句的功能是一样的，都是在提出假设。可见，在认知层面进行操作的连接词在实际语用当中完全可能会衔接表面上像在陈述客观事实的小句，因此，不能单凭小句本身从形式上看是事实还是推断这一点来判断连接词的作用域，起决定作用的应该是两个小句的实际功能。

Lang(2000:246)认为,德语连接词 aber 或者英语连接词 but 的功能在于,标记第二个小句的内容与某个假设相对立,这个假设可以从前面给出的信息中直接读出来或是从中推测出来。由此可见,连接词 aber/but 的功能决定了前一个小句的实际功能不是为了表达某命题为真,而是为推测出某个与第二个小句内容相反的假设提供前提。在类似例(31)的复合句中,与第二个小句中的事实相对立的假设可以从第一个小句的内容中推测出来(由"约翰手上拿着六盒松饼"这个事实,可以推测出"约翰吃松饼"这个假设);读者如果遇到的是例(34)之类的复合句,这个假设可以直接从前一个小句中读出来,因为有"应该"作为假设的标记词:

(34) 李明应该在家的,但他妻子说他不在。

在 Lang(2000:245)看来,在类似例(35)的复合句中,要想推测出与第二个小句内容相反的假设,前一个小句中的信息是不够的,需要结合上下文中的话题信息才可以:

(35) John is rich **but** Bill is poor.
　　 约翰是富有的,但比尔是贫穷的。

(Lang 2000:244)

Lang 指出,这个句子需要在特定的上下文中出现,在这个上下文中存在约翰和比尔两个人经济条件差不多这个期待。为了体现出上下文信息对诸如此类的复合句的阐释起到的重要作用,Lang 建议在 Sweetser 理论模型的基础上引入第四个作用域,即"话语视角"(discourse perspective)(ebd.：238)。

然而,笔者认为,Sweetser 和 Lang 都忽视了一个问题,就是英语 but 或德语 aber 衔接的复合句有没有可能在事实层面进行阐释?假设上下文谈论的话题只是约翰和比尔的经济状况,或者说如果有人只是单纯地想知道约翰和比尔的经济状况如何,不带有任何心理预设,那么有没有可能会听到例(35)中的答句呢?Lang(2000)认为,如果上下文不存在约翰和比尔二人经济情况相同这个心理预设,那么例(35)的连接词应该换成 and。即便 but 和

and 衔接的两个小句相同,但是二者表达的"对立"是不一样的:如果句中的连接词是 but,那么 but 所表达的"对立"是上下文中的"约翰和比尔两人经济条件差不多"这个期待被实际情况所打破(约翰和比尔经济条件不同);如果句中的连接词是 and,那么 and 所表达的对立是二人的经济情况之间的对立,即富裕 vs. 贫穷(ebd.：244ff.)。

　　经过上述探讨,笔者认为有一个问题是亟待回答的:德语连接词 aber 究竟能否在不存在任何心理预设的情况下用来标记两个比较对象之间的不同点? 换句话说,连接词 aber 必须表达某个假设被推翻吗?

　　Breindl 等(2014：522ff.)认为,德语连接词 aber 也可以被用来标记比较对象之间的不同点,此时,该连接词可以与 und、hingegen 以及表达对立的从属连词 während 互换。笔者赞同 Breindl 等学者的观点,认为连接词 aber 可以用来表达不带任何心理预设的对比,所以诸如例(35)之类的复合句除了 Lang(2000)所提到的阐释方式之外,在某些上下文中也可能只是被用来标记"约翰"和"比尔"这两个比较对象在"经济状况"这个方面的不同点。笔者持客观唯物主义世界观,认为物质之间的不同是存在于客观世界当中的,进而被感知。因此,笔者认为,既然 aber 能够单纯地被用来标记比较对象之间存在的不同,那么该连接词就可以在事实层面进行阐释。因此,笔者不支持 Sweetser(1990)和 Lang(2000)的观点,即带有 aber/but 的复合句只能在认知层面或者言语行为层面进行阐释。

　　此外,笔者还发现了一个问题:Sweetser(1990)认为,例(36)的 but 要在认知层面进行解读,而例(37)的 but 要在言语行为层面进行解读:

(36) A：Do you know if Mary will be in by nine this evening?
　　 B：Well, she's nearly always in by then, **but** (I know) she has a lot of work to do at the library, so I'm not sure.
　　 说话人 A：你知不知道玛丽今晚九点前会不会在家?
　　 说话人 B：她几乎总是那时候就在家了,但是(我知道)她今天在图书馆有很多事要做,所以我也不确定。

(37) King Tsin has great mu shu pork, **but** China First has excellent dim sum.
　　 Kong Tsin 这家饭店里有非常好吃的木樨肉,但是 China

First 这家饭店的点心特别好吃。

（Sweetser 1990：100f.）

Sweetser（1990：100）指出，例（36）由 but 衔接的复合句之所以要在认知层面进行解读，是因为人们可以在第一个小句内容的基础上得出"玛丽今晚九点前会在家"这个假设，而从第二个小句的陈述中，人们可以推测出相反的假设；例（37）中的复合句之所以要在言语行为层面进行阐释，是因为人们可以把第一个小句看作"推荐 Kong Tsin 这家饭店"这个言语行为，而把第二个小句看作"推荐另外一家饭店（China First）"这个言语行为。

然而，在笔者看来，例（36）与（37）的连接词 but 的作用域是一样的，理由如下：第一，被衔接的小句皆为陈述句；第二，前后两个小句的实际作用都不是单纯陈述事实，而是为某个推断提供事实依据；第三，从第一个小句和第二个小句中得出的推断都互不兼容——从例（36）的第一个小句"她几乎总是那时候就在家了"中可以得出"玛丽今天九点前会在家"这个推断，而从第二个小句"（我知道）她今天在图书馆有很多事情要做"中又会得出相反的推断；从例（37）的第一个小句"King Tsin 这家饭店里有非常好吃的木樨肉"中可以得出"说话人推荐去 King Tsin 这家饭店"这个推断，而从其第二个小句"China First 这家饭店的点心特别好吃"中又可得出"说话人推荐去 China First 这家饭店"这个推断。事实上，Sweetser 在其书中的其他位置提到过另外一个例子：

(38) John is rich **but** dumb.
约翰富有但愚蠢。

（Sweetser 1990：104）

Sweetser（1990：104f.）认为，如果例（38）出现在一个带有评判性的上下文中，比如话题是"约翰是否适合做某个人的丈夫"，那么该复合句可以在言语行为层面进行阐释。Sweetser（ebd.：105）认为，从第一个小句中所阐述的事实，即"约翰很富有"可以得出"嫁给约翰应该是个不错的选择"这个推断；而从"约翰很蠢"这个事实中可以得出相反的推断。

在笔者看来，例（38）也满足上述三个特征：两个小句都是陈述句（第二个小句可以被看作陈述句"John is dumb"的缩略形式）；两个小句的实际作用都是为了做出某个推断提供事实依据；从两个小句中能得出两个互不兼容的结论。既然 Sweester 认为例（38）需要在言语行为层面进行阐释，那么与之本质上属于同一类型的例（36）为什么又应该在认知层面进行阐释呢？显然，在 Sweetser 对例（36）与（38）连接词 but 作用域的认定中存在悖论。

实际上，诸如（36）至（38）这类由连接词 but（换成德语连接词 aber 也是同样的道理）衔接的、需要在言语行为层面进行阐释的复合句，与由 but 衔接的、需要在认知层面进行阐释的复合句有本质的区别。如果连接词 but 的作用域是认知层面，那么如 Sweetser 所言，人们可以从第一个小句中得出一个推断，这个推断会被第二个小句中提到的事实否定掉。比如例（31）复合句"约翰手上端着六盒松饼，但他从来不吃松饼"，从第一个小句中人们可以得出"约翰是吃松饼的"这个推断，而这个推断会被第二个小句中的事实，即"约翰从来不吃松饼"否定掉。而在例（36）至（38）中，从第一个小句中得出的推断并不与第二个小句中提到的事实相悖，而与以第二个小句中的事实为依据的推断相悖。从"某人几乎总是晚上九点前就在家了"这个事实中并不能得出"（我知道）某人今天在图书馆没有那么多事要做"这个推断；从"某家饭店有很好吃的木樨肉"这个事实中并不能得出"另外一家饭店没有好吃的点心"这个推断。同理，"某人很富有"也并非"某人不蠢"的前提。

与其他需要在言语行为层面进行阐释的复合句不同，在诸如例（36）至（38）之类的复合句中，两个小句的句子类型是一致的，且都是陈述句。然而，尽管句子类型一致，两个小句还是可以被看成两个言语行为，只不过这两个言语行为的输出是为了完成某个共同的上层言语行为的输出，或者说两个小句中输出的言语行为可以被归纳到同一个上层言语行为中去。在例（36）和例（38）中，由 but 衔接的两个小句中输出的言语行为可以分别被视为"为支持某个观点（比如约翰适合做某人的丈夫）进行陈述"和"为反对某个观点进行陈述"，而这两个言语行为又可以被归纳到"辩证式论述"这个上层言语行为中去。在例（37）中，两个小句中输出的言语行为可以分别被描述为"为了支持某个事物（比如某饭店）进行陈述"和"为了支持另外一个事物进行陈述"，而这两个言语行为可以被归纳到"权衡取舍"这个上层言语行为

49

中去。

综上所述,笔者得出两个结论:第一,有充分的理由支持将例(36)与例(37)和例(38)一样放到言语行为层面去阐释。第二,要判断某个复合句是否需要在言语行为层面进行阐释,不能只看两个小句的句子类型是否不一致,因为句子类型和言语行为之间不存在一对一的关系,同样的语言表达在不同场景中实现的交流目的可能有所不同;同理,同一个交流目的也可以通过不同的语言表达形式来实现。以陈述句为例,在不同的上下文或场景中可以实现不同的功能,比如用来单纯地陈述事实、用来为某个推断提供事实依据,又或者是用来充当某个复杂的论证过程中的一环等等。

作为对本章的小结,笔者将德语连接词 aber 可能存在的作用域做出如下描述。该描述是对 Sweetser(1990)、Lang(2000)以及沈家煊(2003)三位语言学家观点的批判性继承,既有对三位学者观点的总结,也包含必要的补充:

1) 事实层面上的衔接

当连接词 aber 在事实层面衔接两个小句时,这两个小句皆为陈述句,其功能是陈述事实,即陈述两个比较对象之间的不同。这种不同存在于客观世界,连接词 aber 的作用是表达客观对比。在这种情况下,上下文中不存在任何关于比较对象特征的心理预设。

2) 认知层面上的衔接

当连接词 aber 在认知层面衔接两个小句时,第一个小句的功能是为得出某个推断提供前提,且该推断与第二个小句中所描述的事实相悖。在这种情况下,连接词 aber 的作用是表达某两个事实同时成立与人的认知或期待相悖。

3) 言语行为层面的衔接

当连接词 aber 在言语行为层面衔接两个小句时,典型情况是两个小句的句子类型不一致,但也有可能一致。在这种情况下,两个句子类型一致的小句也需要被看作两个言语行为。连接词 aber 的作用是表达两个言语行为产生的影响或造成的结果相悖(参见上文中对例(36)~(38)的剖析)。

需要强调的是,上下文信息对于连接词作用域的认定起重要作用。当人们无法根据两个小句中的信息判断连接词到底在哪个层面进行认知操作时,必须参考上下文信息,比如语篇中的话题。因此,Lang 提出的"话语视角"(Lang 2000:238)非常有意义。Lang 也对此做过补充说明:上下文层面并非独立于上述三个作用域之外的第四个作用域,而是贯穿于上述三个作用域之中(ebd.：238ff.)。

2.3　德语连接词 aber 使用类型的影响因子

　　鉴于上一章中的论证结果,笔者将图 3 所示模型进行如下补充(见图 4),绘制出德语连接词 aber 使用类型影响因子模型图。该模型图中提到的因素也是下一章中区分连接词 aber 不同使用类型时需要考虑的因素。

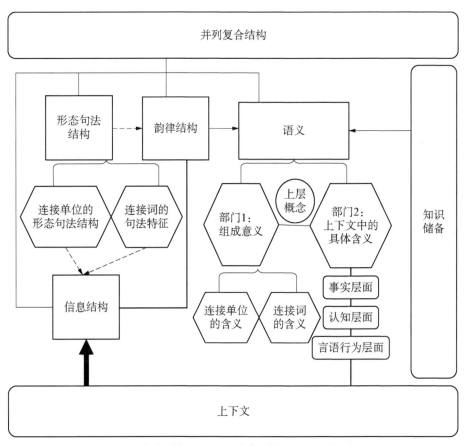

图 4　德语连接词 aber 使用类型的影响因子模型图

　　笔者要强调的是,该模型图中的影响因子是借助少数典型例句推导出的可能会对德语连接词 aber 的使用类型产生影响的因素。在实际鉴定连接词 aber 的使用类型时,该模型中的所有因素是否同等重要,需要借助更加细致的研究加以验证。在第 4 章末尾,笔者在系统总结了现有文献中提及的连接词 aber 的使用类型及其特征之后,会进一步讨论该模型中各个因子在鉴定连接词使用类型过程中的实际效用。

第3章
有关德语连接词 aber 使用类型的
学术史梳理

3.1 不同学者对连接词 aber 使用类型的描述

不同研究者对德语连接词 aber 的使用类型进行了不同的描述和定义，虽然这些使用类型的名称不尽相同，但其所指类型具有较高的可比性。本章首先描述不同研究者对该连接词使用类型的定义方式，这些不同定义方式之间的联系会在第 3.2 节通过表格的形式进行总结归纳。

3.1.1 "对立性""让步性""评价性"用法

Eggs(1977:124)曾区分过法语词 mais 的三种用法，并认为这三种用法跟德语连接词 aber 的用法等同，分别为"对立性用法"(adversatives aber(＝(aber) dagegen))、"让步性用法"(konzessives aber（＝(aber) trotzdem))以及"评价性用法"(evaluatives aber（＝(aber) dafür))。

Eggs(ebd. : 147f.)认为，aber 的对立性用法需要满足如下四个条件，如果有人想用 p, *aber* q 表达对立，那么要满足如下四个条件:①p 和 q 两个小句所描述的事实之间不能够存在某种因果逆违关系;②p 和 q 两个小句中不带有说话人的任何评价;③p 和 q 两个小句的主语和谓语不能完全一致;④p 和 q 两个小句的谓语中必须存在语义对立的成分。

Eggs(ebd. : 127)认为，第一个条件所涉及的前后两个小句之间是否存在因果逆违关系的问题，是判断该连接词是否被用来表达让步关系的关键。如果两个小句中所描述的事实满足"如果 p 成立，那么 q 通常不会成立"这个条件,那么连接词 aber 表达的是让步关系;而上述第二个条件中提到的小句中是否蕴含的说话人评价的问题,是判断该连接词是否为评价性用法的关键,若其中一个小句包含说话人的正面评价,另一个小句包含说话人的负面评价,则属于典型的评价性用法(ebd.:144)。另外,Eggs(ebd.:145)还指出,在某些情况下,同一个句子可以既表达让步关系,又蕴含说话人的评价。

3.1.2 "对隐含的因果的关系的直接/间接否定"

与 Eggs 的观点不同,Brauße(1983a:14)认为,根据"小句中是否蕴含说话人的评价"来定义连接词 aber 的使用类型并不合理:

> 我们什么情况下可以认定,由 aber 衔接的两个小句中隐含了说话人的评价,什么时候又可以认定,说话人只是想进行简单的事实陈述呢?

Brauße 的疑问实际上也得到了语用学领域研究者的支持,比如 Kohl 和 Kranz(1992:42)曾指出,类似"Der Karl ist einfach saublöd"(卡尔就是个蠢货)这样的句子没办法按照 Searle(1975:354ff.,1976:10ff.)定义的五种言语行为类型进行清楚的划分。这类的句子可以被理解为在表达说话人对主语卡尔的态度或看法,可以属于 Searle 所定义的"表达行为"(expressiver Sprechakt);另外,还有一种可能,即说话人只是想告知听话人卡尔这个人的特征,在这种情况下,该句可被归为"陈述行为"(repräsentativer oder assertiver Sprechakt)这一类。

Brauße 认为,连接词 aber 所衔接的两个小句的内容本身只是两个事实,至于两个小句是否可能包含说话人的评价,要视语境而定。因此,这一点不能作为区分连接词 aber 使用类型的标志性因素来看待。他还指出连接词 aber 的使用类型可以分为如下两类(Brauße 1983a:14ff.):第一,对隐含的因果关系的直接否定;第二,对隐含的因果关系的间接否定。Eggs(1977)所提到的连接词 aber 的"评价性"用法,在 Brauße(1983a:14)看来是上述两大类的子类,因为在这两大类的复合句中,被 aber 衔接的两个小句都有蕴含说话人评价的可能。

为了进一步阐释连接词 aber 的上述第一大类用法，Brauße 列举了如下例句：

（39）Das Essen ist teuer, **aber** es schmeckt nicht.
　　　饭菜很贵，但是不好吃。

（40）X hat gesagt, dass z, **aber** es ist nicht wahr.
　　　某人说了 z，但 z 不是事实。

（41）Gestern war schönes Wetter, **aber** ich bin zu Hause
　　　geblieben.
　　　昨天天气很好，但我在家待着了。

（Brauße 1983a：8f.）

Brauße 认为，在读到上述例句时，人们可以借助常识，从第一个小句中得出某个结论，而这个结论直接被第二个小句否定（ebd.：8ff.）。由此可见，在 Brauße 看来，"贵的饭菜一般味道好""某人说的话一般是事实""天气好的时候一般不会在家待着"属于常识。然而在笔者看来，"某人说的话一般是事实"这一点有些牵强，除非在"某人"前面加上修饰词，比如"可靠的某人说的话一般是事实"。

Brauße 指出，上面提到的连接词 aber 的第二大类用法，即间接否定某个隐含的因果关系，又可以细分为两种子类型。为了阐释第一种子类型，Brauße 举例如下：

（42）Fritz ist groß, **aber** Franz ist klein.
　　　弗雷茨长得高，而弗兰茨长得矮。

（Brauße 1983a：6）

Brauße（1983a：6）指出，这个由 aber 衔接的复合句只有在特定的语境下才是合理的，即上下文中隐含弗雷茨和弗兰茨二人身高相同这一心理期待，比如，当二人是同卵双胞胎的时候。在这种情况下，被否定的结论，即"弗雷茨和弗兰茨二人身高相同"这一结论无法直接从第一个小句中得出，而是要联系上下文信息才可以得出。

为了阐释第二种子类型，Brauße 举出如下例句：

(43) Gestern war schönes Wetter, **aber** ich war müde.
昨天天气很好，但我非常累。

(Brauße 1983a：7)

Brauße(ebd.：7)指出，从第一个小句中，人们可以得出"说话人昨天很满意"这个结论，从第二个小句中，人们又可以得出"说话人昨天不满意"的结论，这样第一个小句中得出的结论就被从第二个小句中得出的结论否定掉了。

然而，由 Brauße(1983a) 所建议的连接词 aber 使用类型的划分方式无法顾及另外一类情况，即连接词 aber 用来表达客观对比的情况。例如，例句(42)出现的上下文中就算没有弗雷茨和弗兰茨是同卵双胞胎或者具有其他亲缘关系的信息，说话人也可以单纯用它来表达二人之间身高的客观对比。也就是说，Eggs(1977)所定义的连接词 aber 的对立性用法并没有被 Brauße (1983a)所顾及。

3.1.3 "直接对立" vs."间接对立"

Kunzmann-Müller(1988：12ff.)区分了两大类由连接词 aber 衔接的复合句。在第一大类中，"对立"关系可以直接从两个小句的语义中读出；而在第二大类当中，"对立"关系隐含在两个小句当中(ebd.：33ff.)。在下文中，为了书写方便，笔者将 Kunzmann-Müller 所描述的这两大类对立关系分别称为"直接对立"和"间接对立"。

Kunzmann-Müller(ebd.：13)认为，在表达"直接对立"的复合句中，两个小句的句法结构是平行的。与此相呼应的是，这类复合句中两个小句的位置可以互换，且不影响复合句所表达的语义关系，另外，第二个小句中与第一个小句中相同的成分可以省略(ebd.：14)。两个小句中不同的成分构成"对比载体"(Kontrastträger)(ebd.)。与两个小句结构上的对称性相呼应，其语义上也会具备对称性，具体表现在两个小句中的对立成分同属于一个上层的语义范畴(ebd.)。Kunzmann-Müller(ebd.)强调，在由 aber 衔接的第一大类复合句中，两个小句必须包含"两组可以构成对立关系的成分"(zwei kontrastfähige Differenzen)——笔者将其简称为"对立对"——并举例说明了哪些词汇手段可以构成对立对,比如反义词(比如"大"和"小"),同一个上义范畴中的下义词(比如"中学生"和"大学生")以及表达次序、地点分布或时间顺序的词汇等等(比如"有一回……,另一回……""有些人……,另一些人……""这里……,那边……""现在……晚些时候……"等等)。Kunzmann-Müller(ebd. ﹕21ff.)认为,在这一类的复合句中,连接词 aber 总是可以用联结副词 und 或者从属连词 während 来进行替换的。连接词 aber 的这一使用类型被 Breindl 等人(2014﹕522ff.)称为"对立比较"(kontrastiver Vergleich)。

　　另外,Kunzmann-Müller 指出,在表达直接对立的第一大类复合句中,有几种特殊的情况需要注意(Kunzmann-Müller 1988﹕27ff.)。在这些特殊情况中,两个小句中只能找到一个对立对,例如:

　　(44) Er trinkt Tee, ich **aber** trinke keinen Tee.
　　　　　他喝茶,但我不喝茶。
　　(45) Er trinkt Tee, ich trinke **aber** auch Tee.
　　　　　他喝茶,但我也喝茶。

　　　　　　　　　　　　　　　　　(Kunzmann-Muller 1988﹕27f.)

　　Kunzmann-Müller 认为,通常情况下,如果连接词 aber 衔接的两个小句中只能够找到一组对立对,那么该复合句应该是无法被接受的,比如"*Er trinkt Tee, aber ich trinke Tee"(他喝茶,但我喝茶)。上述例句之所以能够被接受,是因为上述例句的第二个小句中要么包含一个否定词,要么包含"也"(auch)这个词(ebd. ﹕27)。例(44)之所以可以被接受,是因为其第二小句中包含否定词"kein",对应中文"不",因此,除了"他"和"我"这组对立对之外,还有"喝茶"和"不喝茶"这组对立对;例(45)的第二小句包含"auch"这个词,对应中文"也"。

　　事实上,连接词 aber 与聚焦小品词 auch 联用的情况也被其他学者研究过。比如,Rudolph(1989﹕217)认为,aber auch 的出现可以起到强调某些内容或加深某种程度的作用,其中,连接词 aber 所表达的对立已经被"极度弱化"或者说变得"非常微小"。

　　而 Starke(1989﹕34)认为,在进行列举的过程当中,如果被连接的成分中不包含对立的语义特征，那么用 aber auch 这种形式去连接被列举的成分是不合规的，例如：

> (46) Im Flughafen von Nanjing werden hauptsächlich Kohle, Erdöl, Erze, Baustoffe, Kunstdünger, Maschinen, **aber auch** Nahrungsmittel, Textilien und Konsumgüter umgeschlagen.
>
> 在南京机场转运的货物主要有煤、石油、矿石、建筑材料、化肥、机械，但也有食品、纺织品和其他消费品。
>
> (Starke 1989:34)

Starke(1989:34)认为，在类似(46)的列举过程中，在 aber auch 出现的位置，应该去掉 aber，直接简单用一个 auch(也)、außerdem(此外/还)、ferner(此外/还)或其他类似的词来衔接前后的成分。

Breindl 等学者(2014:533)也探讨过连接词 aber 与表达叠加的聚焦小品词例如 auch(也)、vor allem(主要)、insbesondere(尤其/特别)等联用的情况，比如以 aber auch、vor allem aber 或 insbesondere aber 的形式出现。这些学者认为，在这种情况下，同类的成分被以"叠加扩展"(additivskalierend)的方式衔接起来，被衔接的成分一般是名词短语或介词短语，一般为句中的焦点信息，并且被衔接的成分之间并不存在对立。Breindl 等学者(ebd.)指出，连接词 aber 在这种情况下表达的语义关系只能被称为"弱对立"(schwacher Kontrast)。

Kunzmann-Müller(1988)把第二大类，即表达间接对立的复合句又细分为几个子类。第一个子类(以下称为"间接对立 I")的特点在于，连接词 aber 所表达的对立不能从两个小句的语义中直接读出，而是要借助一个中介成分推导出来(ebd.:34)。在这种情况下，人们可以依靠生活常识从第一个小句中得出一个推断，这个推断会紧接着被第二个小句推翻(ebd.:34ff.)。"间接对立 I"这个子类又可以继续细分为两个亚型，在亚型 I-i 中，从第一个小句中得出的推断被第二个小句直接反驳；在亚型 I-ii 中，从第一个小句中得出的推断被第二个小句间接反驳(ebd.)。

Kunzmann-Müller 进一步指出，如下语言手段的出现是亚型 I-i(第一个小句中得出的推断被第二个小句直接反驳)的典型性特征：

a. 在第一个小句中可能会出现一个用来描述必要性、愿望、目的、意愿、可能性、能力或者不确定性的动词，例如企图/打算（beabsichtigen）、希望（wünschen 或 sich wünschen）、认为（meinen）、计划（planen）、承诺（versprechen）、期待（erwarten）、尝试（versuchen）等等。情态动词或者与情态动词含义相同的其他动词也属于其中，例如：必须（müssen）、想（wollen）、可能/可以（können）、需要（brauchen）等等（ebd.：38）。第一个小句中被期待的事物的发生会被第二个小句否定掉，例如：

（47）Ich wollte abnehmen, **aber** es ist mir nicht gelungen.
我想减肥，但是没成功。

(Kunzmann-Müller 1988:39)

b. 第一个小句中可能出现一个描述阶段性顺序的动词，例如动词"开始"（德文 beginnen 或 anfangen）。这一类的动词会使信息接收者期望动作延续下去（ebd.：40）。而在第二个小句中，通常会出现一个描述动作结束的动词，比如"停下"（aufhören）或"结束"（beenden），如此一来，期待中的动作的延续会被否定，例如：

（48）Er begann Platten zu sammeln, sammelte **aber** nicht weiter/hörte aber auf damit.
他开始收集唱片，但没有继续下去。

(Kunzmann-Müller 1988:40)

c. 在第一个小句中可能会出现一个未完成体的（即表示动作尚未完成的）动词，这个动词会引起信息接收者对于该动作完整性的期待，而这个期待会被第二个小句否定掉；在第二个小句中，会有一个与前一小句中动词相应的完成体的动词，搭配否定词一同出现（ebd.：40f.），例如：

（49）Sie haben an einem Haus gebaut, **aber** es niemals zu Ende gebaut.

他们在某个住宅旁施工，但从来没完成施工。

(Kunzmann-Müller 1988：41)

d. 第一个小句中可能会出现一个描述惯常动作的动词，且该动词为未完成体，在第二个小句中会出现一个完成体的动词与否定词搭配使用，以表示该惯常动作预期的结果没有得到实现（ebd.：41），例如：

(50) Wir erhalten Ihre gesamte Post, **aber** diesen Brief haben wir nicht erhalten.

我们一直在接收您的信件，但您的这封信我们没收到。

(Kunzmann-Müller 1988：41)

Kunzmann-Müller 指出，上文提到的第二个亚型 I-ii，即从第一个小句中得出的推断被第二个小句间接反驳的情况，也可以通过多种方式来实现。

e. 在第二个小句中，没有直接否定期待动作的实现，而是提到一个原因或理由，用以说明该动作为何无法实现（ebd.：41f.），例如：

(51) Ich würde kommen, **aber** mir tut der Kopf weh.

我本来要来的，但我头疼。

(Kunzmann-Müller 1988：42)

f. 第二个小句中描述的事实会对第一个小句中的说法起到限制作用或者可以表明第一个小句中的说法有局限性（ebd.：43），例如：

(52) Erholt habe ich mich, bin dicker geworden, **aber** die Gelenke, die werden nie wieder gut werden, daran werde ich sterben.

我已经恢复了，变胖了点儿，但我的关节是好不了了，还是疼得要命。

(Kunzmann-Müller 1988：43)

　　说话人先是给出了"我已经恢复了"这个说法,从后文中可知,说话人实际上还没有恢复到十分健康的状态,因为他/她的关节没有恢复,因此,"已经恢复了"这个说法的正确性或者准确性就被限制了。

　　Kunzmann-Müller 认为,由连接词 aber 衔接的表达"间接对立"的复合句的第二大子类型(以下简称"间接对立Ⅱ")是那些可以在不改变句义的情况下用诸如 obwohl(虽然)之类的从属连词或者诸如 trotzdem(尽管如此)之类的联结副词去改写的复合句,这个子类被 Kunzmann-Müller(ebd. : 47ff.)命名为"KONZESSIV"(让步)。这个类型的复合句在 Kunzmann-Müller 的文章中没有占据很多篇幅,此处也不再赘述。

　　Kunzmann-Müller 紧接着对表达"间接对立"的复合句的第三大子类(以下简称"间接对立Ⅲ")进行了描述。她认为,第三大子类表达的是"价值的对立"(Gegensätzlichkeit von Werten)(ebd. : 71),并且指出,在这种情况下,两句话之间的对立不在于两句话的语义本身,而在于说话人从某个评价基础(Bewertungsgrundlage)出发,对两句话的内容进行的正向或负向的评价(ebd.)。而且,此时前后两个小句的主语一致(ebd. : 74)。但 Kunzmann-Müller 也提到了一种例外情况,即两句话的主语不一致,如例(53)所示:

　　(53) Fahrstuhlfahren ist bequem, **aber** Treppensteigen ist gesund.
　　　　坐电梯是很舒服的,但走楼梯是有利于健康的。
　　　　　　　　　　　　　　　　　　　(Kunzmann-Müller 1988:83)

　　在例(53)中,虽然两个小句中都包含正向的评价("舒服的""健康的"),但 Kunzmann-Müller(ebd. : 83f.)认为,第一个小句中提到的"舒服的"这个评价的重要性由于第二个小句中的评价,即"有利于健康的"的出现,而被限制了,因为在 aber 衔接的复合句当中,通常第二个小句被认为是在论证过程中分量更重的那一个。也就是说,"走楼梯"因为它"有利于健康"在两件事(坐电梯 vs. 走楼梯)中被说话人赋予了相对正向的评价;而"坐电梯"因为不会对健康产生积极影响在两件事中被赋予了相对负面的评价。这类的语义关系被 Kunzmann-Müller(ebd. : 84)称为"平衡/补偿"(Ausgleich)。这一类的复合句也被 Brauße(1998)研究过,详见下一个章节。

Kunzmann-Müller(1988:86)认为,由 aber 衔接的表达"间接对立"的复合句的第四大子类(以下简称"间接对立 IV")的典型特征是两个小句句子类型的不同。在这种情况下,两个小句可以被视为两个言语行为,而两个小句之间的对立也并不存在于字面意思层面,而在更高一级的"交流意义(kommunikativer Sinn)或者说"表达意义"(Äußerungsbedeutung)层面(ebd.),如例(54)所示:

> (54) Der Vater hat den Sohn zum Bahnhof gefahren, **aber**
> wer hätte das nicht getan? Das machen alle Väter.
> 这位父亲开车把儿子送到了火车站,不过哪位父亲不会
> 这样去做呢? 所有的父亲都会这样做的。
>
> (Kunzmann-Müller 1988:87)

Kunzmann-Müller(ebd.:88)认为,当第二个小句出现时,第一个小句的交流意义就被否定了。这一类型的复合句也被 Breindl 等(2014:533)探讨过,这些学者把这类复合句描述为"非内容方面对立复句",并指出,人们可以从这类复合句的两个小句中推导出互不兼容的结论(ebd.:534)。以(54)为例,当人们听到第一个小句时,可能会得出"说话人觉得爸爸开车送儿子去火车站这件事很值得一提"这个结论,但听到第二个小句时,人们可能会认为"此事其实不值一提"这个结论。Kunzmann-Müller(1988:88ff.)认为,尤其是在道歉(但实际想为自己开脱)或者致谢(但实际想拒绝对方邀约)的上下文中,这类的复合句经常出现,常见的句式有"Entschuldige,aber..."(对不起,但……),"Danke, aber..."(谢谢,但……)等等。

此外,Kunzmann-Müller 还提到,上文提到的第四大子类(间接对立 IV)还包含一种特殊情况,在这种情况下,前后两个小句的句子类型是相同的,如例(55)所示:

> (55) Es handelt sich um Mundraub, **aber** Ch. J würde den
> stärkeren Ausdruck wählen, wenn sie je erfahren hätte...
> 这事关偷窃,但 Ch. J 会用更严重的词来描述这个行为,
> 如果她知道……的话。(注:德语中的"Mundraub"指的

是因为自己迫切的生活需求而去偷窃食品或者其他生
活必需品。)

(Kunzmann-Müller 1988：91)

Kunzmann-Müller(ebd.：91f.)认为,例(55)所表达的对立在于第一个
小句中声明的内容和第二个小句中提到的"元语言"(metasprachlich)层面
的评论中,即把某事称为"偷窃"并不准确,第一个小句中措辞的恰当性被第
二个小句否定掉了。

Kunzmann-Müller(ebd.：93)所定义的最后一类由 aber 衔接的复合句,
是指前后两个连接单位并非两个小句或者类似小句的结构,而是更大的语
言单位比如自然段的情况,以下简称"间接对立 V"。这个子类又可以细分
为两种亚型:在第一种亚型中,两个连接单位出自两个说话人之口,说话人
A 主张的内容紧接着被说话人 B 推翻,如下例所示:

(56) A：Gestern war ich den ganzen Tag zu Hause.

B：**Aber** das ist(doch) nicht möglich, denn ich habe dich
mehrfach versucht anzurufen.

说话人 A:我昨天一整天都待在家。

说话人 B:这不可能啊,因为我尝试了很多次给你打电话。

(Kunzmann-Müller 1988：94)

类似的情况 Breindl 等学者(2014：534)也探讨过,他们也把这类复合句
归为"非内容方面对立复句"之列,并认为在这种情况下,连接词起到"结构
划分信号"(Gliederungssignal)或者"话语标记物"(Diskursmarker)的作用。
Breindl 等学者指出,在这种情况下,说话人 B 的语言表达中经常会包含小
品词 doch 或者 ja,用以表达反驳,既可以对说话人 A 语言表达内容的真实
性进行反驳,又可以针对其措辞的恰当性进行反驳(ebd.)。

Kunzmann-Müller(1988：95)把连接单位是文章段落的情况视为上述子
类的第二个亚型,并指出,此时连接词承担的是"篇章组织功能"。在这种情
况下,连接词 aber 所表达的对立存在于前后被衔接的段落之间(ebd.)。对
于这一亚型,Kunzmann-Müller 没有举出具体例证,也没有进行更深入的探

讨,有待其他学者对其进行更加细致的研究。

值得注意的是,Kunzmann-Müller(ebd.:53ff.)把德语词 sondern 也视为表达对立的连接词。然而,这个连接词究竟该不该算作对立连接词,在德语学界是一个有争议的问题。除了 Kunzmann-Müller(1988:53ff.;1989:220ff.)之外,还有 Asbach-Schnitker(1979)、Di Meola(1997:20;1998:333)等几位学者认为该连接词属于对立连接词的范畴,但多数学者持相反观点(Brauße 1998;Umbach & Stede 1999;Breindl 2004b/2004d 等等),在研究对立关系的时候,并没有把该连接词考虑在内。Breindl 等学者在其 2014 年出版的 *Handbuch der deutschen Konnektoren 2* 中详细描述了德语中常用连接词所属的语义范畴及其可以表达的具体语义关系。其中 sondern 被定义为"包含否定意义的表叠加的连接词"(Breindl et al. 2014:451ff.),与对立连接词(ebd.:511ff.)一样,都被视为表示叠加的连接词(ebd.:391ff.)的子类。在很多语法书中,连接词 sondern 虽然被归为对立连词之列,但一般都会强调该连接词只能在表达"纠正"(Korrektur)的情况下使用(Helbig & Buscha 2001:396;Weinrich 2007:815;Duden 2009:908)。

Kunzmann-Müller(1988:66ff.)在其文章中也阐明了 sondern 和 aber 在句法特征、语义特征以及语用功能方面的不同。该学者认为,连接词 aber 表达的是对立,连接词 sondern 表达的是纠正(ebd.:69f.),且连接词 aber 在任何一种用法中都无法被连接词 sondern 所替换(ebd.:101)。与这一主张的相悖的是,该学者认为如例(57)和例(58)表达的语义是等价的:

(57) Ivo ist nicht klug, **sondern** fleißig.

　　伊沃不是(个)聪明的(人),而是(个)勤奋的(人)。

(58) Ivo ist fleißig, klug **aber**(ist er) nicht.

　　伊沃是(个)勤奋的(人),但他不是(个)聪明的(人)。

(Kunzmann-Müller 1988:53+66)

Kunzmann-Müller(ebd.:66)认为,上述两例这两个复合句的唯一区别是连接单位的顺序。然而,如果两个复句的语义真的如该学者所言,是等价的,那么人们就可以认为,连接词 aber 也可以用来表达纠正关系。而若连接词 aber 真的可以表达纠正关系,就有必要把这个用法定义为一种新的使用类型。因此,在下一章定义连接词 aber 的使用类型之前,必须搞清楚一个问题,该连接词究竟能否表达纠正关系? 为此,笔者认为有必要对上述例句进行更加深入的剖析。

有一个比较简单的剖析方法,就是为两个例句分别构建一个上下文中需要回答的上层问题。如果上层问题一致,那么说明两个复合句在语义上确实是等价的。通过这个方法,我们会发现上例中两个复合句适合出现的上下文实际上是不一样的:

(i) 对例(57)适用的问题:伊沃是(个)聪明的(人),对吧?
(ii) 对例(58)适用的问题 1:伊沃(是个)聪明又勤奋(的人),对吧?
(iii) 对例(58)适用的问题 2:伊沃这个人怎么样?

由问题(i)可知,例(57)所适合出现的上下文中存在"伊沃是(个)聪明的(人)"这一期待。这一期待被连接词 sondern 衔接的复合句完全否定掉了。由(ii)和(iii)可知,例(58)可能适合出现的上下文有两类。在第一类上下文中(问题 1),存在"伊沃(是个)聪明又勤奋(的人)"这一期待,这个期待被连接词 aber 衔接的复合句部分否定掉了("勤奋"被肯定了,而"聪明"被否定了)。在第二类上下文中(问题 2),伊沃这个人(相对而言)的优缺点被拿来进行对比了。

在 Helbig 和 Buscha(2001)两位学者为德语学习者和德语教学人员编写的语法书中也提到过,在某些复合句中,连接词 aber 或者 sondern 都可能出现,如下例所示:

(59) Er fährt nicht mit dem Auto, **sondern（aber）** mit der Straßenbahn.
他不(常)开车,而是(常)坐有轨电车。(sondern 句)
他不(常)开车,但(常)坐有轨电车。(aber 句)
(Helbig & Buscha 2001:396)

虽然前后两个小句一样,但若连接词不同,整个复合句所表达的语义关系也会有细微差异,这一点也被上述两位学者强调了:连接词 aber 的语用功能是表达"否定",而 sondern 的功能是表达"纠正/驳斥"(ebd. :396)。因此,(59)中两个连接词适合出现的上下文应该有所不同,如下所示:

（iv）适合 sondern 回答的问题:他(常)开车,对吧?

（v）适合 aber 回答的问题:他既(常)开车,也(常)坐电车,对吧?

经过上述论证,笔者得出假设:虽然 aber 和 sondern 所衔接的两个小句内容可能一致,但适合整个复合句出现的上下文是不一样的。因此,两个连接词之间应该没有语义上的交集,连接词 aber 应该不可以通过 sondern 来替换,也不适合用来表达纠正关系。这一假设是否符合实际语用,还需通过实证研究进行验证。在 3.2 节总结现有文献中定义过的连接词 aber 的使用类型时,笔者暂不把"纠正关系"列入其中。

3.1.4　三种类型的对立关系

Brauße 在其 1998 年发表的论文中区分了三种连接词 aber 的使用类型,认为该连接词所表达的"对立类型"可分为三大类。

Brauße(1998:151)认为,第一种对立类型(以下简称"对立类型Ⅰ")的特点是,人们可以在前后两个小句中找到词汇意义上对立的成分。在这种情况下,两个不同的人或者事物就某个方面的特征有了对比。两个比较对象之间某个特征方面的不同"可小可大"(ebd.),只有二者之间的不同较显著时,人们才可以认为两个特征之间存在"对立"。为此,Brauße 举出"Hans ist groß, aber Fritz ist klein"(汉斯高,但弗雷茨矮)这个例句,并强调,在适合这个例句出现的上下文中,应该存在"汉斯和弗雷茨二人身高差不多"这一期待(ebd.)。

另外,Brauße(ebd. :151f.)还指出,第一种对立类型也包含另外一种情况,就是所谓的"双重对立"(zweifacher Kontrast),例如:

(60) Hans ist groß, aber Fritz ist stark.

汉斯高,但弗雷茨强壮。

(Brauße 1998:152)

Brauße 认为,上述例句中的"双重对立"可以通过如下改写:

(61) Hans ist groß, aber Fritz ist nicht groß.

汉斯高,但是弗雷茨不高。

(62) Hans ist nicht stark, aber Fritz ist stark.

汉斯不强壮,但弗雷茨是强壮的。

(Brauße 1998:152)

由上述改写可知,汉斯和弗雷茨二人在两个方面的特征即"是否高"以及"是否强壮"有了对比。Brauße(1998:152)认为,这种双重对立是无法从两个小句的语义中直接读出的,而是两个小句的隐涵(Implikatur)。上一节曾提到过,这种"双重对立"在 Kunzmann-Müller(1988 ebd. :84)看来实际上是在表达一种"平衡/补偿"。

Brauße(1998)把第二种对立类型(以下简称"对立类型Ⅱ")描述为"针对同一对象的不同谓语之间隐含的对立"(ebd.:152)。在这种情况下,说话人从某个视角出发,把同一个对象的不同特征衔接起来,例如,"Anna ist klug, aber häßlich"(安娜是聪明的,但不漂亮),前后两个连接单位中包含了说话人对观察对象安娜的正/负面评价(ebd.)。连接词 aber 的这一使用类型被 Breindl et al.(2014:529ff.)定义为"补偿性对立"(kompensatorischer Gegensatz)。

Brauße(1998)把让步关系定义为连接词 aber 可以表达的第三种对立类型(以下简称"对立类型Ⅲ")。在这种情况下,连接词 aber 表达的是一个通常情况下成立的条件关系无法运用到现在正在谈论的情况中去(ebd.:153),例如,"Fritz ist nicht groß, aber stark"(弗雷茨不高,但是强壮)。在Brauße(ebd.)看来,通常情况下,如果一个人不高,那么这个人一般来说也不会太强壮。

3.1.5　五种使用类型的划分

Breindl(2004b:240)区分了连接词 aber 的五种使用类型。其中 Breindl 定义的第一种使用类型叫"表达弱对立关系的 aber"(schwach kontrastives *aber*)。该学者指出,在这种情况下,连接词 aber 是作为"话题转换标记"

(Topikwechsel-Marker)来使用的,两个小句的语义之间并不存在对立;这个用法的 aber 一般出现在 NE 位置,即紧跟句中第一位成分其后,位于第一位和变位动词之间的位置,在行文过程中用于标记视角转换或话题转换(ebd.)。该学者提到,aber 的这种用法主要是出现在较老的叙事类文本当中,如例(63)所示:

> (63) Ich [...] machte ein etwas erstauntes Gesicht. „ Wohin? " fragte ich. Er aber, in humoristisch-dozierender Weise, antwortete: [...]
>
> 我作惊讶状,问道:"去哪儿?"(但)他用幽默的、谆谆善诱的口吻答道……
>
> (Breindl 2004b:240)

由例(63)的汉译可知,连接词 aber 此时即便不被译出,也不会影响前后文的衔接。

事实上,连接词 aber 的上述用法也被其他学者讨论过。Fischerová(1979:47)就曾指出,在这个用法之下,该连接词是为续篇服务的,表达的是一种"被削弱的对立"。Rudolph(1989:216)也曾提到,连接词 aber 的作用是向读者指明新信息即将出现,同时强调前后文之间的连贯性。aber 的这种用法被 Breindl 等学者(2014:532)归于"弱对立"这一大类之中。

Breindl(2004b:241)把连接词 aber 的第二种使用类型定义为"对立比较"(kontrastiver Vergleich),并指出,前后两个小句信息结构中的话题在内容上同属于某个在上下文中被讨论的上层话题范畴。此外,Breindl 还强调,前后两个小句的述题(Kommentar)中需要存在对立成分,两个小句的重音结构需要具备对称性,并且在上下文中需要存在一个期待,那就是两个"同类的"(typgleich)话题所指的对象也会具备相同特征。

Breindl(ebd.:245)把连接词 aber 的第三种使用类型称为"表达让步关系的 aber"(konzessives *aber*)。在这种情况下,前后两个小句所述命题之间隐含着一个条件或因果关系,即当前一个小句中的命题成立,那么通常情况下,后一个小句中的命题不成立。

Breindl(ebd.:244)把该连接词的第四类使用类型称为"表达评价性对

立的 aber"(Bewertungsgegensatz-aber),该连接词表达的是正向价值与负向价值之间的对立。

　　Breindl(ebd. 242)所定义的最后一类连接词 aber 的使用类型表达的是"计划受阻"(Plan-Vereitelung)。Breindl 指出,第一个小句会描述一个带有特定目的的行为,而在第二个小句中会指出,这个目的没有达成。因此,在前一个小句中经常会出现一个表达目的的谓语,而第二个小句经常包含否定词(ebd.)。前后两个小句之间的对立不像在让步关系中那样,建立在一个按照常识成立的因果/条件关系之上,而是建立在一个天真的想法之上,那就是"计划之事都能实现"(ebd.：243)。也是因为这个原因,Breindl 指出,这一用法之下的 aber 很难通过诸如 trotzdem、dennoch 等表达让步关系的单义连接词来进行替换(ebd.：243)。其理由显而易见："当某事被计划,那么通常情况下会实现"这个条件关系很难成立。当有人说"尽管他学习非常努力,但成绩很差",听话人很容易理解这句话背后的逻辑,因为按照常理,如果一个人学习非常努力,那么成绩通常不会太差。然而,当有人说"尽管他梦想成为亿万富翁,但这个愿望没能实现",听话人难免觉得说话人过于天真,因为"当有人梦想成为亿万富翁时,他一般能够实现愿望"显然不属于常理,所以这个让步关系很难被接受。因此,Breindl 强调,连接词 aber 在表达"计划受阻"时,两个小句之间隐含着一个目的关系,即"人们计划某事,是为了某事能够实现",这一点与让步关系不同(ebd.)。同时,Breindl 还指出,如果在表达"计划受阻"时,前一个小句中包含某些情状状语,使得人们可以认为计划之事大概率可以实现,那么连接词 aber 可以通过 trotzdem、dennoch 等连接词来替换。

3.1.6　"对立性解读方式" vs. "蕴含性解读方式"

　　根据前后两个小句的结构是否对称,Lang(2004：64)区分了两大类连接词 aber 的使用类型,并指出,不论是那种使用类型,aber 出现的上下文中都必须包含一个期待 q,这个期待与第二个小句的内容对立。

　　在第一种类型的复合句中,前后两个小句的信息结构和韵律结构都是对称的,被否定的期待 q 不是从上一个小句的内容中,而是从更广泛的上下文信息中推断出来(ebd.：79)。这类复合句的解读方式被 Lang 称为"对立性解读方式"(kontrastive Lesart)(ebd.：81)。而当前后两个小句的结构不对称时,该连接词的解读方式为"蕴含性解读方式"(implikative Lesart)(ebd.:81)。被否定的期待 q 可以直接从第一个小句的内容中推断出来。Lang 认为,Breindl(2004b)定义的 aber 作为"话题转换标记"使用、表达"对立比较"以及表达"评价性对立"时,都是"对立性解读方式"下的产物;而在Breindl 的定义中表达"让步关系"和"计划受阻"的 aber 都属于"蕴含性解读方式"下的产物(Lang 2004:79f.)。

Lang 的这种单纯根据前后两个小句结构上的对称性/非对称性去划分连接词 aber 使用类型的思路在 2014 年受到 Breindl 等学者的质疑。这些学者认为,连接词 aber 在表达"对立比较"时,其前后两个小句的结构并不一定要呈现对称性。前后两个小句结构上的对称性并不是确定这一使用类型的必要条件,必要的是,第二个小句从信息结构上必须可以被划分为话题和述题两个部分,且第二个小句中的话题和述题分别与第一个小句中的某个成分形成对立(Breindl et al. 2014:525)。

3.1.7　八种对立关系

Stede(2004:258)通过语料库分析法研究了德语连接词 aber 以及其他五个(allerdings、doch、jedoch、dennoch、hingegen)与之相近的连接词的功能,其中连接词 aber 被 Stede 认为是"典型的对立标记物"。Stede 所研究的语料源自曼海姆德语研究所建立的 DeReKo 语料库(全称 Das Deutsche Referenzkorpus)中的"Bonner Zeitungskorpus"(波恩报刊语料库)这一子库(ebd.:264)。Stede 所定义的三种"对立关系"建立在 Mann 和 Thompson二人在 1988 年提出的"修辞结构理论"(Rhetorical Structure Theory,简称RST)的基础之上。国内学界也不乏对该理论的介绍及运用(参见王伟1994,1995;陈莉萍 2008;冯德正、张艳、王艳 2016;李婷、吴勇毅 2022)。在该理论框架下,Mann 和 Thompson 描述了 20 多种基本的语义关系(Mann& Thompson 1988:250ff.)。在这 20 多种语义关系之中,Stede 认为,下列三种属于对立关系的范畴①:

---

① 以下引文中缩写注释如下:N=Nucleus(本义"核心",这里指对文章走向至关重要的句子);
　　S=Satellite(本义"卫星",这里指对文章走向只起辅助作用的句子);R=Reader(读者);
　　W=Writer(作者)。

Contrast

Constraints on N: multi-nuclear

Constraints on N+N combination: the Situations presented in these two nuclei are(a) comprehended as the same in many respects;(b) comprehended as differing in a few respects;(c) compared with respect to one or more of these differences

Text Example: Animals heal but trees compartmentalize. They endure a lifetime of injury and infection by setting boundaries that resist the spread of the invading microorganismus.

对 N 的约束条件:多核心结构

对 N+N 组合的约束条件:两个句子中呈现的情况(a)被认为在很多方面具备相同点;(b)被认为在几个方面存在不同点;(c)被针对其中一个或多个不同点进行比较

例句:动物染病后会痊愈,而树木染病后会进行阻断隔离。它们会通过设定边界的方式来抵御致病微生物的继续繁殖,从而终生耐受疾病和感染。

(Mann & Thompson 1988:278)

Antithesis

Constraints on N: W has positive regard for situation presented in N

Constraints on N+S combination: the Situations presented in N and S are in contrast;because of an incompatibility that arises from the contrast, one cannot have positive regard for both the situations presented in N and S; comprehending S and the incompatibility between situations in N and S increases R's positive regard for situation in N

Text Example: […] the tragic and too-common tableaux of hundreds or even thousands of people snake-lining up for any task with a paycheck illustrates a lack of jobs, not laziness.

对 N 的约束条件:作者对 N 中呈现出的情况持积极态度

对 N+S 组合的约束条件:N 与 S 中所呈现的情况对立;因为

对立的情况之间不兼容,所以人们无法同时对 N 与 S 中呈现的情况持积极态度;理解 S 的内容以及 S 与 N 之间的对立,会增加读者对 N 中所呈现情况的积极态度。

例句:数百甚至数千人排起长队等待赚钱机会这一经常出现的悲惨景象说明,不是人们懒惰,而是工作岗位稀缺。

(Mann & Thompson 1988:253f.)

Concession

Constraints on N: W has positive regard for situation presented in N

Constraints on S: W is not claiming that the situation presented in S doesn't hold

Constraints on N + S combination: W acknowledges a potential or apparent incompatibility between the situations presented in N and S; W regards the situations presented in N and S as compatible; recognizing that the compatibility between the situations presented in N and S increases R's positive regard for the situation presented in N

Text Example: Although it is toxic to certain animals, evidence is lacking that it has any serious long-term effect on human beings.

对 N 的约束条件:作者对 N 中呈现出的内容持积极态度

对 S 的约束条件:作者并不声称 S 中呈现出的内容不成立

对 N + S 组合的约束条件:作者承认 N 和 S 中呈现的情况之间存在某种潜在或明显的不兼容性;作者认为 N 和 S 中呈现的情况同时成立;认识到 N 和 S 中所呈现内容同时成立可以增加读者对 N 中所呈现情况的积极态度。

例句:尽管它对某些动物有毒,但缺乏证据表明它对人类有任何严重的长期影响。

(Mann & Thompson 1988:254f.)

Nucleus(简称 N)以及 Satellite(简称 S)这两个概念是 Mann 和

Thompson(1988：266)基于复合句中各个小句的内容对于"文章走向"(Textverlauf)的不同作用提出的。复合句中对于文章走向更为重要的小句被称为"Nucleus",而对于文章的走向只起辅助作用的小句被称为"Satellite"。两位学者指出,如果替换复合句中的"Satellite",那么整篇文章的功能不会改变;然而,如果替换复合句中的"Nucleus",那么对文章功能会产生巨大影响。大多数的语义关系由一个"Nucleus"和一个"Satellite"组成(ebd.：247);但也有少数几种语义关系,可以由两个或多个"Nuclei"组成(ebd.：248)。

在上述引文中,Contrast 这个语义关系下引用的例句旨在说明动物和植物对于微生物入侵的反应是不一样的。例句中的 but 相当于表达客观对比的德语连接词 aber。Concession 这个语义关系下引用的例句表达的是让步关系:根据前一个小句中的事实,即"某物对动物来说有毒性",可以推断出"该物通常对人类也会有毒性"这一结论;而这一结论被第二个小句所推翻。该例句中由英语连接词 although 衔接的复合句可以翻译成由德语连接词 aber 衔接的复合句。在 Antithesis 这个语义关系下引用的例句,实际上表达的是一种纠正关系,不包含任何连接词;如果要把该例句改写成由英语连接词 but 衔接的复合句,那么可以写成:"... illustrates not laziness, but a lack of jobs"(……不是意味着人的懒惰,而是工作岗位的稀缺)。而如果人们要把这个英语复合句翻译成德文,理想的译法应该是"... zeigt nicht die Faulheit der Arbeitssuchenden, sondern den Mangel an Arbeitsplätzen"。这里采用的是德语连接词 sondern,至于德语连接词 aber 适不适合用来表达纠正关系,笔者在第 3.1.3 节末尾已经讨论论过,这里不再赘述。简言之,笔者经过论证提出的假设是,德语连接词 aber 不适合用来表达纠正关系。因此,该语义关系是否属于德语连接词 aber 的语义范畴,笔者持疑问态度。

Stede 以上述三种语义关系为基础,对其在语料库中搜集到的例证所表达的语义关系进行了阐释及分类整理,在此过程中发现,上文中引用的三种语义关系不足以覆盖所有带连接词 aber 及其他 5 个功能与其相近连接词的例证所表达语义关系。在语料库分析完成之后,Stede 重新总结了 8 种"对立",这 8 种对立关系是根据说话人在构建复合句的过程中想要实现的交流目标来定义的,如以下引文所示(引文中的对立关系类型由黑体字标出,例句由斜体标出）：

（1）**Zulassen und „Überstimmen" eines Gegenarguments:** Konnekt 1（oftmals „ alte " Information）wird zugebilligt, ist potenziell im Widerspruch zu Konnekt 2, aber Konnekt 2 ist argumentativ stärker. *Zwar betreibt der Bürgermeister eine ganz gute Personalpolitik, aber mit so einem Schuldenberg kann er die nächste Wahl nicht gewinnen.*

承认潜在的异议，并否定该异议对于所论问题的重要性：第一个小句中会承认存在潜在的异议，但是第二个小句中的内容作为论据更有力。例：市长采用的人事政策虽然很好，但有此巨额债务，他不可能赢得下一届选举。

（2）**Zurückweisen einer naheliegenden Schlussfolgerung:** Aus Konnekt 1 folgt（unidirektional） typischerweise eine Proposition, die der Leser aber hier nicht akzeptieren soll. *Gestern war ich beim Shopping. Diese Handtasche bei Mayer hat mir wirklich sehr gut gefallen. Gekauft habe ich sie aber nicht.*

否定一个可从前句中推导出的结论：人们可以从第一个小句中推导出一个结论，但读者在句中所涉及的情况下不应接受该结论。例：这家店的手提包我真的很喜欢，但我没买。

（3）**Informieren über eine überraschende Korrelation:** Dem Leser wird mitgeteilt, dass Konnekt 1 und Konnekt 2 normalerweise nicht zusammenzutreffen（bidirektionale Implikation）. *Wir waren im Juli auf den Kanaren, haben aber gefroren wie am Südpol.*

告知他人一种令人惊奇的共存关系：读者被告知，前后两个小句中所描述的内容在一般情况下不会同时成立。例：我们七月份的时候在加纳利群岛上，但跟在南极一样被冻僵了。

(4) **Vergleichendes, neutrales Gegenüberstellen zweier Sachverhalte:** *München hat einen guten Fußballclub. In Berlin sind die Basketballer stärker.* ①

　　两个事实之间的客观中立的对比。 例：慕尼黑的足球俱乐部很好，而柏林的篮球运动员更强一些。

(5) **Abwägen unterschiedlicher Bewertungen:** Konnekte sind nicht (wie in 1) potenziell widersprüchlich, geben aber Anlass zu entgegengesetzten Bewertungen einer zugrundeliegenden Frage. *Der Kandidat ist ziemlich intelligent, aber leider hat er überhaupt kein Benehmen.*

　　不同评价之间的权衡： 以某个问题为着眼点，两个小句中所描述的内容可以作为正面/负面评价的依据。例：这位候选人非常聪明，但可惜的是没有道德品行。

(6) **Einschränken der Gültigkeit einer Aussage:** *Susi hat sich zum ersten Mal ganz allein das Gesicht gewaschen. Allerdings hat sie die Nasenspitze vergessen.* ②

　　限制某个说法的正确性。 例：苏西第一次自己洗脸，然而她把鼻尖给漏掉了。

(7) **Berichten über das Misslingen eines Plans:** *Karl hat den gesamten Laden abgesucht, aber er konnte kein Katzenfutter finden.*

　　告知他人计划失败。 例：卡尔找遍了整个商店，但就是找不到任何猫粮。

(8) **Hinweisen auf eine Wendung in der Ereignis-Folge:** Ähnlich wie(7), doch ohne intentionales Handeln. *Der Ball flog aus spitzem Winkel genau auf die Straßenlaterne zu.*

---

① 例句中显然缺少连接词，可能是作者的疏忽。

② 此处连接词虽然不是 aber，但 Stede 在其文章中明确指出在此类情况下 allerdings 可以通过 aber 来替换，参见 Stede(2004：272)。

Doch er verfehlte sie knapp.

指明事物发展过程中的转折点。 例：球与地面称锐角直冲路灯飞去，但没打中，只差一点点。

(Stede 2004：282f.)

然而，在笔者看来，Stede 列出的第(2)和第(3)种对立关系类型本质上都是让步关系，其中所列例句都可改写成由 trotzdem 或 dennoch 等表达让步关系的单义连接词衔接而成的复合句。因此，笔者认为对这两个类型的区分没有太大意义。实际上，Stede 定义的第(1)种对立类型在笔者看来归根结底也是让步关系，只是在寻常的让步关系中，连接词"但"一般会引入未预料到的结果，例如，"市长采用的人事政策虽然很好，但他不能赢得下一届的选举"，至于究竟是什么原因导致了这个未料到的结果，在多数让步关系中并不会提及；而例(1)的特殊之处在于，紧随句中连接词"但"其后的不是未料到的结果，而是出现这个未料到的结果的原因（"有此巨额的债务"）。

3.1.8 杂乱无章的使用类型划分

Métrich 和 Faucher 在其 2009 年编纂的《德语小品词词典》(*Wörterbuch deutscher Partikeln*)中列举了多种连接词 aber 的使用类型。这两位学者所定义的"小品词"(Partikeln)指的是那些不能发生曲折变化的、不能独立成句、无法充当句子成分也无法占据句子第一位的德语词(Métrich & Faucher 2009：XVII)。

在对德语词 aber 的词类进行认定时，两位学者认为，该德语词可以做"连词"(Konjunktion)或是"感叹词"(Interjektion)，亦或是"情态小品词"(Satzpartikel)(ebd.：XVI)。这两位学者所定义的"连词"指的是德语中的并列连词，也就是在德语句子中不能占位的连接词。"感叹词"指的是本身包含感叹特征的、表达说话人对某个情况或者行为举止产生某种本能反应的词，如例(64)所示：

(64) A：Wird er es schaffen?

B：Aber!

A：他能行吗？

B：哎呀（当然能行，还用问吗）！

(Métrich & Faucher 2009：XV)

Métrich 和 Faucher（2009：XV）指出，说话人 B 脱口而出的感叹词
"Aber！"是对说话人 A 输出的言语行为（提问）的反应。如果把说话人 B 的
内心活动用语言表达出来，可以是"Wie können Sie nur so dumm fragen！"
（您怎么会问出这么愚蠢的问题！）。两位学者指出，感叹词 aber 表达说话人
的"愤怒/不满"（ebd.）。根据本书第 1.1 节中对于"连接词"的定义，此类
aber 的用法不属于其作为连接词的用法之列。根据 Métrich 和 Faucher
（ebd.：XIX）对"Satzpartikel"的定义可知，这个词类指的就是传统意义上的
"情态小品词"。两位学者指出，aber 作为情态小品词被使用时，表达的是说
话人对某件事的惊讶之情（ebd.：15）。如本书第 1.2 节中所述，情态小品词
不属于连接词之列，因此 aber 作为情态小品词的用法不在本书的讨论范围
之内。笔者需要关注的显然是 Métrich 和 Faucher 对德语词 aber 作为连词
的使用类型的描述。

在研读了两位学者所列的连词 aber 的使用类型之后，笔者认为，两位学
者在定义不同使用类型时不总是遵循统一的参照标准；并且两位学者在每
个子类型下又列举了诸多亚型，导致读者在区分不同使用类型时可能产生
混乱。尽管如此，必须承认的是两位学者所列举的连接词 aber 的使用类型
丰富多样，对其他学者深入研究该连接词的语义或功能富有启发意义。由
于本书的篇幅有限，在此不能一一列举，而只选取其中没有被同领域的其他
学者系统描述过的使用类型进行介绍。

如前文所述，有不少学者简单提到过连接词 aber 作为"话题转换标记"
的用法，并指出该用法已经比较老旧，趋于过时（参见 Blatz 1970；Breindl
2004b/2008/2011；Breindl et al. 2014）。然而，在 Métrich 和 Faucher 所编
纂的字典中，可以发现 aber 的这个用法也会出现在当代德语中，而且不仅可
以出现在陈述句中，还可以出现在问句当中，如例（65）所示：

(65) Die Folge dieses Waffenstillstandes war die Unbereitschaft
aller arabischen Staaten, Frieden zu schließen [...].
Warum **aber** ist dies alles geschehen? Es war die Folge

der Schuld der [...].

停战的结果就是所有的阿拉伯国家都不愿意缔结和平
条约……

但这一切为什么会发生呢？这都是……的过失造成的
后果。

(Métrich & Faucher 2009:8)

显然，第二自然段的第一句话在文章中起到承上启下的作用，把文章的
论述方向引导到前文所述的事件发生的原因上，此处的连接词 aber 起到的
是标记话题转换的作用。

另外，Métrich 和 Faucher 把"nicht A, wohl aber B"（A 不成立，但 B 成
立）这个结构看作连接词 aber 的一种新的使用类型，如例（66a）所示：

(66a) Wiedehopfe leben leider in Gefangenschaft nicht lange,
　　　wohl aber Graupapageien.
　　　戴胜鸟在被捕捉之后存活不了多久，但灰鹦鹉可以。

(Métrich & Faucher 2009:10)

然而，仔细思考之后会发现，这个使用类型其实并不"新"，因为这个结
构归根结底表达的也是两个事物之间的客观不同，所以在这种情况下，连接
词 aber 表达的实际上也是"对立比较"。因为例（66a）存在省略结构，所以这
种对立比较可能无法一眼识别，但若补全省略结构，对立比较显而易见，因
为人们可以从前后两个小句中找出两组对立对，如例（66b）所示：

(66b) Wiedehopfe leben leider in Gefangenschaft nicht lange,
　　　aber Graupapageien leben in Gefangenschaft lange.
　　　戴胜鸟在被捕捉之后存活不了多久，但灰鹦鹉可以存活
　　　很久。

从补全的复合句中可以看出"戴胜鸟"和"灰鹦鹉"构成一组对立对，"不
久"和"很久"构成另外一组对立对。

此外,Métrich 和 Faucher 把连接词 aber 出现在从句中的情况也列为该连接词的一种使用类型,如例(67)所示:

(67) Eigentlich wollte er nichts sagen, **aber** da sie zur Sache kommen mußten, sagte er: [...].

他本不想发表意见,但因为他必须表态,所以他还是说了……

(Métrich & Faucher 2009:5)

然而,与两位学者的观点不同的是,笔者认为,这一类由 aber 衔接的复合句的特殊之处在于,连接词 aber 引入的不是一个简单句,而是一个主从复合句,比如例(67)连接词 aber 引入的是一个因果复句。笔者认为,连接词 aber 的辐射范围不仅仅是其所在的从句,而是其后出现的整个复合句。这个观点也被 Pasch 等(2003)认同。这些学者也认为,在诸如此类的情况下,连接词的作用范围是“其所嵌入的一整个框架的语义”(ebd.:238)。例(67)指的就是连接词 aber 所嵌入的一整个因果复句的语义。从这个角度来看,由 aber 衔接的类似例(67)这样的复合句实际上只是在句法结构方面具有特殊性,在语义方面并不能构成一个独立的使用类型,实际上例(67)完全可以在语义不变的情况下进行如下改写:

(68) Eigentlich wollte er nichts sagen, **aber** er sagte [...], da sie zur Sache kommen mußten.

他本不想发表意见,但他还是说了……,因为他必须表态。

与例(67)相比,例(68)只是调换了连接词 aber 的位置,将其置于因果复句的主句之中,并将因果复句中的从句调整到最后。在做了如上句法调整之后,例(67)所表达的让步关系就显而易见了。与传统的让步关系相比,这里只不过是把出现未预料到的结果的原因进行了说明。值得一提的是,早在 1979 年,Clément(1979:119f.)就观察到,因果复句经常紧随一个由 jedoch 引入的小句之后。由连接词 aber 引入的小句与因果复句是否经常伴随出现,可以通过语料库分析做进一步研究。另外,诸如例(67)情况的出现也可以印证 Di Meola(1997/1998/2004)的观点,即一个让步关系之中其实隐含着两组因果/条件关系,第一组是按照常理本该成立的因果/条件关系;另一组是在实际情况下发挥作用的因果/条件关系。例(67)由 aber 引入的因果复句就是这个在实际情况下发挥作用的因果/条件关系。不同寻常的是,这个因果/条件关系一般是隐含的,而诸如例(67)则是公开说明了。

Métrich 和 Faucher(2009:10)还提到一种情况,即连接词 aber 与连接词 oder(或)连用的情况(以 oder aber 的形式出现)。两位学者认为,说话人想强调两个事物之间是选择关系,如例(69)所示:

> (69) Bei dem Glatteis auf den Straßen sollten wir lieber zu Hause bleiben, **oder aber** wir fahren mit dem Zug hin.
> 在路面结冰的情况下,我们还是应该在家待着,或者我们坐火车去。
>
> (Métrich & Faucher 2009:10)

实际上,德语连接词 oder 单独使用时既可以表达互相兼容的选择关系,也可以表达互相排斥的选择关系(参见 Duden-Online),比如,当有人说"Du kannst Bücher oder Kartenspiele einpacken"(你箱子里可以带上书或纸牌)的时候,如果箱子的容量足够,那么既可以带书也可以带纸牌,此时"或"表达的就是兼容的选择关系;如果上下文中隐含的信息是箱子的容量不够了,书和纸牌只能任选其一的话,那么"或"表达的就是互斥的选择关系。Starke(1989:33)曾提到过,当连接词 oder 与连接词 aber 同时以组合的形式出现的时候,只能用来表达互斥的选择关系,这一点例(69)也已体现:"在家待着"和"坐火车去"之间,只能选一个,二者不可能同时成立。

Starke(ebd.)认为,德语词 aber 只起加强语气的作用,但笔者不这样认为,因为如果 aber 仅仅是用来加强语气,那么如何解释 oder aber 的出现仅能用来表达互斥的选择关系这一点? 实际上,aber 的出现对 oder 的适用范围进行了限制,从这一点上看,aber 在 oder aber 这个组合中表达的其实是前后两个事物之间的互斥。鉴于此,有必要把这种情况认定为连接词 aber 的一种特殊的使用类型,笔者将其命名为"互斥选择关系"。通过引入第二个小句,第一个小句的交流意义被限制了:说话人在提供了一种方案之后,紧接着提出了另外一种与其互斥的替代方案,因此,提出第一种方案的意义就在一定程度上被限制了。

3.1.9　六种使用类型的划分

在 Breindl 等学者 2014 年出版的《德语连接词手册 2》(*Handbuch der deutschen Konnektoren 2*)中列举了六种连接词 aber 的使用类型。这六种类型在前几章讨论其他学者定义的使用类型时已经穿插提到过,这里不再赘述,它们分别是:对立比较(kontrastiver Vergleich)(Breindl et al. 2014:522ff.)、让步关系(Konzessivität)(ebd.：525ff.)、计划受阻(Planvereitelung)(ebd.：527ff.)、补偿性对立(kompensatorischer Gegensatz)(529ff.)、弱对立(Schwacher Kontrast)(532f.)以及非内容方面对立复句(Nicht-propositionale adversative Verknüpfungen)(533f.)。

3.2　已定义的连接词 **aber** 使用类型对照表

在下文中,笔者以表格的形式呈现不同学者对连接词 aber 使用类型的定义。为了方便读者清楚地了解不同命名方式的使用类型之间的区别与联系,笔者把命名方式不同但实际所指内容相同的使用类型编入表格的同一行中。表格的每一列代表一位学者对该连接词使用类型的命名方式,空白的单元格代表某个使用类型没有被某位学者定义过。上文引用的多数学者的观点之间都存在较高的可比性,但其中 Brauße(1983a)对连接词 aber 使用类型的描述过于笼统,只区分"对隐含因果关系的直接否定"或"对隐含因果关系的间接否定"两种大类(参见本书第 3.1.2 节),因此,在下文的表格中没有列出。此外,Lang(2004)按照前后两个小句结构上的对称性/非对称性对连接词 aber 的使用类型进行定义(参见本书第 3.1.6 节),分类标准与其他学者不同,因此 Lang 的观点也没有被汇总到表格之中。另外,Métrich 和 Faucher(2009)虽然提到了多种连接词 aber 的使用类型,但在定义这些使用类型的过程中未遵循统一的参照标准,并且其中的绝大多数与其他学者提到的使用类型重合,只有一种情况需要单独列出,即连接词 aber 与 *oder* 连用的情况,笔者在本书第 3.1.8 节中将其命名为"互斥选择关系"。

表 2　不同学者命名的连接词 aber 使用类型汇总表

	Eggs(1977)	Kunzmann-Müller(1988)	Brauße(1998)	Breindl(2004b)	Stede(2004)	Breindl et al. (2014)
I	对立性用法	直接对立（前后两个小句中包含两组对立对）	对立类型 I：前后两个小句包含语义对立的成分	对立比较	两个事实之间的客观中立的对比	对立比较
II	让步性用法	间接对立 II：让步	对立类型 III：让步关系	表达让步关系的 aber	承认潜在的异议，并否定该异议对于所论问题的重要性 否定一个可从前一句推导出的结论 告知他人一种令人惊奇的共存关系	让步关系
III	评价性用法	间接对立 III：价值的对立	对立类型 II：针对同一对对象的不同谓语之间语义的对立	表达评价性对立的 aber	不同评价之间的权衡	补偿性对立
IV		直接对立特殊情况（前后两个小句中只包含一组对立对，但第二个小句中包含"auch(也)"这个词）				弱对立：叠加拓展关系

（续表）

	Eggs(1977)	Kunzmann-Müller(1988)	Brauße(1998)	Breindl(2004b)	Stede(2004)	Breindl et al. (2014)
V		间接对立 I-i（愿望/意图的实现被否定；动作的延续被否定；动作的完整性被否定；惯常动作预期结果未实现）		计划受阻	告知他人计划失败	计划受阻
		间接对立 I-ii（引入期待动作未实现的理由）			指明事物发展过程中的转折点	
VI		间接对立 I-iii（限制前一说法的正确性）			限制某个说法的正确性	
VII		间接对立 III 特殊情况：平衡/补偿	对立类型 I：双重对立			
VIII		间接对立 IV：否定前句的交流意义				非内容方面对立复句：从前后两句中推导出的结论互不兼容
IX		间接对立 V：说话人 A 主张的内容紧接着被说话人 B 推翻				非内容方面对立复句：反驳对方语言表达内容的真实性或语言表达方式的恰当性

83

（续表）

	Eggs(1977)	Kunzmann-Müller(1988)	Brauße(1998)	Breindl(2004b)	Stede(2004)	Breindl et al. (2014)
X				表达弱对立关系的 aber：作为话题转换标记使用		弱对立：标记话题的转换
XI		间接对立 V：文章段落内容之间的对立（aber 衔接篇章段落的情况）				

因此,这两位学者的观点也没有被录入下面的表格之中,但在第 4 章详细介绍连接词 aber 的各大使用类型时会把"互斥选择关系"作为一种独立的使用类型列出。

通过表 2 的对比可以发现,现有文献中已经被各位学者定义过的连接词 aber 的使用类型共有 11 种(Ⅰ~Ⅺ)。在这些学者当中,Kunzmann-Müller(1988)对该连接词使用类型的划分是最细致的,其次是 Stede(2004),但这两位学者所定义的很多使用类型实际上都是同一子类的亚型(比如 Kunzmann-Müller 所定义的"间接对立 I-i"和"间接对立 I-ii"这两个亚型可以归纳到其他学者所定义的"计划受阻"这一子类当中),而且两位学者对不同使用类型的命名方式不够简练。相比而言,Breindl 等人(2014)对连接词 aber 使用类型的命名方式相对简练,所定义的使用类型比 Eggs(1977)或 Breindl(2004b)中提到的类型更全面,但忽略了几种其他学者所定义的使用类型。

在第 4 章中,笔者会根据第 2.3 节中建立的德语连接词 aber 使用类型影响因子模型,借助可行性研究阶段建立的小型语料库(以下简称"试验库")中出现的例证,系统描述该连接词每种使用类型的特征,并尽量选用比较简练的命名方式。笔者认为,被衔接的语言单位的篇幅不能作为区分连接词 aber 使用类型的因素。只要被衔接的前后两个语言单位之间的语义关系相同,那么不论被衔接的是词组、句子还是段落,其中所涉及的连接词都属于同一种使用类型(见第 4.11 节中的例证),所以表 2 中的类型Ⅺ并不会在本书第 4 章中作为第 11 种独立的使用类型列出,取而代之的是在第 3.1.8 节中命名的"互斥选择关系"。在描述各种使用类型特征的过程中,笔者也可以检验第 2.3 节中建立的理论模型的适用性及完善度。试验库由德语原版高阶教材 *em neu Abschlusskurs*(C1)(Perlmann-Balme et al. 2007)前三单元中出现的、包含连接词 aber 或其他与之功能等价的连接词的 43 个复句组成。然而,表 2 所列的使用类型在该小型语料库中不都能找到相应例证。在真实用例缺乏的情况下,笔者会再次引用其他学者在其所发表的文献中所列的例子。当真实用例中出现的连接词不是 aber 而是其他连接词时,笔者会用大括号把连接词 aber 添加到原文连接词所在的位置,以表明该连接词在该语境下可以通过连接词 aber 来替换,比如:{doch,aber}表示原文中出现的连接词实际上是 doch,但在该语境下可以通过 aber 进行替换;

如果原文中出现的连接词与 aber 的句法特征不同,导致 aber 不能出现在该连接词出现的位置,那么笔者会调整语序,用连接词 aber 将原句改写一遍,并将改写后的整个复合句置于大括号中;在某些情况下,为了让读者能够更好地理解句意,笔者会在举例过程中添加背景信息或对某些概念/缩写进行注释,这些背景信息/注释会被置于中括号中,比如:[信息/注释]。

第 4 章
连接词 aber 使用类型的系统化总结

4.1 使用类型 I :对立比较

例证：

(70a) Unzufrieden ist der Verbraucherschützer damit, dass Unternehmen die Vorteile der zunehmenden Automatisierung überwiegend für sich behalten, **während** sie die Nachteile an ihre Kunden weitergeben.

(70b) {Die Unternehmen behalten die Vorteile der zunehmenden Automatisierung überwiegend für sich, **aber** sie geben die Nachteile an ihre Kunden weiter. Damit ist der Verbraucherschützer unzufrieden. }

(70c) {Die Unternehmen behalten die Vorteile der zunehmenden Automatisierung überwiegend für sich, sie geben die Nachteile **aber** an ihre Kunden weiter. Damit ist der Verbraucherschützer unzufrieden. }

(70d) {Unzufrieden ist der Verbraucherschützer damit, dass Unternehmen die Vorteile der zunehmenden Automatisierung überwiegend für sich behalten, **aber** die Nachteile an ihre Kunden weitergeben. }

(70e) 〔Unzufrieden ist der Verbraucherschützer damit, dass
Unternehmen die Vorteile der zunehmenden Automa-
tisierung überwiegend für sich behalten, die Nachteile
aber an ihre Kunden weitergeben.〕

大企业把日渐提高的自动化程度带来的大部分利益都
留给自己,而把其带来的害处都让消费者去承担。这位
消费者权益保护者对这种做法感到不满。

(Perlmann-Balme et al. 2007:24)

1) 语义特征

在表达"对立比较"时,可以从前后两个小句中找到两组对立对。而充
当对立对的成分在语义上不一定非要是反义关系,属于同一上义词的下
义词(比如"大学生"和"高中生"都属于"学生"这个上义词)、表达时间顺
序("昨天"vs."今天")或不同位置的词("这里"vs."那边")等等,都可以作
为对立对出现。如果前后两个小句是以省略结构的方式出现,那么在补
全句子之后,也需要存在两组对立对才可以构成对立比较。在表达对立
比较时,前后两个小句之间并不存在隐含的条件/因果关系。说话人衔接
前后两个小句只是为了陈述客观事实,并不是在权衡利弊或进行辩证
思考。

2) 句法、信息结构及韵律特征

前后两个小句的句法、信息结构及韵律结构常呈现对称性,但这并不是
判定该使用类型的必要条件;必要的是,前后两个小句均可以找出两组对立
对。根据 Breindl 等人(2014:524)和 Lang(2004:58)的观察,互呈对立对的
背景信息在口语中会通过"升调重音"(steigender Akzentton)体现出来,而
互呈对立对的焦点信息在口语中会通过"降调重音"(fallender Fokusakzent)
体现出来。

Breindl 等(2014:525)指出,使用该类型时,连接词 aber 经常处于紧随
句子第一位成分之后且在变位动词之前的位置(NE 位置)。但根据例(70b)
到例(70e)的改写可知,连接词 aber 也可以位于两个小句之间(又称"零位",
德文简称"Null")或者第二个小句的中场(简称"MF")。根据 Breindl(2008:
38f.,2011:17ff.)的观察,当表达对立比较的连接词 aber 出现在 NE 位置

时,还会附加标记话话题转换的作用。

4.2　使用类型Ⅱ:让步关系

例证:

> (71) [...], dass es Menschen gibt, die eine Wohnung zu viel
> haben. Die Geschäftsfrau zum Beispiel [...] oder das
> Paar, das endlich zusammenziehen, **aber** für eine
> überschaubare Zeit noch zwei Wohnungen behalten will.
> ……有些人手头有多余的房子,比如说女企业家,或者是
> 终于搬到一起去住、但在短期内还是想保留两套房的
> 情侣。
>
> (Perlmann-Balme et al. 2007:26)

1) 语义特征

人们可以依据常识,从前一个小句或是从上下文的内容中得出一个推断,这个推断会被后一个小句否定。在第一种情况下,前一个小句中的内容 p 与后一个小句中的内容 q 之间存在"当 p 成立,那么通常情况下 q 不成立"这个隐含的条件/因果关系,这个条件/因果关系的成立符合常理。

2) 句法、信息结构及韵律特征

根据 Breindl 等学者(2014:526)的观察,在表达让步关系时,前后两个小句的句法结构或信息结构都不呈现对称性。但笔者认为,从理论上来说,由 aber 衔接的、句法结构呈现对称性的复合句也有可能表达让步关系,例如:当上下文已知 A 和 B 二人为同卵双胞胎,那么当"A 很高,但 B 很矮"这句话出现的时候,听话人也可以从中解读出让步关系。在表达让步关系时,连接词 aber 可以出现在两句之间,亦或是第二个小句的中场;能否出现在 NE 位置,仍是一个有争议的问题(参见 Breindl et al. 2014:526; Breindl 2011:17),有待进一步研究。

4.3 使用类型Ⅲ:补偿性对立

例证:

(72a) Es gibt unzählige Möglichkeiten am Abend, **allerdings** wird man bei offenem Fenster gelegentlich in seiner Nachtruhe gestört.

(72b) {Es gibt unzählige Möglichkeiten am Abend, **aber** man wird bei offenem Fenster gelegentlich in seiner Nachtruhe gestört.}

(72c) {Es gibt unzählige Möglichkeiten am Abend, man wird **aber** bei offenem Fenster gelegentlich in seiner Nachtruhe gestört.}

[我住的地方]到了晚上,有数不尽的娱乐休闲活动可以参加,不过夜里开着窗户的话偶尔会觉得吵。

(Perlmann-Balme et al. 2007:28)

1) 语义特征

在表达补偿性对立时,两个小句所述内容分别可以作为某个评价对象的优缺点或者某个辩题的正反方观点来看待。比如,例(72)中被衔接的内容(夜生活丰富 vs. 使人觉得吵)分别可以作为某居住地的优缺点来看待,或者作为"某地是不是一个好的住处"这个辩题的正反观点来看待。

2) 句法、信息结构及韵律特征

Kunzmann-Müller(1988:72)认为,在表达补偿性对立时,前后两个小句的句法结构可以呈现对称性,但这种对称性并不是必要的。前后两个小句的信息结构及韵律结构呈现何种特征,在现有的文献中并没有提到过。在表达补偿性对立时,连接词 aber 既可以位于两句之间不占位,又可以位于第二个小句的中场(Breindl et al. 2014:531)。此外,根据 Breindl 等学者(2014:532)的观察,在表达补偿性对立的上下文中,连接词 aber 经常与连接词 zwar 联用,以 zwar... aber... 的形式出现;也常与 immerhin、

wenigstens、zumindest 等表示程度的副词联用,以 aber immerhin、aber
wenigstens、aber zumindest 的形式出现在后一个小句中。

4.4　使用类型Ⅳ:叠加拓展关系

例证:

> (73) Lachen ist gesund, das haben wissenschaftliche Untersuchungen
> [...] ergeben. Die Atemtiefe nehme zu, verspannte
> Muskeln lockerten sich, [...]. Nach Aussage des
> Neurologen William Fry ist Lachen **aber** gleichzeitig
> **auch** ein „inneres Joggen". Deshalb soll gezielt nach
> Situationen gesucht werden, die Spaß machen.
> 科学研究表明,笑一笑是有益于健康的。笑的时候呼吸
> 深度会增加,紧绷的肌肉也会得到放松……。神经学家
> 威廉姆·弗莱认为,笑也是一种"内心的慢跑"。因此,人
> 们应该有目的地去寻找让人觉得有趣的场景。
>
> (Perlmann-Balme et al. 2007:10)

1) 语义特征

在这种用法中,连接词 aber 会与后一个小句中出现的、表示叠加的聚焦
小品词搭配使用,被衔接的成分一般为名词或介词短语。但表示叠加的聚
焦小品词的作用范围也有可能是一整个句子。在这种情况下,被衔接的就
是前后两个完整的句子。在这种使用类型下,连接词 aber 和聚焦小品词组
成一个语义整体,表达叠加拓展关系。需要强调的是,如果第二个小句中同
时出现连接词 aber 和一个表达叠加关系的聚焦小品词,并不意味着二者一
定构成一个语言整体。因为二者的同时出现也可能只是巧合,我们在此讨
论的是二者确实构成语义整体的情况。Métrich 和 Faucher(2009)认为,连
接词 aber 与聚焦小品词 auch 的联用反映了说话人如下的心理活动:"要合
理地说明一件事的时候,不仅要说明 A,还必须要把 B 加上。"(ebd. :20)其
中连接词 aber 主要承担衔接话语的功能(ebd.)。

2) 句法、信息结构及韵律特征

在表达叠加拓展关系时,连接词 aber 一般会紧挨着表示叠加的聚焦小品词出现(比如以 aber auch 的形式出现),但也有可能与之分开,二者之间出现其他的句子成分,如例(73)所示。根据 Métrich 和 Faucher(2009)的观察,当连接词 aber 与表达叠加的聚焦小品词 auch 紧挨着出现的时候,二者可以共同置于句中的零位或中场;当二者分开的时候,连接词 aber 可以位于零位或中场,而 auch 总是位于中场(ebd.：20f.)。Breindl 等学者(2014：533)指出,从信息结构上看,被衔接的成分大多数情况下都不是背景信息,而是焦点信息。可见,在口语中被衔接的成分多数情况下需要重读。

4.5 使用类型Ⅴ:计划受阻

例证:

（74）Mit Bestürzung und scharfer Kritik ist der Abschuss von Braunbär Bruno bei Natur- und Tierschützern aufgenommen worden. [...] Auf internationaler Ebene kämpfe man für den Schutz bedrohter Arten, schaffe es **aber** nicht, mit dem ersten Bären in Deutschland klarzukommen.

自然保护者以及动物保护者对灰熊布鲁诺被射杀一事表示震惊并进行了尖锐的批判……人们在世界各地为保护濒危物种做斗争,却不能处理好德国出现灰熊的情况。

（Perlmann-Balme et al. 2007:15）

1) 语义特征

在这种使用类型中,说话人想表达某个带有目的性的行为没有成功,某个事物发展被中断,某个动作的延续被否定,或者某个天真的愿望、想法没有被实现。在前一个小句中,经常会出现表达必要性、愿望、意愿、目的、可能性、想法、能力或者不确定性的动词,或者是表达动作开始的动词,还可能出现表达某种假设的虚拟式,亦或是表达延续性动作或未完成体的动词。在后一个小句中,要么直接表达期待中的事没能发生,要么给出期待中的事没能发生的原因。前后两句中隐含"理想情况下,如果 p 成立,那么 q 成立"的逻辑关系。

因为某个目的或愿望实现或者某个开始了的动作圆满完成不能够被视为常理,所以在表达计划受阻的情况下,连接词 aber 很难被表达让步关系的连接词所替换,除非前一个小句包含该愿望或目的很可能会实现的描述。例如,当前一个小句包含"尽全力去……"这个描述,那么读者或听众会期待这件事很有可能会成功,在这种情况下,该复合句就可以被解读成让步关系,其中的连接词 aber 就可以被替换成表达让步关系的连接词。

2) 句法、信息结构及韵律特征

根据 Breindl 等学者(2014:528)的观察,连接词 aber 在这种情况下可以位于零位、中场或 NE 位置。前后两个小句的句法结构不必对称(Kunzmann-Müller 1988:33)。有关该使用类型下前后两个小句的信息结构及韵律结构特征,在现有的文献中尚未被提及。

4.6 使用类型Ⅵ:限制前一说法的正确性或恰当性

例证:

（75a） Sie erkundigte sich nach uns, **allerdings** nicht sehr eingehend und wollte hauptsächlich wissen, ob es für die Kinder auch Kirschen gäbe. Da war sie ganz wie immer.

（75b） {Sie erkundigte sich nach uns, **aber** nicht sehr eingehend und wollte hauptsächlich wissen, ob es für die Kinder auch Kirschen gäbe. Da war sie ganz wie immer.}
她打听我们的情况,不过不会打听得很详细,主要是想知道孩子们是否也有樱桃可以吃,她一向如此。

（Perlmann-Balme et al. 2007:35）

1) 语义特征

在这种使用类型中,前一个小句中说法的正确性或恰当性被第二个小句所限制。Koch-Kanz 和 Pusch(1977:85)把这种情况描述为"在草率地概括之后所进行的自我纠正"。

2) 句法、信息结构及韵律特征

Kunzmann-Müller(1988:33)认为,前后两个小句的句法结构不必存在对称性。现有文献缺少对该类情况下前后两个小句的信息结构或韵律结构特征的描述,对于此类情况下连接词出现的位置也少有提及。

4.7　使用类型Ⅶ:双重对立

例证:

（53）Fahrstuhlfahren ist bequem, aber Treppensteigen ist gesund.

坐电梯是很舒服的,但走楼梯是有利于健康的。

(Kunzmann-Müller 1988:83)

由于该使用类型在笔者自建的试验库中没有出现,此处只能再次引用前文讨论过的其他学者在其论文中的举例。

1) 语义特征

该使用类型被 Brauße(1998:151f.)看作"对立比较"的特殊情况,而被 Kunzmann-Müller(1988:83f.)看作"补偿性对立"的特殊情况。这两种观点正好反映了该使用类型的语义特征。该类型与"补偿性对立"的相似之处在于,前后两个小句中所描述的事实都被说话人从某个角度进行了评价,而不同之处在于,这里被评价的不是同一对象的不同特征,而是两个对象各自的特征。此外,两个小句所包含的说话人的评价不是对立的,而是皆为正面评价或皆为负面评价。该类型与"对立比较"的相同之处在于,两个对象的特征被拿出来做对比,不同的是,这里的比较不是同一方面的特征,而是不同方面的特征。这种"双重对立"需要透过隐含信息才能被解读出来:第一个对象有第二个对象不具备的特征,第二个对象也有第一个对象不具备的特征。

2) 句法、信息结构及韵律特征

前后两个小句的句法结构可以不必对称(Kunzmann-Müller 1988:72)。

该使用类型下前后两个小句的信息结构特征或韵律特征,在现有文献中尚未被提及。

4.8　使用类型Ⅷ:否定前句的交流意义

例证:

> (76) Mein Vater, der eine gute Portion Humor besaß, fand sie [hier: seine Mutter] „ganz munter" und sagte meinem Onkel, er solle die alte Frau machen lassen, was sie wollte. **Aber** was wollte sie?
>
> 我父亲是个有点儿幽默的人,他觉得她(此处"她"指我父亲的母亲)"很有活力"并告诉我叔叔,应该让老人家做她想做的事。但她想做什么呢?
>
> (Perlmann-Balme et al. 2007:35)

1) 语义特征

两句话的内容本身不存在对立,前后两个小句被看作两个独立的言语行为,且不能归纳到某个共同的上级言语行为中去。前一个表达的交流意义通过第二个言语行为的输出被否定掉,人们可以从前后两个言语行为当中得出互不兼容的结论。以例(76)为例,前一句话转述了"我父亲"的提议,从这句话中,读者可能会得出"这提议有用"的结论;而后一个小句的问题表明,实际上没人知道这位老人到底想做什么,由此,读者可能会得出"这提议实际没用"的结论。如此一来,前一个小句的交流意义就被否定掉了。

2) 句法、信息结构及韵律特征

根据 Lang(2000:243)和 Sweetser(1990)的观点,这个类型的复合句的标志是两个小句的句子类型不一致。Breindl 等(2014:534)认为,在这类复合句中经常出现说话人在元交流层面发表的评论(以下简称"元交流评论"),例如"aber man wird fragen dürfen"(但人们会问)、"aber man muss zugeben"(但人们必须承认)等等。需要强调的是,在实际语用当中,当 aber 衔接的两个小句的句子类型不一致时,不一定属于这种使用类型,详见第

6.3.4 节中举出的例证;而当 aber 衔接的两个小句的句子类型一致时,也有可能属于这一使用类型,如例(77)所示:

(77) Manchmal ist es nachts auf der Strasse **zwar** auch ein bisschen laut, **aber** man kann ja nicht alles haben.
虽然夜里街上偶尔会很吵,但人总不能什么都要。

(Perlmann-Balme et al. 2007:28)

在例(77)中,前后两个小句形式上皆为陈述句,但两个小句分别可以被看成两个独立的言语行为。第一个小句是对事实的陈述,而第二个小句正是说话人在元交流层面发表的评论。从前一个小句中,可能会得出"说话人认为晚上街上吵闹这件事值得一说"的结论,而从后一个小句的评论中又可以得出"说话人觉得这一点儿也没什么可抱怨的"的结论。这两个结论不兼容,因此第一个小句的交流意义被第二个小句否定掉了。

在现有文献中缺少关于此种使用类型下连接词 aber 的常见位置、前后两个小句的信息结构或韵律结构的讨论。

4.9　使用类型Ⅸ:反驳对方语言表达的正确性或恰当性

例证:

(78) A：„Halt mal schnell mein Glas. "
B：„Aber ich hab selber beide Hände voll. "
说话人 A:"帮我端一下我的玻璃杯。"
说话人 B:"但我两只手已经被自己的东西塞满了。"

(Breindl et al. 2014:534)

由于该使用类型并未出现在笔者自建的小型试验库中,此处引用的是其他学者在其文章中的举例。

1) 语义特征

这个使用类型出现在对话之中,由 aber 衔接的两个小句分别由不同的说话人输出。连接词 aber 的功能是反驳对方语言表达的正确性或恰当性。根据 Breindl 等学者的观察,在这种情况下,第二个小句经常出现情态小品词 doch 或者 ja(Breindl et al. 2014:534; Koch-Kanz & Pusch 1977:83)。

需要注意的是,并不是所有出现在对话之中的连接词 aber 都属于这个使用类型,如例(79)所示:

> (79) A:„Ich würde gerne zum Essen kommen. "
> B:„Aber?"(was spricht dagegen?)
> A:„Ich muss doch arbeiten".
> 说话人 A:"我本来是很想去吃饭的。"
> 说话人 B:"但是?"(是什么阻止了你?)
> 说话人 A:"我得工作啊。"
>
> (Weinrich 2007:815)

说话人 B 之所以会在 A 说话的间隙使用"但是"这个词,是因为 B 预测到 A 会表达计划受阻,因此想直接询问 A 其计划受阻的原因。从 A 的回复中我们不难看出,A 领会了 B 的用意,确实说出了计划受阻的原因。连接词 aber 所衔接的内容实际上是 A 自己说的两个句子,只是该连接词没有从 A 自己的口中而是从 B 的口中说出,所以该连接词的实际作用是表达计划受阻,而不是反驳对方语言表达的正确性或恰当性。

2) 句法、信息结构及韵律特征

Kunzmann-Müller(1988:93)指出,该使用类型下前后两个小句的句法结构不对称。除此之外,现有文献中缺少对该使用类型下连接词 aber 的常见位置、前后两个小句的信息结构以及韵律结构的讨论。

4.10 使用类型 X:标记话题转换

例证:

(80) Damit verließ er uns. Wir **aber** schauten ihm nach und

beneideten ihn.

他拿着东西离开了我们,(而)我们目送他离去并且很羡
慕他。

(Breindl et al. 2014:532)

该使用类型在笔者自建的试验库中也没有出现,因此这里只能引用其
他学者在其论文中的举例。

1) 语义特征

Blatz(1970:703)认为,连接词 aber 只起话语衔接或过渡作用,由连接
词 aber 引入的新内容虽然与已经提到过的内容有所不同,但仍是与之相关
联的内容。Breindl(2011:29)则指出,这种使用类型的 aber 表示文中的话题
被分解后逐步引入。Breindl 等(2014:532f.)强调,前后两个被衔接的内容
之间并不存在对立。

2) 句法、信息结构及韵律特征

根据 Breindl 等(2014:532)的观察,在这种使用类型下,连接词 aber 倾
向于出现在 NE 位置,但也有可能出现在句子中场中比较靠前的位置。
Breindl(2008:38)比较详细地解释了在什么情况下人们可以认定"话题转
换"的发生,并指出新引入的话题在韵律上有何特征:

一个被引入的话题要么是前一句话中的述题或从前一句话的述题中派
生出的主题,也就是所谓的"直线型主题累进"(Danes 1974),要么是前文中
已经被提到过的主题,亦或是与前文中已经提到过的主题相关联的主题。
在这些情况下被引入的话题与正常的话题不同,需要被重读,但这类信息的
重读力度比焦点信息的重读力度要弱。

在其 2011 年发表的论文中,Breindl(2011:21f.)又指出,若满足下面两
个条件,那么联结副词容易被用来标记话题转换:

i) 新引入的话题同时是下面一整段要讨论的话题。
ii) 新引入的话题在句中作主语。

需要注意的是,上述两个条件只是比较容易促成联结副词的这类用法
(被置于 NE 位置,标记话题转换),这并不意味着所有被标记的话题都需要

在句中作主语，它们也可以是其他句子成分，如例(81)所示：

> (81) Der Meister Dudel sollte am nächsten Morgen [...] mit
> seiner Flöte die Ratten und Mäuse an sich locken und sie
> danach an den Schildsee hinausführen. Dort **aber** werde
> ein Boot bereitstehen, das er besteigen solle.
> 这位叫杜德尔的大师次日上午会用笛子将所有的老鼠引
> 到他身边，然后再把它们领到湖边去。在那里，有一艘小
> 船将会被准备好，他会乘上这只小船。

(Breindl 2011:25)

　　例(81)的话题"Dort"(在那/那边)指代的是前句中已经提到的"an den Schildsee"(到湖边去)，显然所充当的是地点状语，而非主语，占据句中的第一位。连接词 aber 出现在 NE 位置，意味着说话人想要对话题转换做一下特殊标记。

4.11　连接词 aber 用来衔接段落的情况

　　Eroms(1994:292)曾经提到，连接词 aber 可以衔接的语言单位可大可小。Kunzmann-Müller(1988:93)把连接词 aber 衔接段落的情况视为该连接词一种独立的使用类型。但笔者认为，连接单位的篇幅并不是连接词 aber 使用类型的区分因素，不论被衔接的语言单位是大还是小(短语/句子/段落)，只要被衔接的语言单位之间的语义关系相同，那么连接词 aber 就属于同一种使用类型。因此，本书中并不会把这一类型列为一种独立的使用类型，从 4.11 节的标题中也能看出——笔者并没有把这种情况命名为"使用类型"。然而，不可否认的是，连接单位的篇幅会对连接词 aber 使用类型的认定速度产生一定影响，因为更长的连接单位可能会包含更复杂的论证结构。读者要想解读衔接不同段落的 aber 所表达的逻辑关系，首先要理解这些段落本身的内容及其内在逻辑。

　　早在 1980 年，Klein(1980:160ff.)就曾在其文章中举例分析了存在于段落之间的让步关系背后所隐藏的复杂的论证结构。因为连接词 aber 也可

以用来表达让步关系并且完全可能用于衔接段落,所以 Klein 的剖析对本书中的研究对象有借鉴意义。

在分析中,Klein 借用图尔敏提出的论证结构模型[以下简称"图尔敏模型"(Toulmin-Schema)],首先剖析了两个小句之间的让步关系背后隐藏的论证结构。国内学者有大量对该模型的介绍、讨论和运用(参见:杨宁芳 2009/2012;谢耘、熊明辉 2013;李先龙、张晓芒 2016;刘东虹 2020;章吟、李媛 2020 等)。Klein 在其文章中对如下让步从句做了论证结构分析:

(82a) **Obwohl** Harry auf den Bermudas geboren ist(D_P), ist er sicherlich(Q_o) kein britischer Staatsbürger($\neg C_P$), seine Eltern sind nämlich Ausländer(D_o).

(82b) {Harry ist auf den Bermudas geboren(D_P), **aber** er ist sicherlich(Q_o) kein britischer Staatsbürger($\neg C_P$), seine Eltern sind nämlich Ausländer(D_o).}

虽然哈利是在百慕大群岛出生的(D_P),但他肯定(Q_o)不是英国国籍($\neg C_P$),因为他的父母是其他国家的人(D_o)。

(Klein 1980:160)

这个例子实际上是图尔敏自 1958 年起在其发表的一系列相关文章或论著中所举英文例子的德文变体。上述例句括号中的字母也有其特定的含义,它们代表了图尔敏模型中的元素,其中:

C=claim=主张
D=data=根据,用以支撑主张
Q=qualifier=限定词,限定主张的确定性程度
(英文原文摘自 Toulmin 2003:90ff.,汉译参考杨宁芳 2012)

实际上,图尔敏模型中还有另外三个元素:

W=warrant=保证,确保从 D 确实可以推出 C

B＝backing＝支援,当 W 的权威性遭到怀疑时提出支援用以核定 W

R＝rebuttal(s)＝反证,可以推翻从 D 到 C 论证的例外或特殊情况

（英文原文摘自 Toulmin 2003:90ff.,汉译参考杨宁芳 2012）

在 2003 年再次印刷出版的论著中,我们也可以找到图尔敏所绘制的完整的论证模型(Toulmin 2003:97),其中嵌入了例(82a)中让步关系所隐含的"哈利在百慕大群岛出生,那么他大概是英国国籍"这一被否定的因果/条件关系,笔者将其译为中文,如图 5 所示:

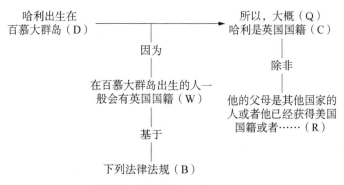

图5　图尔敏论证结构模型(译自 Toulmin 2003:97)

Klein(1980:161)认为,剖析让步关系背后隐藏的论证结构实际上需要把图尔敏论证模型运用两轮。在第一轮中,说话人其实是肯定了反对者的观点,以(82a)为例,说话人其实在第一轮论证中肯定了"哈利在百慕大群岛出生,那么他大概是英国国籍"这一因果/条件关系;而在第二轮论证中,说话人举出了一个新的事实/原因,用来推翻被反对者认为是正确的结论。实际上,论证过程中隐藏在让步关系背后的交流技巧也被其他学者讨论过:通过承认对手观点有道理的方式首先可以减小在交流过程中出现冲突的可能性;在亮明自己的观点之前,讲出可能存在的反驳观点也会使对手无话可说,无证可举,由此一来,自己观点的说服力自然会得到加强(Rezat 2007:84ff.;Klein 1980:166;Di Meola 1997:14ff.)。

Klein 以(82a)为例,剖析了隐藏在让步关系之后的双重论证结构,并通

过图解的方式呈现出来，笔者将其译为中文，如图 6 所示：

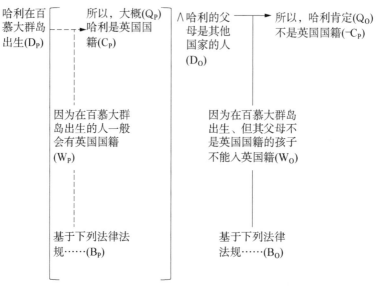

图6　例(82a)中的让步关系背后隐藏的论证结构(译自 Klein 1980：163)

　　在分析完上述让步关系背后的论证逻辑之后，Klein 紧接着剖析了两个段落之间的让步关系中所隐藏的更为复杂的论证结构。被 Klein 列举的两个段落由连接词 dennoch 衔接，如例（83a）所示。该连接词也可以通过 aber 替换，如例（83b）的变体所示，两个段落的论证结构如图 7 所示：

　　（83a）In der Substanz hat das Auftreten Präsident Sadats im israelischen Parlament, der Knesset, nichts verändert. Als selbstgewählter Anwalt der arabischen Sache forderte er die Rückgabe aller Gebiete, die von den Israelis besetzt gehalten werden. Und die Sprecher Israels zeigten zwar ihre Bereitschaft zur Rückgabe eines großen Teils dieser Gebiete, nicht aber zur Rückkehr zu Grenzen, die im Ernstfall nicht verteidigt werden könnten. Ungelöst und scheinbar unlösbar blieb die Sache der Palästinenser.

Dennoch darf der ungewöhnliche arabisch-israelische

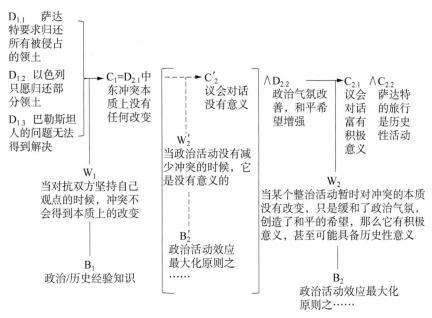

图 7　例(83a)中的让步关系背后隐藏的论证结构(译自 Klein 1980：166)

Dialog in der Knesset als ein Positivum gewertet werden. Diese Reise hat, das kann schon jetzt gesagt werden, ein verändertes politisches Klima geschaffen, ein Klima der Aussöhnung. [...] Sadats erstes Ziel ist erreicht: Die Hoffnungen auf einen Frieden im Vorderen Orient sind größer geworden. Wir haben ein historisches Wochenende hinter uns.

(83b){**Aber** der ungewöhnliche arabisch-israelische Dialog in der Knesset darf als ein Positivum gewertet werden.}
萨达特总统在以色列议会上的现身实质上并没有改变任何事。作为自封的阿拉伯方的辩护人,他要求以色列归还所有被以方侵占的领土。以色列方的发言人虽然表示愿意归还大部分领土,但并不愿意退回严格意义上并不存在的边境。巴勒斯坦人的问题没有得到解决,看上去也永远不可能得到解决。

尽管如此,阿拉伯与以色列之间这次不同寻常的对话还是有积极意义的。现在就可以说,萨达特的这次旅行改变了中东地区的政治气氛,创造了一种趋于和解的氛围。……萨达特的第一个目标已经实现了:中东地区对于和平的希望变得更强烈了。我们经历了一个可以被载入史册的周末。

(Klein 1980:164)

例(83a)第一段的第一句话实际上是以第一段后面三句话为依据(D)的主张(C);第二段的第一句话也是以该段后面内容为依据的主张;两个段落的主张之间存在让步关系。Klein 认为,要想剖析这两个段落的论证结构,需要把图尔敏模型运行三轮,如图 7 所示。对比图 6 和图 7,不难发现,存在于段落之间的让步关系背后所隐藏的论证结构确实可能更复杂一些,理解难度可能也会更大一些。但归根结底,不论是衔接小句还是衔接段落,只要二者之间的语义关系相同,连接词的使用类型就是相同的——例(82b)和例(83b)中连接词 aber 标记的都是让步关系,与连接单位的篇幅无关,这一点也毋庸置疑。

4.12 使用类型Ⅺ:互斥选择关系

例证:

(69) Bei dem Glatteis auf den Straßen sollten wir lieber zu Hause bleiben, **oder aber** wir fahren mit dem Zug hin.
在路面结冰的情况下,我们还是应该在家待着,或者坐火车去。

(Métrich & Faucher 2009:10)

由于该使用类型没有出现在笔者自建的试验库中,此处再次引用第3.1.8节讨论过的其他学者的举例。

1) 语义特征

由 oder aber 衔接的语言单位是在某个视角之下两个互相排斥(不可能

同时成立)的选择,连接词 aber 表达的是互斥性。在第二个小句中通过提出第二种选择来限制前一个小句的交流意义。

2)句法、信息结构及韵律特征

当 oder aber 衔接两个句子时,二者共同位于零位;但当 oder aber 衔接的是句子成分的时候,二者与其衔接的句子成分所在的位置相同(例如,当被衔接的句子成分位于句子中场时,oder aber 自然也位于中场)。Métrich 和 Faucher(2009:10)指出,oder aber 在口语中是通过升调讲出来的。

4.13 针对连接词 aber 使用类型影响因子模型实用性的讨论

在上文对连接词 aber 各个使用类型的特征进行系统化描述的过程中,实际上考虑到了第 2.1 节绘制的并列复合结构语义关系影响因子模型图(图 3)中的各个因素。但必须承认的是,该模型中的各个因子在鉴定各个使用类型的过程中发挥的作用并不是等同的。从上文对各个使用类型特征的描述可以看出,语义特征在判定各个使用类型时起决定性作用;而前后两个小句的句法特征、信息结构特征以及韵律特征只对判定部分使用类型时发挥辅助作用,这也可能是学界至今缺乏针对这些特征而进行的更加深入的研究的原因;连接词 aber 的位置也只在个别的使用类型中呈现特殊的倾向性。然而,这并不能说明模型中除了"语义特征"之外的影响因子都是无用的,在有争议的情况出现时,仍须全面考虑各个因子,才能最终判定连接词的使用类型。

在前几章的描述中,笔者并没有对各个使用类型下连接词的作用域进行明确描述,根据第 2.2 节末总结的、由 aber 衔接的复合句在事实层面、认知层面和言语行为层面三个不同作用域上的特征,笔者对上文描述的 11 个使用类型按照连接词的作用域进行分组,得到如下结果:

连接词 aber 在事实层面发挥作用的使用类型:使用类型Ⅰ

连接词 aber 在认知层面发挥作用的使用类型:使用类型:

Ⅱ、Ⅴ

连接词 aber 在言语行为层面发挥作用的使用类型:使用类型

Ⅲ、Ⅶ、Ⅷ

在表达"对立比较（类型Ⅰ）"时，说话人只是想客观描述两个比较对象之间不同的特征，不带有任何心理预期，因此连接词 aber 在事实层面发挥作用；在表达"让步关系（类型Ⅱ）"或者"计划受阻（类型Ⅴ）"时，说话人想表达现实与某个期待不符，因此连接词 aber 在认知层面发挥作用；在表达"补偿性对立（类型Ⅲ）""双重对立（类型Ⅶ）"以及"否定前句的交流意义（类型Ⅷ）"时，听话人可以从说话人的两个语言表达中得出互不兼容的结论，因而连接词 aber 是在言语行为层面发挥作用。

然而，除了上述六种使用类型之外，其他五种使用类型无法按照第 2.2 节末总结的作用域进行分类，它们分别是：

类型Ⅳ：叠加拓展关系

类型Ⅵ：限制前一说法的正确性或恰当性

类型Ⅸ：反驳对方语言表达的正确性或恰当性

类型Ⅹ：标记话题转换

类型Ⅺ：互斥选择关系

由此可见，第 2.2 节讨论的三种连接词的作用域实际上并不能覆盖连接词 aber 所有的使用类型。因此，有必要对连接词 aber 的作用域进行更深一步的讨论。

笔者在经过思索之后，认为可以把"言语行为层面"的范围进行适当扩展。按照第 2.2 节的描述，要认定连接词 aber 是在言语行为层面发挥作用，前后两个被衔接的语言单位需要能够被看作两个言语行为，并且听话人可以从说话人前后两个言语行为中得出互不兼容的结论。实际上，如果把Ⅲ、Ⅳ、Ⅵ、Ⅶ、Ⅷ、Ⅸ、Ⅹ 和Ⅺ 这八种使用类型放到一起，可以找到其共同特征——这八种使用类型不同于其他三种（"对立比较""让步关系"和"计划受阻"），都不能在事实层面或认知层面进行解读，而是需要站在一个更高的角度进行解读；说话人需要跳出字面意义本身，从语言表达的交流意义或者语言表达的恰当性角度去考虑连接词 aber 的功能。

鉴于此，笔者把 2.2 节讨论的"言语行为层面"更名为"元层面"。在这个层面上，说话人可能会对前文所述内容的正确性或前文中语言表达的恰当性进行完全的反驳，不论前文内容的输出者是自己还是他人（类型Ⅷ和

Ⅸ）；也可能会对前文中语言表达的交流意义只进行部分限制（类型Ⅲ、Ⅶ）、对前文中的表达进行某种更正或限制（类型Ⅵ）、提出与前文不同的选择方案（类型Ⅺ）、对前文进行补充说明以达到全面描述某事物的目的（类型Ⅳ）等等；还可能单纯地在话语组织层面对话题转换进行标记（类型Ⅹ）。

鉴于此，笔者有必要对第 2.3 节起草的德语连接词 aber 使用类型的影响因子模型（图 4）进行修正，将其中的"言语行为层面"进行更名，改为"元层面"，如图 8 所示。

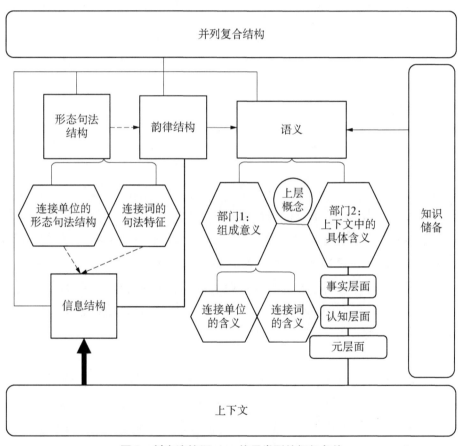

图 8　判定连接词 aber 使用类型的框架条件

第 5 章
连接词 aber 不同上下文的功能等价词

5.1　功能等价词的筛选

在不同的使用类型之下,可以与连接词 aber 进行替换的连接词不尽相同。然而,即便有些连接词在特定的上下文中与连接词 aber 属于功能等价词,如果不了解这些词本身完整的语义、句法和语用特征,也无法保证能准确地运用它们去表达连接词 aber 所能表达的语义关系。因此,笔者首先需要整理各类参考文献中提到的连接词 aber 的功能等价词;随后,通过详细描述这些词本身完整的语法和语用特征,整理出连接词 aber 在各个使用类型之下的同义词,这个结果也会为实证研究阶段的语料库分析提供理据。由于本书篇幅有限,不可能把所有理论上能与连接词 aber 进行替换的连接词都详细描述一遍,只能选取其中的一部分。本节会介绍选用标准及选取连接词时所用的参考文献。

本章的主要参考文献是 Breindl 等学者在 2014 年出版的《德语连接词手册 2》,以下简称《手册 2》,是德国莱布尼茨曼海姆研究所同名研究项目的成果,也是迄今为止最全面的关于德语连接词的参考书。该手册详细介绍了"对立"语义关系,其中连接词 aber 被视为典型的"对立连接词",在介绍连接词 aber 的各个使用类型时,Breindl 等学者还列出了在这种使用类型下可能与 aber 进行等价替换的连接词。本书重点研究的 aber 的功能等价词主要选自该手册中罗列的连接词,但按照四个因素进行了筛选。

首要的筛选因素是使用频率。Breindl 等学者(2014:545f.)认为,在表达"对立比较"时,连接词 aber 虽然也可以通过 da、indem、derweil und (all) dieweil 等连接词来替换,但这些连接词的这个用法已经比较老旧,在当代德语中已经不会使用,因此,这些连接词不在本书的重点研究范围之内。表达让步关系的 nichtsdestominder、ungeachtet(作为从属连词的用法)、gleichwohl(作为从属连词的用法)、wennschon und wennzwar 虽然可以用来表达让步关系,也被 Breindl 等学者(ebd.：903f.)视为 aber 在表达让步关系时的功能等价词,但根据杜登在线词典(Duden-Online)上给出的关于词汇使用频率的说明,这些词要么很少用,要么已经趋于老旧,因此在本书中也不会重点研究。

第二个筛选因素是语义的特殊性程度。Briendl 等学者(ebd.：903f.)虽然也把 dabei、wo、wobei 等连接词视为 aber 在表达让步关系时的功能等价词,但这些词本身可能出现用法过于广泛(ebd.：960),如果要详细介绍这些词的语义、句法即语用特征,可能需要单独撰写专著,本书的篇幅显然不够。因此,这些连接词也不在本书研究的范围之内。出于同样的考虑,本书也没有把连接词 und 纳入研究范围,即便该连接词在某些上下文中可以由 aber 替换。

第三个筛选因素是连接词构词的复杂度,比如那些由具备指代功能的词和介词共同组成的连接词,而其中的介词又是由其他的词派生而来,例如 dessen ungeachtet(尽管……)。或者某个连接词由具备指代功能的词和分词共同组成,例如 davon abgesehen(不管……)。最后一个筛选因素是,用某连接词改写由 aber 衔接的句子时是否需要额外添加或者删减句中的成分,或者说直接改写之后会不会改变句义,如果需要添加或删减成分或者伴随句义改变,那么该连接词不在本书的研究的范围之内。例如,Breindl 等学者(ebd.：565)把 mal...mal(有时……有时……)视为"前后关联的、表达反复意义的对立连接词"(korrelativ-repetitive adversative Konnektoren)。实际上,这些连接词可以与 aber 同时出现,比如以 mal..., mal aber...(有时……,有时却……)的形式,但如果直接把 mal...mal...改成 aber,那么原句中表达反复的意义就会消失。因此,诸如此类的连接词,本书会视为可与 aber 搭配使用的连接词,而不是连接词 aber 的功能等价词。

除了《手册 2》之外,aber 的功能等价词也被其他学者进行过比较深入的研究。Koch-Kanz 和 Pusch(1977)深入研究过 allerdings 和 aber 之间的相同点与区别；Brauße（1983a，1983b）细致研究过 aber、nur、immerhin、allerdings、dafür、dagegen 和（je）doch 在评价性上下文中的用法；在 2001 年发表的论文中，Brauße 深入研究了连接词 doch 在不同上下文中的用法；Eroms（1994）对比了 aber 和 nur 作为连接词的用法；Graefen（1999）研究了连接词 doch 重读情况下的用法；Stede（2004）深入研究了 aber、allerdings、dennoch、doch、hingegen 和 jedoch 六个连接词的用法；Breindl（2004c）主要研究了连接词 allerdings 的用法，也兼顾了 aber、während、dagegen、hingegen、jedoch、nur 和 immerhin 这六个连接词的用法。Bührig（2007）也深入分析了连接词 allerdings 的功能；Breindl（2008，2011）针对 NE 位置出现的联结副词的功能展开研究，其中包括 aber、allerdings、dagegen、hingegen、wieder 和 wiederum 这六个联结副词；诸如此类的参考文献还有很多，在此不一一列举。

因为德语的词类"Partikel"（小品词）指的是那些不能发生屈折变化的词，而连接词本身也不能发生屈折变化，所以在选择参考文献的时候，有关"Partikel"这个词类的文献也可能具备参考价值。Helbig 在 1988 年编纂的《德语小品词百科辞典》（*Lexikon deutscher Partikeln*）以及 Métrich 和 Faucher 在 2009 年出版的《德语小品词词典》（*Wörterbuch deutscher Partikeln*）中也涉及 aber 作为连接词的用法及其功能等价词。因此，这两部词典也属于本章的参考文献之列。

除此之外，还有一系列的综合性语法书或词典，在其中也可找到对连接词 aber 及其功能等价词用法的说明。然而，由于综合类语法书或词典的数量繁多，时间限制不可能一一翻阅，在撰写本章时只选用其中较具代表性的几本作为参考，它们是：《杜登语法》（2009 年版）（*Duden Grammatik*）、《德语语法》（*Deutsche Grammatik*）、《德语篇章语法》（*Textgrammatik der deutschen Sprache*）、杜登在线词典（*Duden Online*）以及德语数字词典（*Das Digitale Wörterbuch der deutschen Sprache*，简称 DWDS）。其中，《杜登语法》是受众最为广泛的一本语法书，全面系统地描述了当代德语的面貌；《德语语法》主要受众是把德语作为外语的学习者或者德语教学人员，旨在逐步提高外语学习者的语法水平；因为连接词本身是实现篇章连贯的重要手段，要在具体上下文中发挥作用，尤其是含义比较广泛的连接词，其理解或阐释离不开上下文信息的辅助，所以《德语篇章语法》也被纳入参考书之列。因为杜登在线词典中的语言信息时效性比较强，所以被选为本章的参考词典之一；DWDS 数字词典以 6 册的《当代德语词典》(*Wörterbuch der deutschen Gegenwartssprache*) 及 10 册的《德语大辞典》(*Großes Wörterbuch der deutschen Sprache*)为依托，对每个词都进行了非常细致的阐释，因而也被列入本章的参考词典之列。

　　在进行了一系列的参考和筛选之后，本书拟深入研究表 3 中所列出的 40 多个连接词，它们都是连接词 aber 在不同上下文中的等价词，分为两组，一组为联结副词，即具备副词属性的、衔接两个主句的连接词；另一组为从属连词，即衔接主从复合句、引导从句的连接词。

表 3　本书中拟深入研究的可与 aber 进行替换的连接词

联结副词
allein, bloß, nur
allerdings
dafür
dagegen, dahingegen, dementgegen, demgegenüber, hingegen
dennoch, gleichwohl, nichtsdestotrotz, nichtsdestoweniger, trotzdem
doch, DOCH(被重读的 doch), jedoch
(einerseits...) ander(er)seits; (einesteils...) ander(e)nteils; (zum einen...) zum ander(e)n
freilich
wieder(um)
immerhin
indes(sen), währenddessen,
zwar(...aber/doch/jedoch...) (als Korrelat im ersten Konnekt oder alleine im zweiten Konnekt)
从属连词
auch wenn, obgleich, obschon, obwohl, obzwar, trotzDEM, wenn (...) auch, wenngleich, wiewohl
bloß dass...; nur dass...

（续表）

indes(sen)，währenddessen
während
wo(hin)gegen

因为表 3 的多数词汇本身是多义词或者多功能词，所以在后续章节中，笔者会把这些 aber 的功能等价词分组，按照各大参考文献或工具书中的描述，研究这些词在什么情况下可以用作连接词，什么情况下不作连接词用；也会细致探讨 aber 与上述功能等价词之间的区别，明确这些词在哪（几）个具体的上下文中才可以与连接词 aber 互换。

5.2　功能等价词的句法、语义及语用特征

5.2.1　句法特征

本书选取的连接词 aber 的功能等价词，从句法上可分为两大类，第一类是联结副词（比如（je)doch），第二类是从属连词（比如 obwohl）。从属连词的句法位置是固定的，它们位于从句之前，负责引入从句；而联结副词在句中可能出现的位置比较多。实际上，关于 aber 这个连接词的具体词性以及不同词性的连接词在句中可能出现的位置在德语学界是一个一直被讨论的话题，针对这个问题的观点也经历过嬗变。

20 世纪 80 年代，以 Brauße(1983a)为代表的学者还坚持把连接词 aber 认定为"连词"(Konjunktion)，把 allerdings、nur、immerhin、dagegen、doch 以及 jedoch 等连接词认定为"具备连词属性的副词"(Konjunktionaladverbien)，理由是连词在句中不占位，而具备连词属性的副词（简称联结副词）必须在句中占位(ebd.：3)；同时，Brauße 还指出，在口语中，联结副词后也可能出现主句语序（动词第二位），口语中的这种情况在文字转录中会以冒号的形式标记出来(ebd.：24)。而今，doch 和 jedoch 位于两句之间不占位的情况已经正式被承认为合规的语法现象(Duden 2009；Helbig & Buscha 2001)；而连接词 aber 也被认定为"不能占前场的联结副词"(Pasch et al. 2003；Breindl et al. 2014)。这一词类认定上的变化强调了 aber 作为连接词时的

副词属性,强调了该连接词可以置于句子中场这一特点,只有一点与其他副词属性的连接词不同,它不可以占据句子前场。

因为学界对词性的描述不尽相同,为了避免定义之争,在下文描述各个连接词句法特征的过程中,笔者将会舍弃"连词"或者"联结副词"这种词类划分,改为直接描述某个连接词在句中可能出现的位置,这种描述方式比较简单明了,也是相对比较流行的一种趋势,在近 20 年的相关文献或参考书中通常采用这种方式(参见 Métrich & Faucher 2009;Breindl et al. 2014 等)。这些连接词可能出现的位置在第 5.3 节的表格(表 4)中会以缩写的形式出现,如果某个连接词是从属连词,引导从句,那么表格中将不会对其可能出现的位置做任何标注,因为它们的位置固定,永远位于从句之前。为了使读者在读表时能够明确各个缩写所代表的内容,有必要对各个缩写的含义进行解释,如下所示:

Extra＝Extraposition 外置位

处于外置位的连接词在书写的过程中会通过冒号或逗号与句子主体分开,这代表处于该位置的连接词在口语中与后面的句子主体不属于同一个韵律整体,说话人在说完连接词之后有一个停顿,然后才说出了句子主体,如下例所示:

Er ist schwer erkältet. **Jedoch**: Er will zur Arbeit gehen.

VF＝Vorfeld 前场

动词第二位语序中位于变位动词之前的位置,如下例所示:

Er ist schwer erkältet. **Jedoch** will er zur Arbeit gehen.

NE＝Nacherstposition

紧随句中第一位之后且位于第二位之前的位置,如下例所示:

*Fritz ist groß. Franz **aber** ist klein.*

Null＝Nullposition 零位

动词第二位语序中前场之前的位置,或者动词第一位语序中变位动词之前的位置;处在这一位置的连接词在书写是不需要通

过标点符号与句子主体分开,如下例所示:

Fritz ist groß. **Aber** Franz ist klein.

MF= Mittelfeld 中场

左右句框之间的位置。在句子第二位或者句子第一位语序中,句中的变位动词构成左句框,而除了变位动词之外的谓语成分构成右句框(比如说动词原型、第二分词、可分动词前缀等等);句中的左句框必须被占据,而右句框可以不被占据(Pasch et al. 2003:67,针对句子框型结构更加详细的阐释参见 Duden 2009:866ff.;Drügh et al. 2012:70ff.;Wöllstein 2014 等)。中场位置如下例所示:

Er ist schwer erkältet, will **jedoch** zur Arbeit gehen.

上述缩写以及对缩写含义的说明根据 Pasch 等人(2003:67ff.)以及 Métrich 和 Faucher(2009:XVIIf.)的解释整合而成。需要强调的是,不同学者对句法位置的认定和解释不尽相同,比如"外置位"被 Métrich 和 Faucher 看作一种独立的句法位置;而在 Pasch 等学者看来,该位置只是"零位"的一种特殊形式。为了尽可能准确地描述连接词可能出现的句法位置,笔者在这一点上采纳 Métrich 和 Faucher 的观点,把"外置位"作为一种独立的句法位置单独列出。

除了上述句法位置之外,Pasch 等学者(2003:71)实际上还提到了另外一个位置,即"Vorerstposition(简称 VE)"。这个位置指的是动词第二位语序中,位于句子第一位的成分之前的聚焦小品词的位置,例如在"**Sogar** der Preis ist in Ordnung"(连价钱都很合适)这个句子当中,sogar 的位置被 Pasch 等学者称为 VE。但 Métrich 和 Faucher(2009:XVII)认为,在上述情况下,sogar 这个聚焦小品词与它所关联的词共同占句中第一位(ebd.);两位学者认为,VE 这个位置的设立只有在一种情况下有意义,那就是在句中第一位的成分之前有另外一个成分,这个成分不与句中第一位的成分发生关联,且其位置既不是零位也不是外置位,例如:"[...] **denn** in der Tat wie eine Heilige erschien sie allen, die sie gekannt hatten [...]"(……因为实际上她像个圣人一样出现在所有认识她的人面前……)。但这种观点在笔者看来也不严谨,因为这句话的特殊之处在于,in der Tat(实际上)和 wie eine Heilige(像个圣人一样)两个成分同时占据了句中的前场,这种现象也被称为"doppelte Vorfeldbesetzung"(双重前场占位);很多学者已经通过语料库分析发现,该现象实际上并不罕见(参见 Müller 2005；Müller et al. 2012)。如果认为上述两个成分同时占据了前场,那么也可以认为上例中 denn(因为)这个连接词位于零位。由此可见,VE 这个位置的定义并不足够明确。在本书中,笔者将不会启用 VE 这个位置,原因有二:第一,此位置的定义并不明确;第二,即便某个连接词是由聚焦小品词演化而来,位于句中第一位成分之前,只要其辐射范围为整个句子,那么其位置实际上与零位无异,没有启用这个位置的必要。

　　本书第 5.3 节的表格所列的某连接词可能出现的位置,主要参考的是 Breindl 等学者的观点(Breindl et al. 2014:522ff.);除此之外也参考了曼海姆德语研究所(IDS-Mannheim)专门为德语连接词建立的在线词典 (Wörterbuch der Konnektoren[①])中所列的例证及对连接词句法位置说明;另外,也兼顾了第 5.1 节中提到的其他学者的观点,此处不再一一罗列。

5.2.2　语义及语用特征

5.2.2.1　由表达排他性的聚焦小品词演变而成的连接词

　　本节要讨论的在某些上下文中可与 aber 进行互换的连接词有三个: allein、bloß 及 nur。

　　这三个德语词的共同点是,可以作为聚焦小品词使用,表达一种排他性 (Helbig 1988:83f.，104f.，192f.；Métrich & Faucher 2009:25ff.，167ff.，671ff.),可汉译为"只/仅仅/单"。其中,nur 还可以作为程度副词来使用,赋予其相关词一种比较低的价值(Eroms 1994:295f.);此外,nur 出现在疑问句、祈使句、感叹句或者愿望句中也可以当成情态小品词使用,其功能繁多,因上下文而异,可能表达某个要求的紧迫性,某个疑问亟待解决,某个愿望的迫切性亦或是表达惊讶或责备(Helbig 1988:189ff.；Métrich & Faucher 2009:681ff.)。Bloß 也可以作为情态小品词使用,与 nur 作为情态小品词的功能大部重合(Helbig 1988:102f.；Métrich & Faucher 2009:

---

① https://grammis.ids-mannheim.de/konnektoren

171ff.）；不同的是，bloß 在感叹句中还可以表达说话人的遗憾（Métrich & Faucher 2009：177）。除了作为情态小品词之外，bloß 还可以作为形容词使用，译为"赤裸的/光秃的"；亦或是作为可分动词的前缀，比如动词 bloß/stellen（使……丢脸）。与上述两个词相比，allein 的用法比较单一，除了作聚焦小品词之外，也只能作副词，可译为"独自地"。根据本书第 1.1 节对连接词进行的定义，在上述用法中，allein、bloß、nur 都不能被看作连接词。

在杜登在线词典以及 DWDS 在线词典中，可以轻易地找到 nur 作为连接词的用法，在这种情况下，nur 表达对前面一句话说法的某种限制，如下例所示：

(84) Er ist sehr tüchtig, **nur** fehlt ihm die Erfahrung/ihm fehlt **nur** die Erfahrung.

他是非常能干的，不过缺乏经验。

(85) Alles wie damals. **Nur** ich bin es nicht mehr, der damals vor dir kniete.

一切如常，只不过我不再是那个在你面前下跪的人了。

(DWDS)

在例（84）中，连接词 nur 表达的是一种补偿性对立，其中分别隐含说话人对"他"作为一名劳动者来看的正面及负面评价。在例（85）中，说话人先给出了一个绝对化的说法，随后纠正了自己的说法，表明并不是一切都没有改变，nur 在这里的作用是限制前一句话的正确定或恰当性。

实际上，nur 与 aber 在特定上下文中的功能等价性也被其他语言学家重点研究过。Brauße（1983a）曾指出，nur 和 aber 在两种情况下可以互换：当说话人要对某个对象的不同特征进行评判时，如果前一个小句蕴含的是正面评价，后一个小句中蕴含的是负面评价，那么 aber 可以通过 nur 来替换（ebd.：25f.）；当说话人对不同对象进行评判时，如果后一个被提及的对象被说话人赋予负面评价，或者前后两个对象被说话人赋予相同倾向的评价时（两个都是正面/两个都是负面），那么 aber 可以通过 nur 来替换（ebd.：26），如例（86）和（87）所示，其中小句蕴含的说话人的正面评价用加号表示，负面评价用减号表示：

(86) Das Essen schmeckt(＋), **nur** ist es teuer(－).

这饭很好吃,不过贵。

(87) Die Glühbirne ist billig(＋), **nur** ist die Neonröhre sparsam(＋).

白炽灯便宜,不过霓虹灯省电。

(Brauße 1983a:26)

同时,Brauße(1983a:26f.)也指出,如果把例(86)和(87)的连接词 nur 换成 aber,那么论证方向会发生改变:如果第二个小句由 aber 引入,那么从第一个小句中得出的结论会被完全推翻;如果第二个小句由 nur 引入,那么从第一个小句得出的结论只是会受到限制,不会被完全推翻。换言之,虽然 aber 与 nur 都可以出现在评价性或议论性上下文中,用来表达补偿性对立(例 86)或者双重对立(例 87),但从信息的重要性来说,nur 引入的小句的信息是分量比较轻的那一个;而 aber 引入的是分量比较重的那一个(ebd.:27)。Brauße 的这一观点也得到 Kunzmann-Müller(1988:74)、Rudolph(1989:211)、König(1991 b:634)以及 Eroms(1994:289)的支持。

但是,Brauße(1983a)也指出,在某些情况下,连接词 nur 也可以引入一个分量较重的论点,此时,nur 可以被看成是 aber 的"风格变体"(stilistische Variante)。比起 aber,在此种情况下用 nur 会显得说话人更礼貌或者更儒雅一些(ebd.:29),如例(88)所示:

(88) A:„Franz hat sich neulich in der Diskussion völlig unmöglich benommen."

B:„Es stimmt schon, dass Franz sich dort nicht richtig verhalten hat, **aber/nur** man sollte das nicht so wichtig nehmen."

说话人 A:"弗兰茨不久前在讨论会上的表现非常不像话。"

说话人 B:"确实,弗兰茨做得不对,但人们也不应把这事看得很重。"

(Brauße 1983a:29)

Brauße(1983a:29)认为,说话人 B 的第二个小句的出现完全否定前一个小句的交流意义,使得针对弗兰茨的指责完全变得无效。倘若说话人 B 没有使用连接词 aber,而是使用 nur 去衔接两个句子,那么是在故意削弱自己论点("人们不应把这事看得很重")的重要性,以期自己的论点更容易被对方接受。Breindl 等(2014:562)以及 Eroms(1994:299ff.)提到过,连接词 nur 如果被用来引入一个分量比较重的论点,也可能会暗含讽刺意味,如例(89)所示:

(89) Kein Fortbewegungsmittel ist sicherer als das Flugzeug. Nirgendwo wird dem Faktor Sicherheit mehr Vorrang eingeräumt als in der Luftfahrt — wobei die Sicherheits-standards der Lufthansa weltweit Spitzenplätze einnehmen. **Nur** eines gibt es nicht und wird es nie geben: absolute Sicherheit.

没有任何一种交通工具比飞机更安全。也没有任何一个行业比航空业更重视安全这一因素,其中,汉莎航空的安全标准处于世界领先地位。只是,有一点是目前不具备,将来也不会具备的:绝对的安全。

(Eroms 1994:301)

在读到最后一句话之前,信息接收者可能会得出"乘坐汉莎航空非常安全"这一结论;但读完最后一句话之后,又会得出"任何航班都不会绝对安全"这一结论。很显然,两个结论之间存在矛盾,最后一句话的出现实际上否定了前句的交流意义,同时达到了讽刺的效果。

与上述学者的观点相反,Métrich 和 Faucher(2009:691)认为,连接词 nur 引入的论点原则上要比前一个小句中的论点分量更重,两位学者认为,由 nur 引入的论点蕴含"只有这个论点是重要的"这层意味(ebd.)。与此相比,连接词 aber 在相同上下文中引入的论点虽然整体来说被看作分量更重的那一个,但也无法彻底否定前一个小句中论点的重要性(ebd.)。为了比较两个连接词引入的论点的分量,两位学者举出例(90)和(91):

(90) Er ist sehr intelligent, **aber** er arbeitet zu wenig.

他很聪明,但工作得太少。

(91) Er ist sehr intelligent, **nur**: er arbeitet zu wenig.

他是很聪明,但是,他工作得太少了。

(Métrich & Faucher 2009:691)

　　Métrich 和 Faucher(2009:691)认为,例(90)和(91)都是在表达说话人对句中主语"他"总体持消极评价;区别是,如果说话人用的是 nur 来衔接前后两个小句,那么表明说话人认为"他工作得太少了"是唯一重要的点,"他很聪明"并不重要。如此一来,说话人对句中主语"他"的负面评价会显得更激进一些。

　　然而,笔者有一个疑问:在听到例(91)时,信息接收者之所以能判定说话人认为后一个小句的信息更重要,真的是由连接词 nur 的语义特征决定的吗? 笔者之所以有这个疑问,是因为例(91)连接词 nur 的位置比较特殊,处于外置位。Eroms(1994)认为,处在这一位置的连接词在口语中需要被重读,起到吸引听众注意的作用,是一种"控制信号"(ebd. : 287)。换言之,例(91)连接词的位置已经表明,说话人想要提醒听话人注意后面的信息;即便该位置换成其他连接词,听话人仍然会不得不注意后面一句话的内容。

　　实际上,除了 Métrich 和 Faucher 之外,其他学者并没有提到过 nur 作为连接词会表达"排他性"这一点。Helbig(1988:194)认为,nur 作为连接词表达限制意味;Weinrich(2007:604)把连接词 nur 的语义特征描述为"转折"(Wendung),认为该连接词的出现会提示读者注意在下文的论证中即将出现相反的论点;根据杜登语法书中的解释,连接词 nur 可以表达"对立"或"限制"关系(Duden 2009:1094,1100);Helbig 和 Buscha(2001:563)也认为,连接词 nur 可以用来衔接"表达限制关系的复合句"。

　　鉴于上述情况,笔者暂时得出如下假设:nur 作为连接词使用时,后一个小句中信息的分量相对于前一个小句而言要轻一些;但不排除说话人因为想要委婉地表达自己的观点,以期自己的想法更容易被对方接受,或是为了制造讽刺效果,而用 nur 来引入一个较为重要的信息;此外,当 nur 处于外置位时,说明说话人想强调后一个小句中信息的重要性,这是一种在交流中"控制信息焦点"(Uhmann 1991:195)的手段。

此外，根据 Breindl 等(2014)的观察，连接词 nur、bloß 以及 allein 在衔接两个不同的言语行为时，大部分情况下都会处于外置位，或者是嵌入说话人的某个"元交流评论"中去，比如以 wichtig ist allein(不过重要的是……)或 das Problem ist nur/die Frage ist bloß(不过问题是……)等类似的形式出现(ebd.：560)。

Breindl 等(2014)曾提到，nur 和 bloß 作为连接词使用的时候是完全可以互换的(ebd.：561)，在 allein 可以出现的上下文中，bloß 或 nur 也可以出现；但在 bloß 或 nur 可以出现的上下文中，allein 不一定可以出现。由此可见，allein 的使用范围在三个词中相对较窄。根据 Breindl 等学者的观察，连接词 allein 经常被用来表达"计划受阻"(ebd.)，这意味着由 nur 或者 bloß 衔接的复合句也可以有这个用法。此外，Breindl 等人还提到，三个连接词所引入的小句在论证过程中的分量有差别：在由 nur 或 bloß 衔接的复合句中，第二个小句中的信息比前一个小句中的信息更重要一些；而在由 allein 衔接的复合句中，前一个小句的论点更重要一些(ebd.)。此外，连接词 bloß 和 nur 有从属连词变体，即 nur dass 和 bloß dass 的形式，用来引导从句；而 allein 目前为止尚未衍生出这个变体(ebd.：562)。

5.2.2.2　由表达肯定语气的副词演化而来的连接词

本节将深入研究三个词：allerdings、freilich 以及 zwar。

Breindl(2004c)曾对 allerdings 这个词的功能做过非常细致的研究，根据 Breindl 的观点，allerdings 这个词来源于 aller Dinge(ebd.：179)这个词组。其中 Dinge 是二格复数形式，这个词组原本意味着"在所有的方面"或"完全地"，最终演变成了 allerdings 这个副词的形式。这个副词起初被用来加强肯定语气，嵌入句中使用(ebd.)。根据 Métrich 和 Faucher(2009:50)以及杜登在线词典的解释，allerdings 在当代德语中也可以用作情态小品词，表示说话人想强调某个说法的正确性，常出现在句子的中场，比如"Da haben Sie **allerdings** recht!"(您说的**当然**是对的!)。由这个用法首先衍生出了 allerdings 这个词在对话中单独成句作为"回复词"(Antwortpartikel)来使用的情况(Breindl et al. 2014:552)。与回复词 Ja(是的)一样，allerdings 作为回复词，表达的也是赞同；不同的是，由 allerdings 表达出来的赞同更加强烈一些(Brauße 1983a:34；Helbig 1988:85；Métricht & Faucher 2009:41)。在作为回复词使用的情况下，allerdings 这个词的后半部分需要重读

（Breindl 2004c：177），此处用大写字母表示重读部分：allerDINGS。

　　Breindl（2004c）指出，allerdings 作为连接词可以表达"相悖"（Widerspruch）、"限制"（Einschränkung）或者"承认"（Einräumung）（ebd.：178）。这种由表达肯定语气的副词演变成连接词的情况也发生在其他表达对立的连接词身上，比如 freilich（ebd.：181）。从杜登在线词典以及 DWDS 词典中对 allerdings 和 freilich 两个词高度相似的解释中也能看出二者之间的相通之处。

　　根据 Breindl（2004c：189）以及 Breindl 等人（2014：556）的观察，在论证性上下文中，连接词 allerdings 可以用来衔接两个相反的论点，且两个论点的分量相当。Braußе（1983a：32）也曾提到过，即便调换 allerdings 所衔接的前后两个小句的位置，句中的论证方向也不会发生任何改变。由此可知，如果前后两个相反的论点由 allerdings 衔接，暗示说话人自己在论证过程中也没有十分明确的立场或倾向（Helbig 1988：84；Breindl 2004c：191）。

　　然而，在 Bührig 于 2007 年发表的一篇论文中，笔者找到了下面这个由连接词 allerdings 衔接的例句，源自一篇 2005 年发布的新闻报道①：

（92）Die Initiative „Du bist Deutschland" plädiert mit Anzeigen und Spots für Weltoffenheit, Engagement und Optimismus. Ausgerechnet der Slogan fand **allerdings** schon einmal Verwendung: als Agitationsspruch der Nazis.
"你就是德国"这一倡议出现在各种广告宣传之中，旨在宣传德国面对世界的开放性、责任心以及乐观主义精神。可这个用语偏偏已经在德国的历史上被用过一次了：作为纳粹口号。

（Bührig 2007：532）

　　Bührig（2007：532f.）认为，在上述例句中，信息重心落在第二个小句上，并指出，allerdings 出现的位置，即紧随变位动词之后，表明后面一整个小句

---

① http://www. spiegel. de/kultur/gesellschaft/du-bist-deutschland-echo-aus-der-nazi-zeit-a-386544. html

的信息都是重点;虽然前面一句话解释了"你就是德国"这个口号包容开放的含义,但因为涉及纳粹历史,所以整体看来,说话人主要还是在批判该口号的起草者以及各大宣传该口号的媒体缺乏历史常识(ebd.:532)。

笔者认为,该句的 allerdings 跟 nur 或 bloß 一样,也可以看作连接词 aber 的风格变体。因为正常情况下,连接词 allerdings 所衔接的两个小句同等重要,在类似例(92)的上下文中,不选用带有明显倾向性的 aber,而选用不带明显倾向的 allerdings,可以使说话人在表达自己的批判时显得更温和。如此一来,这种批判也会更容易被对方接受。同时,因为第二个小句中的信息分量足够重("纳粹"这个问题足够严重,"纳粹历史"这个话题足够严肃),所以选用通常情况下只用来表达某种限制的连接词 allerdings 来引入这个信息也会产生一种讽刺意味。

Breindl(2004c:190)、Brauße(1983a:31f.)、Stede(2004:271)等学者都认为,在评价性上下文中,allerdings 既可以引入隐含说话人的正向评价的小句,也可以引入包含说话人负面评价的小句。Breindl 等人(2014)提到过,在评价性上下文中出现的 allerdings 也可能以省略结构的形式出现。在这种情况下,被衔接的一般是形容词或分词短语,前一个被衔接的成分不会出现,需要结合上下文信息推断出来(ebd.:556f.),如下例所示:

> (93) Tatsächlich wurde der Mann fündig: [...] hatte er in einem Schacht neben einem Kabelkanal eine blaue Schachtel gefunden, in der **ein allerdings defekter Revolver** lag.
>
> 那个男人确实有所获:他在矿井里一个线缆管道旁边发现了一个蓝色的匣子,匣子里放着一把左轮手枪,虽然已经坏了。
>
> (Breindl et al. 2014:556)

Breindl 等人(2014:557)指出,该句的连接词 allerdings 所衔接的前一个成分没有被说明,需要读者结合上下文信息去补全,并且前后两个被衔接的成分需要隐含相反的评价。笔者认为,例句中黑色加粗的部分传达的信息如果被补全,可以是"Er fand eine Schachtel mit einem Revolver, allerdings war der Revolver defekt"（他找到了一个装着左轮手枪的匣子，不过那把枪坏了）。如此一来，前一个小句可以隐含"他的寻宝之旅有收获"这个正向的评价，而后一个小句又隐含"他的收获不大"这个负向的评价。Breindl 等学者还强调，连接词 allerdings 的这种省略式用法在连接词 aber 身上是行不通的（ebd.：556）。

连接词 allerdings 的上述省略式用法实际上也被 Métrich 和 Faucher 提到过。但与 Breindl 等学者的观点不同，Métrich 和 Faucher(2009:51)认为，allerdings 前面不是省略了某个被衔接的成分，而是单纯用来加强肯定语气的。

由此可见，在类似情况下，allerdings 究竟能否被看作连接词，是一个有争议的问题。笔者认为，allerdings 一词在类似结构中究竟表达何种含义，最终取决于上下文中的信息。如果带有 allerdings 的类似结构是在明显的评价性上下文中出现，那么说话人偶尔为了简化语言表达而省略某个本该被衔接的成分也可以理解，此时把 allerdings 视为连接词无可厚非。

Breindl(2004c)曾提到过，连接词 allerdings 可以在表达"对立比较"的上下文中出现，此时前后两个小句中可以找到两组对立对（ebd.：191.）；但与连接词 aber 不同的是，allerdings 在此类上下文中出现时，只能位于 NE 位置（ebd.：192）。Breindl 指出，在表达对立比较的上下文中，处于 NE 位置的连接词有一个特殊作用，即标记对比焦点。对比焦点的出现意味着前后两个小句中的焦点信息构成对立对。Breindl 等人（2014:557）也认为，allerdings 可以出现在表达对立比较的上下文中，不是由其本身的语义特征决定的，只是 NE 位置在对立比较这个上下文中的特殊功能使得它可能出现在表达对立比较的复合句中。Koch-Kanz 和 Pusch(1977:91)也曾提到过，allerdings 本身并不能用来表达对立比较关系。此处需要强调的是，并不是所有出现在 NE 位置的 allerdings 都一定被用来表达对立比较关系。Breindl(2008:46)提到过，出现在 NE 位置的 allerdings 可以仅用于标记话题转换。

Stede(2004:271)和 Koch-Kanz 和 Pusch(1977 84f.)认为，人们可以使用连接词 allerdings 对前一个小句中说法的有效性进行限制，如例（94）所示：

(94) Susi hat sich zum ersten Mal ganz allein das Gesicht
gewaschen. Allerdings hat sie die Nasenspitze vergessen.

苏西第一次自己洗脸,然而她把鼻尖给漏掉了。

(Stede 2004:282)

另外,Koch-Kanz 和 Pusch(1977:77)指出,连接词 allerdings 可以用来表达某个期待没有实现;但是,与让步关系不同,这种没有实现的期待并不是一个基于常理的推断(ebd.:91)。Breindl 等人(2014)也认为,连接词 allerdings 本身并不能用来表达让步关系(ebd.:557),但可以表达"计划受阻"(ebd.:528)。这与 Koch-Kanz 和 Pusch 的观点不谋而合:在"计划受阻"的情况下,说话人的期待没有实现,但这种期待并非基于常理,而是基于美好的愿望,因此与让步关系有区别。

Koch-Kanz 和 Pusch(1977:96)还提到,连接词 allerdings 可以衔接两个句子类型不一样的小句,在这种情况下,该连接词可以处于外置位或者嵌入句子中去(ebd.)。根据 Breindl 等人(2014:556)的观察,连接词 allerdings 比 aber 更适合用来引入元交流评论。此外,allerdings 衔接的两个小句还可以由不同的说话人输出,也就是可以出现在对话中;在这种情况下,后一个说话人对前一个说话人的语言表达进行反驳,但这种反驳比起连接词 aber 表达出的反驳"不那么让人觉得受伤"(Koch-Kanz & Pusch 1977:97)。这也与该连接词本身的限制性含义相符合。

除了 allerdings 和 freilich 之外,连接词 zwar 起初也是作为表达肯定语气的标记词使用的(Breindl et al. 2014:551)。这个作用在 und 和 zwar 这两个连接词搭配使用的情况中也有所体现,这个搭配相当于中文里的"也就是说""更确切地说","而且"或"亦即"等表达,可以用来引入附加信息。Breindl 等学者指出,zwar 可以出现在复合句的前一个小句中,与后一个小句中的 aber 或者其他与之功能等价的连接词搭配使用(表达对立比较的单义连接词例如 dagegen、hingegen、demgegenüber 等除外);前一个小句中的 zwar 表达一种认同/承认,同时提醒信息接收者后一个小句中会出现相反的论点(ebd.)。Métrich 和 Faucher(2009:985)指出,连接词 zwar 本身具备的表达肯定的含义也使得它可以在论证性上下文中被用来表达"修辞性让步关系"(rhetorische Konzession)。修辞性让步关系指的是一种论证技巧,说话人在论证过程中先承认对手的观点,然后再用自己的论点去说服对手。承认对手的观点只是表面上或者嘴上的承认,说话人的实际目的是维护自己的观点(ebd.:985)。这种论证技巧也被 Völzing 称作"战术性论证"(taktische Argumentation)(Völzing 1979)。

　　Métrich 和 Faucher(2009:980)列出了由 zwar... aber... 衔接的复合句所能表达的语义关系,两位学者认为,当说话人选用"zwar A, aber B"这种复合句时,可能想表达如下三种含义:(i)通常情况下,如果 A 成立,那么 B 不成立,例如:Er war zwar müde, gab aber doch nicht auf.(虽然他很累,但是并没有放弃);(ii)A 让人得出结论 C,而 B 让人得出与 C 相反的结论,例如:Ob er die Prüfung bestehen wird? Na ja, er ist zwar intelligent, aber nicht fleißig genug.(他会不会通过考试? 怎么说呢,他虽然聪明,但是不够努力。);(iii)A 是积极/正面的,B 是消极/负面的,例如:Er ist zwar nett, aber nicht zuverlässig.(他虽然是友好的,但不可靠。)然而,在笔者看来,上述第(ii)和第(iii)中语义关系并无本质上的区别,因为第(ii)种语义关系也可以被理解为"A 蕴含正向评价,B 蕴含负向评价";而从第(iii)种复合句的两个小句中,听话人也可以得出相反的结论(从"他友好"中可以得出"可以跟他交朋友"的结论,从"他不可靠"中可以得出相反结论)。另外,Métrich 和 Faucher(ebd.:984)还提到,连接词 zwar 还可能出现在"A, zwar B"这个结构中,在这种情况下,前一个小句的意义被后一个小句所限制。

　　虽然 freilich 和 allerdings 在许多词典或其他工具书中被当作同义词来解释,但根据 Breindl 等人(2014)的观察,二者在实际语用中还是有差异的:aber 和 allerdings 在复合句的第二个小句中联用的情况(以 aber (...) allerdings 或者 allerdings (...) aber 的形式出现)在当代德语当中基本不太会被接受;与此相反,freilich 和 aber 在第二个小句中联用的情况(以 aber freilich 或者 freilich aber 的形式出现)不论是在从前还是现在的德语语用中都能被很好地接受(ebd.:552f.)。此外,与 zwar 一样,freilich 也可以出现在前一个小句中,表达肯定/承认意味,同时提醒听话人下面的小句中会出现反论点(以"freilich A, aber B"的形式出现),而这个用法是 allerdings 没有的(ebd.:554)。

　　5.2.2.3　由包含指代词成分的副词演变而来的连接词

本节讨论的连接词为:dafür、dagegen、dahingegen、dementgegen、

demgegenüber、hingegen 以及 wo(hin)gegen。

根据杜登在线词典及 DWDS 给出的释义，作为代副词，dafür 在不同的上下文中可以有"为了这个目的""赞同这件事"或者"作为这件事情的补偿"等类似含义。此外，在德语中有很多与介词 für 搭配使用的动词，因此，代副词 dafür 也可能与这些动词搭配使用，其中的指代词 da-发挥前指或者后指的作用，比如 dafür sorgen（为……担忧）、dafür danken（为……表示感谢）等等。除此之外，dafür 在某些上下文中还可以有"因此"的含义，且引入的是一个众所周知的理由，例如：Er beherrscht mehrere Instrumente, dafür ist er ja Musiker［他掌握了很多种乐器，因为（众所周知）他是个音乐家嘛］。在上述用法中，dafür 显然与连接词 aber 在功能上没有任何交集，此处不再展开介绍。

dafür 只能在个别上下文中替换连接词 aber。Brauße（1983a：34）、Kunzmann-Müller（1988：76）以及 Breindl 等人（2014：558）认为，在表达补偿性对立的上下文中，dafür 可以被视为 aber 的功能等价词，且该连接词既可以引入一个包含说话人正向评价的小句，也可以引入一个包含说话人负向评价的小句。不过，根据 Brauße（1983a：35）的观点，如果该连接词引入的小句包含说话人的正向评价，那么整个复合句会更容易被接受一些。Brauße（1983a）和 Breindl 等人（2014）都认为，在论证性上下文中，dafür 衔接的两个论点同等重要。此外，根据 Breindl 等学者的观察，dafür 也可以与 aber、jedoch、allerdings 等连接词共同出现在第二个小句当中（ebd. ：558）。

除此之外，由介词 gegen 和某个指代词组成的一组副词，即 dagegen、dahingegen、dementgegen、demgegenüber、hingegen、wo(hin)gegen，在适当的上下文中也可以与连接词 aber 互换。Breindl 等人（2014：541）认为，这组副词是"表达对立比较的单义连接词"。也就是说，只有在表达对立比较的上下文中，它们才可以被视为连接词 aber 的功能等价词。根据 Breindl 等学者（ebd. ：542）的观察，这组词在表达对立比较时，有出现在 NE 位置的倾向，但也会出现在第二个小句的前场或中场。另外，Blatz（1970：703）和 Breindl（2011：29）曾提到过，hingegen 和 dagegen 也可以单纯被用来标记话题转换。

需要注意的是，在这组词中，dagegen、demgegenüber 以及 wogegen 这三个词本身除了作为连接词 aber 的功能等价词使用之外，还有其他的含义或用法。

根据杜登在线词典及 DWDS 给出的释义,代副词 dagegen 可以用来描述空间关系,表达"朝着某个物体撞过去"的含义。此外,也可以有衍生的抽象含义,比如"反对这件事"或"作为交换/替代"等类似含义。在诸如此类的用法中,dagegen 显然不能被视为连接词 aber 的功能等价词。

另外,值得注意的是,Brauße(1983a:34)曾经提到过,作为连接词 aber 的功能等价词,dagegen 也可以用来表达补偿性对立,并且指出,只有当后面一个小句中包含说话人的负面评价或者两个小句中包含说话人相同倾向的评价时(皆为正向或者皆为负向评价),才可以用 dagegen 来替换连接词 aber(ebd.:35f.)。然而,不论是在杜登在线词典还是 DWDS 上都找不到相关例句,因此,Brauße 的观点是否正确,dagegen 作为 aber 的功能等价词使用时是否能够出现在评价性的上下文当中,仍有待验证。

因为 gegenüber 可以用作可分动词前缀,比如在动词 gegenüber/stehen 中,这个动词有"在……对面站着/放着""面对……"等含义,所以在实际语用中,demgegenüber 完全可能作为句子的谓语组成部分与另外一个基础动词搭配出现,其中的指代词 dem 可能关联前文中提到的某事/物,如下例所示:

(95) Es gibt in Paris 1 600 Wohnungen, die die Stadt gebaut
hat—und **demgegenüber stehen** etwa 60 000 Familien, die
offiziell um Unterkunft gebeten haben.
巴黎市建造了 1 600 套房子——市政府面对的是 6 万个
请求得到住处的家庭。

(DWDS①)

从上述例句中虽然也可以读出巴黎市政府有限的住房供给和巴黎市民对房子的较大需求之间存在的对立,但代副词 demgegenüber 无法与 aber 进行互换,如例(96)所示,星号代表该句子不合乎语法规则:

---

① https://www.dwds.de/r/?corpus=kern&q=demgegen%C3%BCber%20stehen

（96）* Es gibt in Paris 1 600 Wohnungen, die die Stadt gebaut hat-und **aber** stehen etwa 60 000 Familien, die offiziell um Unterkunft gebeten haben.

　　如例（96）所示，如果人们把 demgegenüber 换成 aber，那么句中谓语动词 gegenüber/stehen 的可分前缀将会丢失，并且会出现连接词 und 与连接词 aber 同时出现的情况，显然不合语法规则。为了使原句由连接词 aber 改写之后仍然可以合乎语法规则，要去掉核心动词 stehen 以及原句中的连接词 und，如下例所示：

（97）Es gibt in Paris 1 600 Wohnungen, die die Stadt gebaut hat. **Aber** es gibt etwa 60 000 Familien, die offiziell um Unterkunft gebeten haben.
巴黎市建造了 1 600 套房子，然而，有 6 万个家庭请求得到住处。

　　因为在改写过程中需要删减原句的成分，demgegenüber 按照本书第 5.1 节中阐述的筛选条件并不能被视为 aber 的功能等价词。因此，诸如此类的情况不在本书的研究范围之内。
　　根据杜登在线词典和 DWDS 的释义，作为疑问代副词，wogegen 可以用来引入问句，例如"Wogegen stellte er die Leiter?"（他把梯子倚在哪里了？）。在作为疑问词使用时，wogegen 可以被理解为"朝着什么、对抗什么、反对什么"或类似含义。此外，wogegen 还可以作为关系副词使用，引导关系从句，比如"Es gibt nichts, wogegen ich etwas einzuwenden hätte"（没有任何我想提反对意见的事存在）。在这种情况下，wogegen 可以被理解成"反对前面提到的事物/朝着前面提到的事物"或类似含义。很显然，上述 wogegen 并不能被视为连接词 aber 的功能等价词。

5.2.2.4　表达同时性的连接词衍生出的对立性含义
　　本节要讨论的一组连接词是 indes(sen) 和 während(dessen)。Breindl 等学者（2014：545）将其视为"表达同时性的连接词"（temporal-simultane Konnektoren）并指出，这两个连接词也可以用来表达对立比较，其中，从属连词 während 用来表达对立关系的用法是最常见的。在实际语用当中,如何判断这几个连接词究竟是用来表达同时性,还是用来表达对立性呢?

根据 Breindl 等学者(ebd.：547)的观察,用来表达对立比较的从属连词 während 绝大多数情况下会引入第二个小句,即从句会位于主句之后;另外,当前后两个小句的时态不一致时,可以判断 während 是用来表达对立性的(ebd.：549);最关键的是,如果 während 用来表达对立性,那么在前后两个小句中可以找到两组对立对(ebd.：550)。笔者认为,最后一条规律也适用于其他几个表达同时性的连接词。

然而,根据 Breindl 等人(2014)的观察,在某些情况下,带有上述连接词的复合句既可以被看成同时性关系,也可以被理解成对立性关系。这个现象很容易理解:当前后两个小句的时态一致,且前后两个小句中包含两组对立对时,那么该复合句既表达同时性又表达对立性,如例(98)所示:

(98) **Während** Männer zu Millionen in die Städte des Südens abwandern, um dort ein besseres Auskommen zu finden, müssen sich die zurückgelassenen Frauen neben Kindererziehung und Haushalt noch um die Feldarbeit kümmern.

为了找到更好的出路,几百万男性去南方的城市里打工;**而**/**与此同时**被留在家里的女性除了照顾孩子、料理家务之外,还要去田里干活。

(Breindl et al. 2014:551)

另外,Breindl 等人（2014：546）提到,连接词 indes(sen) 和 währenddessen 既可以作从属连词(引入小句为从句语序,动词最后一位),也可以作联结副词使用(引入小句为主句语序,动词第二位)。

5.2.2.5　表达排列叠加关系的连接词衍生出的对立性含义

本节要讨论的是 einerseits... ander(er)seits、zum einen... zum ander(e)n、einesteils... ander(e)nteils 三对连接词。

Helbig 和 Buscha(2001:562)认为,这组连接词衔接的句子为"表达并立关系的复合句"(kopulative Satzverbindung)，而杜登语法书将这组连接词纳入对立连接词之列(Duden 2009：1093)。Breindl 等人(2014：563f.)指出，当前后两个小句包含呈对立关系的元素，上述连接词就会由本身的"排列叠加"(additiv-reihend)含义衍生出"对立"的含义。

Briendl 等学者(ebd.：530)还指出，在表达补偿性对立时，上述连接词可视为 aber 的功能等价词，例如：

> (99a) „Lebenslänglich" ist ein merkwürdiger Film, der einen ratlos zurücklässt. **Einesteils** ist er voll mit Witzen [...]. **Andererseits** lacht man hier über Menschen, deren Leben im Eimer ist.
>
> (99b) „Lebenslänglich" ist ein merkwürdiger Film, der einen ratlos zurücklässt. Er ist voll mit Witzen, [...]. {**Aber**} man lacht hier über Menschen, deren Leben im Eimer ist.
>
> 汉译：《生活》是一部非同寻常的电影，使人观影后不知所措。**一方面**，影片中充满各种诙谐幽默的元素。**另一方面/但是**，影片中为人们提供笑料的主人公是生活在水深火热中的人们。
>
> (Breindl et al. 2014：562f.)

根据 einerseits...ander(er)seits 等连接词的本义，即表达排列叠加关系，可以推测，当这组词出现在评价性或者论证性上下文时，前后两个小句传达的信息应该同等重要。Breindl 等学者还提到，这组连接词对引入小句中包含的说话人的评价是正面还是负面没有特殊要求(ebd.：530)。

另外，根据 Breindl 等学者的观察，连接词 ander(er)seits 也可以不与前一个关联词 einerseits 搭配使用，而是单独出现在第二个小句当中；单独使用的 ander(er)seits 可以表达让步关系(相当于 dennoch)、对立比较(位于 NE 位置，相当于 dagegen)或者是补偿性对立(ebd.：564f.)。此外，Breindl 等学者还提到，ander(er)seits 和 ander(e)nteils 单独出现时，也可能是被用来标记话题转换(ebd.：532f.)。

5.2.2.6　表达反复意义的连接词衍生出的对立性含义

本节要研究的连接词是 wieder(um)，包含 wieder 和 wiederum 两个副词。

根据杜登在线词典和 DWDS 的释义，这两个副词本身都可以被理解成"重新/再次"，表达相同动作的重复，如例(100)所示：

> (100) Er sang dem Kind die Melodie vor, und als es sie nicht
> gleich nachsingen konnte, tat er es **wiederum**.
> 他给孩子领唱这首歌，当孩子不能立马跟着唱出来的
> 时候，她就**重新/再次**领唱一遍。
>
> (DWDS)

另外，这两个副词还可以表示类似动作的重复，相当于中文里的"也"，或者"又"，例如：

> (101) Wenn sie dich anschreit, dann schreist du sie einfach
> **wieder** an!
> 如果她呵斥你，那你**也**呵斥她！
>
> (Duden Online)
>
> (102) Ich wusste es von meinem Mann, und er **wiederum**
> wusste es von seinem Freund.
> 我是从我老公那里听说这件事的，而他**又**是从他朋友
> 那里听说的。
>
> (DWDS)

此外，wiederum 或者 wieder 还可以标记两件事情之间的过渡关系或者表示前一件事是后一件事的基础或铺垫，如下例所示：

> (103) Er hatte in seiner Arbeit etwas Wichtiges herausgefunden,
> und das gab **wieder** der ganzen Forschung auf diesem
> Gebiet einen neuen Antrieb.

他在他的研究中发现了很重要的东西,(而)这(又)为该
领域所有相关研究的推进增添了新的动力。

(DWDS)

根据(103)的汉译可以看出,在类似情况下,wieder 或 wiederum 两个副
词本身包含的"重复"或"一致"的含义退居幕后,主要起承接话语的作用,不
必被翻译出来。在这种情况下,如果两个副词又恰巧位于 NE 位置,那么笔
者认为,二者可以被视为连接词 aber 标记话题转换时的功能等价词,如下面
的改写所示:

(104) Er hatte in seiner Arbeit etwas Wichtiges herausgefunden.
Das〈**wieder/aber**〉gab der ganzen Forschung auf diesem
Gebiet einen neuen Antrieb.

在例(104)中,后一个小句的主题是前一个小句的述题,此时后一个小
句的 NE 位置可以出现一个连接副词,用以标记话题转换。

根据 DWDS 及杜登在线词典的释义,副词 wieder 还可以用来表达某事
物恢复原状,如下例所示:

(105) Gehst du schon **wieder** weg, du bist doch eben erst
gekommen?
你才刚回来,又要出去了吗?

(DWDS)

此外,根据杜登在线词典的阐释,在口语当中,wieder 还可以在问句中
出现,表达之前知道的事在说话的当下被忘记了,相当于语气助词 noch,
例如:

(106) Wie heißt sie **wieder**?
她叫什么名字来着?

　　另外，wieder 还可以与 andere、anders 等词连用，用来在列举的过程中引入其他的、附加的与前文不同的成分，如下例所示：

（107）Einige sind dafür, andere dagegen, und **wieder andere** haben keine Meinung.

有些人支持，另一些人反对，**还有一些人没有任何想法**。

（Duden-Online）

　　从例（107）中虽然可以读出不同人的不同立场，表面上看起来很像在表达对立比较，但实际上，此时 wieder 不能被替换为连接词 aber，如下例所示：

（108）* Einige sind dafür, andere dagegen, und **aber** andere haben keine Meinung.

　　例（108）不论在句法上还是语义上都不合规。首先，连接词 und 和 aber 不能同时出现在两个小句之间，此为句法上的违规。这个句子在语义上之所以不合规，是因为在引入第三个带有连接词 aber 的小句之前，前两个小句之间实际上已经存在对立比较关系了（有些人支持 vs. 另一些人反对）。当第三个小句再引入的时候，相当于重复之前的对立比较，与 aber 表达的两个对象之间的对立比较有区别。因此，本书将 wieder andere 或者类似的组合视为固定搭配，在这种情况下使用的 wieder 在本书中不被视为连接词 aber 的功能等价词。

　　根据 DWDS 的阐释，wieder 或 wiederum 还可以被理解成"从另一个方面来说/从另一个角度来看"，例如：

（109）Das Fahrrad gehört mir und gehört mir auch **wieder** nicht.

这辆自行车属于我，从另外一个角度说又不属于我。

（DWDS）

　　如果把例（109）中的 wieder 换成 aber，那么会出现如下复合句：

(110) * Das Fahrrad gehört mir und gehört mir auch **aber** nicht.

例(110)显然不合句法规则,首先,und 和 aber 共同出现在第二个小句当中不合规;另外,auch 和 aber 二词的顺序也不符合惯常的语用。但如果把句中的连接词 und 去掉,再调换第二个小句中 auch 和 aber 的位置,那么将会产生一个合规的复合句,如下例所示:

(111) Das Fahrrad gehört mir, gehört mir **aber** auch nicht.
这两自行车属于我,但也不属于我。

适合例(109)或(111)出现的上下文,可能是说话人可以随时使用这辆自行车(从这个意义上说这辆自行车属于说话人),但这辆车并不是说话人自己买的,所以不算是说话人的资产(从这个意义上讲这辆自行车不属于说话人)。但因为在改写过程中需要删减原句中的成分,所以按照第 5.1 节中的筛选条件,在诸如此类的情况下,wieder 或者 wiederum 在本书中不被视为连接词 aber 的功能等价词。

Breindl 等人(2014)指出,wieder 和 wiederum 可能会出现在表达对立比较的上下文中,此时前后两个小句中必须能够找到两组对立对。根据 Breindl 等学者的观察,wieder 只在 NE 位置出现,而 wiederum 除了 NE 位置之外,还可以在外置位或者前场出现(ebd.：546),如下例所示:

(112) Die einen sagen, daß die Pensionsgrenze bei uns viel zu hoch liege [...]. Andere **wiederum** sagen, daß es gerade die Inaktivität ist, die den Menschen früher sterben lässt.
有些人说,我们国家的退休年龄定得太高了……。但另外一些人说,失去活跃度(不工作)会让人更早地走向死亡。

(Breindl et al. 2014:547)

例(112)与前面引用的例(107)看起来类似,实则不同。在例(112)中,是设计"有些人"和"另一些人"关于退休年龄这件事的不同观点,换言之,比较只存在于两组对象之间,不涉及第三组比较对象。此时 wiederum 标记的是两组比较对象之间呈对立关系的特征(不支持晚退休 vs. 支持晚退休),相当于连接词 aber 在表达对立比较时的功能;而在例(107)中,wieder 所在的第三个小句出现之前,已经完成了一次对立比较,wieder 引入的事第三组比较对象,此时 wieder 标记的是比较的重复,与连接词 aber 没有关系。

需要注意的是,根据 Breindl(2008:45),Métrich 和 Faucher(2009:940ff.)以及 Breindl 等学者(2014:546)的观察,当 wieder 或者 wiederum 出现在 NE 位置时,经常只是用来标记话题转换。

5.2.2.7　由表达知足的情态小品词演化而来的连接词

本节要讨论的连接词是 immerhin,这个词在被用作衔接两个小句的连接词之前,是被当成情态小品词来使用的。Weydt(1979b)认为,情态小品词 immerhin 暗示说话人的期待经历过"由降低到升高的变化"(Ab-Auf-Bewegung)(ebd.:402)。说话人起初有一个比较高的期待,但是现实情况使说话人感到失望,不过说话人对现实的评价总体上还是正面的,虽然现实不如期待中的那般好(ebd.;Weydt 1979a;Helbig 1988:163;Duden Online)。因此,Métrich 和 Faucher(2009:486)曾提到,这个小品词的使用可以产生一种"安慰效应"。下面这个例子可以很好地说明这一点:

(113) Er hat **immerhin** sein Studium mit Erfolg abgeschlossen.

　　　(Man hatte mehr von ihm erwartet.)

　　　他**至少**顺利毕业了(人们对他本来是有更高期待的)。

(Helbig 1988:163)

除此之外,表达知足/安慰意味的 immerhin 还可以独立成句,在对话中被用来回应对方的某个表达(Weydt 1979a:347/1979b:404;Helbig 1988:164;Métrich & Faucher 2009:485)。Métrich 和 Faucher(2009:485)认为,在这种情况下,说话人的潜台词是"总比什么都没有强",如下例所示:

(114) A:„Wart ihr in Ferien dieses Jahr?"

　　　B:„Ja, aber nur eine Woche."

A：„**Immerhin**！（Wir waren gar nicht！）"

说话人 A："你们今年去度过假吗?"

说话人 B："去过,但只去了一个星期。"

说话人 A："那也比没有强!（我们都没度过假呢!）"

(Métrich & Faucher 2009：485)

Weydt(1979b)认为,immerhin 的使用不一定暗示说话人对某事进行了评判(ebd.：404),人们也可以使用这个词来表示某件事或者某个情况值得注意,如下例所示:

(115) Die Wohnung kostet **immerhin** weit über 3 000 DM an Miete.

这房子的租金远高于三千马克(这一点可要注意啊!)。

(Weydt 1979b：404)

除此之外,immerhin 也可以出现在解释或辩护类的上下文中(Métrich & Faucher 2009：486f.；Weydt 1979a：346f.；DWDS),如下例所示:

(116) Schimpf nicht auf ihn, er hat dir **immerhin** oft beigestanden.

别责骂他了,**毕竟**他经常帮你。

(DWDS)

另外,immerhin 与动词 mögen 搭配使用,还可以表达让步意味,Klappenbach 和 Steinitz(1977：1938)把这种情况称为"不带连接词的让步句"。在这种情况下,immerhin 相当于 auch 在类似上下文中的含义(ebd.；DWDS; Duden Online),例如:

(117) Mag es **immerhin** spät werden, ich komme auf alle Fälle.

即便是晚了,我也一定会来的。

(Duden Online)

如果用连接词 aber 替换例(117)的 immerhin，那么将会产生一个不合规的句子，如下例所示：

(118) * Mag es aber spät werden, ich komme auf alle Fälle.

显然，在类似例(117)的情况下，immerhin 和动词 mögen 构成了一个语义整体，把 immerhin 摘出之后，这个语义整体就缺失了要素。

此外，连接词 aber 所表达的让步关系，是两个命题在说话人的认知中本不应该同时成立，这个期待与现实相反，因为前后两个小句所描述的内容皆为事实；而在 immerhin 与 mögen 搭配使用的情况下，前一个小句描述的内容可能会实现，也可能不会实现，带有一定程度的虚拟/假设性，与连接词 aber 衔接的内容在真实性上有所差别，实际上是同时表达假设与让步。因此，这类用法之下的 immerhin 在本书中不被视为连接词 aber 在表达让步关系时的功能等价词。

但是，immerhin 可以与表达让步关系的联结副词，比如 aber 或者 doch，共同出现在第二个小句之中，如下例所示：

(119a) Unsere Pläne sind realistisch, **doch** sollten wir **immerhin** mit unvorhergesehenen Verzögerungen rechnen.

(119b) 〔Unsere Pläne sind realistisch, **aber** wir sollten **immerhin** mit unvorhergesehenen Verzögerungen rechnen. 〕
我们的计划都很现实，**尽管如此**，我们要考虑到，意料之外的延期可能会出现。

(DWDS)

这种情况下的 immerhin 在本书中被认为是可以与连接词 aber 共同出现的词，而不是连接词 aber 的功能等价词。

Brauße(1983a:29f.)和 Kunzmann-Müller(1988:76)认为，immerhin 作为连接词可以衔接两个隐含说话人评价的小句，且被 immerhin 引入的小句需要隐含说话人的正向评价。这个用法与前文提到的 immerhin 作情态小品词的用法在语义上有相通之处。Brauße(1983a:30)指出，连接词

immerhin 可以被用来衔接同一评价对象的优缺点，亦或是两个评价对象各自的优点，这两种用法分别对应连接词 aber 的"补偿性对立"及"双重对立"两个使用类型，如下例所示：

> (120) Das Haus ist klein（－），immerhin ist es hübsch gelegen（＋）.
>
> 这个房子是小，不过周围风景很好（坐落的位置很好）。
>
> (121) Die Glühlampe ist billig（＋），immerhin ist die Neonröhre sparsam（＋）.
>
> 白炽灯便宜，不过霓虹灯省电。
>
> (Brauße 1983a:30)

Brauße(1983a:29f.)认为，在例(120)中，信息重心落在前一个小句上，因为后一个小句提到的优点无法完全抵消掉前一个小句提到的缺点。这个观点与杜登在线词典上给出的解释一致，即 immerhin 对前一个小句中的内容只起限制作用。另外，Breindl 等人(2014:530)指出，在评价性或议论性上下文中，immerhin 也可以与连接词 aber 搭配使用，如下例所示：

> (122) Das Haus ist klein, **aber immerhin** ist es hübsch gelegen.
>
> 这房子是小，但周围风景很好（坐落的位置很好）。
>
> (Brauße 1983a:31)

Brauße(1983a:31)指出，当前后两个小句由 aber 和 immerhin 共同衔接的时候，前后两个观点的分量一样重。此时，后一个小句的内容可以省略，只留下连接词，如下例所示：

> (123) Das Haus ist klein, **aber immerhin**!
>
> 这房子是小，不过也有它的优点！
>
> (Brauße 1983a:31)

5.2.2.8　表达让步关系的连接词

本节要重点研究的是 dennoch、trotzdem、trotzDEM、obwohl、obgleich、obschon 等表达让步关系的连接词。其中,trotzDEM 指的是该词重读第二个音节作从属连词的情况。根据杜登在线词典给出的阐释,该词的这种用法目前为止仅限口语使用。

众所周知,连接词 aber 可以被用来表达让步关系,因此,在表达让步关系的上下文中,aber 可以被单义的让步连接词所替换,包括诸如 dennoch、trotzdem、nichtsdestotrotz 等衔接两个主句的联结副词以及诸如 obwohl、obgleich、obzwar 等衔接主从复合句的从属连词。在诸多词典或语法书中也列出了其他较少使用的让步连接词,比如 nichtsdestoweniger、nichtsdestominder、gleichwohl(作从属连词时少见,多见作联结副词用)、wenn... schon、wennschon、wennzwar 等(参见 Weinrich 2007:761ff.;Duden 2009:633;Helbig & Buscha 2001:609ff.;Breindl et al. 2014:903f.)。

Stede(2004:273)认为,只有在一种情况下,表达让步关系的单义连接词才可以与 aber 互换:当前后两个小句之间的让步关系即便在没有连接词的情况下也很清楚的时候。Stede 认为,将例(124)的单义让步连接词 dennoch 改成语义范围比较广泛的 aber 并不恰当:

(124) Sie ist erst 15, dennoch hat sie schon Abitur.

即便她才 15 岁,她已经通过高考了。

(125) Sie ist erst 15, aber sie hat schon Abitur.

她才 15 岁,但她已经通过高考了。

(Stede 2004:273)

Stede(2004:273)指出,例(124)中的复合句因为单义让步连接词 dennoch 的出现,表达的确定是让步关系无疑;但若把 dennoch 改成连接词 aber,那么该复合句会引起多种理解。Stede(ebd.)认为,除了表达让步关系之外,例(125)还可能在表达说话人从某个视角对主语"她"进行的评价,比如,当说话人在评估句中主语"是否可以被纳入最聪明的柏林人俱乐部"的时候,"才 15 岁"可能会隐含说话人负向的评价(也许这个俱乐部成立的初衷是针对成年人的）；而"已经通过高考"可能会隐含说话人的正向评价（这是主语"她"足够聪明的证明）。

另外，Stede（2004：268）指出，在实际语用当中，连接词 aber 与表达让步关系的单义联结副词在第二个小句中共同出现的情况并不罕见。

5.2.2.9　与 aber 语义交集最多的连接词

本节要讨论的是与连接词 aber 语义上交集最多的连接词 doch 和 jedoch；其中 doch 在口语中可能被轻读也可能被重读，被重读的 doch 在下文中会以大写，即"DOCH"的形式体现。

Brauße（1983a：36）认为，aber 与 jedoch 之间只有语言风格上的区别。在书写过程中，如果使用 jedoch，那么会显得更高雅一些，但如果在口语中使用 jedoch，那么会显得说话人有点过分讲究（ebd.：37）。根据 Breindl 等人（2014：535）的观察，jedoch 在曼海姆德语口语语料库（Mannheimer Korpora gesprochener Sprache）中确实很少出现。Brauße（1983a）还提到过，对连接词 jedoch 来说适用的规则基本上也对连接词 doch 适用（ebd.：37）。在 Fischerová（1979：49）和 Helbig（1988：118）看来，连接词 aber、doch 和 jedoch 为同义词，两位学者甚至没有提及三个词作为连接词使用时的不同之处。在现有的语法书中，三个词也被视为同义词，其中几乎找不到关于三个词区别的说明，只是强调三个词在句中可能出现的位置不同（Weinrich 2007：814；Duden 2009：623；Helbig & Buscha 2001：394f. 563）。然而，根据 Breindl 等人（2014）以及 Métrich 和 Faucher（2009）的观察，三个词在实际语用当中还是存在值得注意的区别的。

Breindl 等人（2014：534f.）以及 Métrich 和 Faucher（2009：543）在他们分析的语料中，没有找到任何连接词 jedoch 被用来单纯标记话题转换的情况，也没有找到任何该连接词出现在对话中用以反驳对方观点的情况。但 Breindl（2008：46）曾提到，位于 NE 位置的 jedoch 跟 aber 和 allerdings 一样，都可以标记话题转换。而根据 Métrich 和 Faucher（2009：538f.）的观察，连接词 jedoch 在表达对立比较或者让步关系的时候，才会经常出现在 NE 位置。可见，对于 jedoch 究竟能否被用来单纯地标记话题转换的问题，学界仍存在争议。Breindl 等人（2014：535）认为，连接词 jedoch 是否可以被用来衔接不同的言语行为，是个仍待研究的问题。此外，Breindl 等学者还提到，与连接词 aber 相比，连接词 jedoch 在论证性上下文中更加强调其所引入论点

（即第二个小句中论点）的重要性（ebd.：536）；也是因为这个原因，Breindl 等学者认为，jedoch 很难与 wenigstens、zumindest 或者 immerhin 一类带有表达知足、制造安慰效应的副词联用（ebd.）。从句法上看，与连接词 aber 不同的是，连接词 jedoch 除了位于零位、中场、外置位（较少见）之外，还可以出现在句子的前场（ebd.）。

　　与 jedoch 相比，doch 这个词本身的用法纷繁复杂，Breindl 等学者称其为"多重异质性"（mehrfach heterosem）词汇（ebd.：536）。这也导致该词在翻译的过程中可能会对应其他语种的多种表达方式（Sekiguchi 1977:4f.；Cárdenes Milán 1997:98ff.）。

　　除了作连接词之外，doch 还可以作为回复词使用。在这种情况下，doch 需要被重读，前一个说话人的语言表达中通常带有否定成分，比如以否定疑问句或反义疑问句（附加疑问句）的形式出现，后一个说话人用 doch 来回应对方的表达，表示肯定的意味。但与 ja（相当于中文的"对、是的"等等）相比，doch 作为回复小品词使用时带有驳斥或争辩意味；此外，前一个说话人的语言表达也可以不带有否定成分，此时后一个说话人用 doch 来回应对方，以表达强烈的认可或证实对方的观点（Helbig 1988:117f. Cárdenes Milán 1997:91；Métrich & Faucher 2009:211ff.）。

　　另外，doch 也可以做情态小品词使用，此时 doch 出现在句子中场，且不能被重读（Weydt 1979b:397f.；Helbig 1988:111ff.；Diewald & Fischer 1998:92f.；Métrich & Faucher 2009:211f.）。在不同上下文中，该情态小品词可以用来提醒对方某事其实是熟知的，只是被忘记了；用来加强某个要求的迫切性（可能带有责备、不耐烦或者生气的意味）；但也可以用来弱化某个要求的迫切性（带有安慰对方、向对方示好的意味）；还可以用来加强肯定语气（表达某个观点无可争辩）；亦或是表达惊讶、表达某个愿望的迫切性等等（Doherty 1982；Burkhardt 1982:95ff；Helbig 1988:111ff；Cárdenes Milán 1997:93f.；Métrich & Faucher 2009:230ff）。

　　作为连接词使用时，doch 衔接的复合句在某些情况下可能被理解为因果关系；此时第二个小句会以动词第一位的语序出现，doch 出现在第二个小句的中场，且不被重读（Brauße 2001:167ff.；Métrich & Faucher 2009:242ff.；Breindl et al. 2014:538）。

　　在上述情况下，doch 显然不能被看成连接词 aber 的功能等价词。在其他情况下，虽然 doch 与 aber 的功能有较多交集，也不意味着二者在实际语用中完全等价。

根据 Breindl 等（2014：539）的观察，doch 与 aber 相比，不太适合出现在表达对立比较的上下文中；与 jedoch 不同的是，连接词 doch 完全可以被用来衔接两个不同的言语行为（ebd.：540）；当 doch 作为连接词使用且不被重读的时候，可以出现在零位或者句子的前场（ebd.：538）。Métrich 和 Faucher（2009：250）还提到，与 aber 不同的是，doch 只能衔接同一个说话人产出的语言表达。

需要注意的是，当 doch 作为连接词使用时，也有可能被重读。Breindl 等（2014：537f.）以及 Métrich 和 Faucher（2009：216ff.）都认为，被重读的 DOCH 可以出现在表达让步关系的复合句中，如例（126）所示：

(126) Es war verboten, aber ich habe es **DOCH** getan.
　　　这件事是被禁止的，但我还是做了。

（Breindl et al. 2014：538）

Breindl 等人（2014：538）认为，被重读的 DOCH 表达让步含义的用法衍生于这个词位本身表达肯定意味的功能，并指出被重读的 DOCH 可以单独出现在句子的前场或中场；或者与连接词 und 搭配使用，紧随 und 其后引入第二个小句，此时第二个小句以 und DOCH 开头（ebd.：537）；或者在主从复合句中与前一个小句中表达让步关系的从属连词呼应，出现在第二个小句的中场（ebd.：537f.；Métrich & Faucher 2009：218, 224f.；Graefen 1999：120f.）。

此处值得一提的是，一个出现在句子中场的、被重读的 DOCH 究竟是否可以被视为连接词，是一个有争议的问题。例如，Pasch 等（2003）把这种类型的 DOCH 视为情态小品词：

Doch im Mittelfeld ist nicht als Konnektor zu interpretieren, sondern als Ausdruck eines einstelligen Funktors—vgl. *Ich wollte eigentlich nicht mitmachen, aber ich habe es dann DOCH getan.*；[...].

汉译：出现在句子正常的 doch 是不能被看作连接词的，而应该被看作只对其所在的一个句子的内容起作用的功能词——例如：我其实不想参与这件事，但我后来还是做了。

(Pasch et al. 2003:515)

Ein einstelliger Funktor ist die Bedeutung von *doch* in den folgenden Fällen:

[...]

[Du wolltest doch nicht mehr Tennis spielen.] Hast du es nun DOCH wieder versucht?

[Du wolltest ja nicht mitkommen, aber] komm mal lieber DOCH mit!

汉译：在下列情况中，doch 只对其所在的一个句子的内容起作用：

[⋯⋯]

（你说过你不再想打网球的。）你现在又要尝试打网球了吗？

（我知道你本来是不想来的，但是）你还是一块儿来吧！

(Pasch et al. 2003:679)

Pasch 等人(2003:515,679)认为，所有上述引文中出现的位于句子中场且被重读的 DOCH 都在表达一种双重否定，即否定假设中的否定。而 Brauße(2001)认为，在这种情况下，DOCH 理应被李视为连接词，与其他连接词不同的是，"被衔接的两个句子不必都被说出来"(ebd.：154)。Métrich 和 Faucher(2009:216ff.)也认为，被重读的 DOCH 作连接词使用时，其引入的立场 B 与立场 A 相反，且立场 A 没有被明说出来，例如"Er will es nun DOCH versuchen"（他现在又想尝试了），意味着主语"他"之前不想尝试，期间改变了想法，现在又想尝试了。

根据本书第 1.1 节对"连接词"的定义，关于上述争议，笔者的观点如下：若被重读的 DOCH 出现在某个句子的中场，且由 DOCH 预设的相反立场在上下文中没有以语言实体的形式出现，那么 DOCH 只能被看作小品词，辐射范围也只是其所在的一个小句，例如"Er hat es DOCH getan"（他还是做了这件事）；但若这个相反的立场以语言实体的形式出现，那么 DOCH

可以被视为连接词,其辐射范围是前后两个小句。在后一种情况下,复合句
有可能表达让步关系,且可与其他表达让步关系的连接词搭配使用,如例
(127)所示:

(127) Er wollte eigentlich nicht mitmachen,**aber** er hat es
dann〔**DOCH**〕getan.
他其实不想参与,但后来还是做了。

需要注意的是,当由 DOCH 预设的相反立场在上下文中被言明时,
DOCH 不一定表达让步关系,因此不一定可以被视为连接词 aber 的功能等
价词,例如,DOCH 可以在对话中被用来直接反驳对方的立场:

(128) A:„Die Erde bewegt sich um die Sonne.“
B:„Das ist nicht wahr!“
A:„DOCH!/Sie bewegt sich DOCH um die Sonne.“
说话人 A:"地球围着太阳转。"
说话人 B:"这不是真的!"
说话人 A:"就是! /地球就是围着太阳转的。"

(Brauße 2001:155)

上例中的 DOCH!(就是!)相当于 Das ist DOCH wahr!(这就是真的!)
这个完整的句子。Brauße(2001)把在诸如例(128)的情况下 DOCH 单独成
句出现的情况视为"省略式的连接词用法"(ebd. :155),并指出,还有其他的
连接词也有类似的省略式用法,比如连接词 deswegen(因此/因为这个)。但
如果将例(128)的 DOCH 换成 aber,显然是行不通的。

Graefen(1999:117)曾在其文章中提到过一个有趣的例子,即 doch 出现
在作家君特·格拉斯和他的学生们的对话之中。学生们想与格拉斯讨论他
在其长篇小说《狗年月》中描述黑色的用词,比如"Regenschirmschwarz(直
译:雨伞黑)""Schneeschwarz(直译:雪黑)"等等,如下所示:

S1：Ich wollte noch mal auf das Wort Regenschirmschwarz.

学生 1：我还想提一下 Regenschirmschwarz(雨伞黑)这个词。

Grass：Ja.

格拉斯：嗯。

S1：［...］ich habe die Vorstellung, Sie wollten **doch** damit dem Leser wirklich sagen, daß der Hund schwarz war.

学生 1：我想,您**确实**是想借此告诉读者,那条狗是黑色的.

Grass：Ja.

格拉斯：是的。

S1：Und da kann man **doch** aber, ich weiß nich, wenn Regenschirm Regenschirm kann ich mir noch schwarz vorstellen, s is n Herrenregenschirm, aber ne Zitrone is **doch** nie schwarz. Wenn man wirklich sagen will, kann man **doch** mit mehreren Formen das auch sagen, daß der Hund schwarz is, aber man braucht **doch** nich so ein Extrem bringen, schneeschwarz.

　　学生 1：那您**完全**可以,我也不知道啦,如果是雨伞的话,那我还可以想象它是黑色的,可能是把男士雨伞,但**众所周知**柠檬从来也不是黑的。如果您真的想说狗是黑色的,那您**当然**可以用很多种语言形式来表达,但不必说狗是"雪黑"的,这种语言表达方式**确实**是太极端了。

　　S2：schwarz is **doch** nur n Wort....

　　学生 2：(众所周知)"黑"只是个词而已……

(Graefen 1999:119)

　　Graefen(1999)认为,学生 1 在其发言中运用了五次 doch 来表达他自己关于语言运用的知识与《狗年月》中的语言运用方式不一致(ebd.：119)。每当用到 doch 这个词的时候,学生 1 都想引入一个他自认为可以被在场所有人都公认有效的论点(ebd.)。换言之,在 Graefen 看来,学生 1 想通过 doch 这个词同时表达两层含义:第一,他所持的观点众所周知;第二,他所持的观点与格拉斯的想法相悖。因为格拉斯的想法在上下文中并没有以语言实体的形式出现,因此,学生 1 的语言表达中出现的 doch 按照本书第 1.1 节的定义不能够被视为连接词。

Graefen 还指出,学生 2 在其语言表达中所运用的 doch 也同时有两个功能。一方面,学生 2 对前文中学生 1 表明的立场进行了反驳(ebd.:119f.);需要注意的是,学生 1 的立场是以语言实体的形式出现的,因此,学生 2 的语言表达中出现的 doch 可以被视为连接词。另一方面,学生 2 也想通过 doch 来提醒学生 1 一个众所周知的点,那就是作家在文学创作方面享有自由(ebd.)。

鉴于此,Graefen 认为,一个出现在对话中的 doch 可能会同时承担下列两个功能:

- 对与自己的立场相反的观点或与自己认知相悖的行为表示抗议;
- 重新建立共同的认知基础,以此解决矛盾。

(Graefen 1999:120)

实际上,Cárdenes(1997:95ff.)比 Graefen 更早提到过类似的观点。笔者认为,由此引发的一个问题对本书的研究对象十分重要,值得思考:在上例中,学生 2 的语言表达中出现的 doch 能否被视为连接词 aber 的功能等价词? 因为连接词 aber 也可以出现在对话中,标记说话人对上一个说话人语言表达正确性或恰当性的反驳,如例(129)的改写所示:

(129) S1: [...] man braucht doch nicht so ein Extrem bringen, schneeschwarz.

S2: *Schwarz* ist **aber** nur ein Wort.

学生 1:[...]您不必说狗是"雪黑"的,这种语言表达方式确实是太极端了。

学生 2:但"黑"只是个词而已。

根据汉译也能看出,当把 doch 替换成 aber,可以确定的是,原文中学生 2 对学生 1 的观点所表达的反驳之意不变;然而,提醒学生 1 文学创作者享有自由这层含义丢失,因为连接词 aber 本身并没有提醒对方注意某个众所周知的事这一功能。在类似的上下文中,doch 究竟能否被看作 aber 的功能等价词,是个值得深入研究和探讨的问题,笔者在此先不下定论。

5.3　连接词 aber 在各个使用类型中的功能等价词汇总

本节以表格的形式对前几节的讨论结果进行归纳,总结连接词 aber 在各个使用类型中的功能等价词。其中,各个连接词在句中可能出现的位置以缩写的形式(NULL、NE、VF 等等)出现在"功能等价词"一列的括号之中(对各个位置的详细解释见 5.2.1),其中从属连词无位置说明,因为其位置固定,位于从句句首。

在评价性或议论性上下文中,部分连接词所引入的小句信息分量较轻,而部分连接词所引入的小句分量较重,还有部分连接词衔接的两个小句的分量一样重;有些连接词对其引入的小句中所包含的说话人的评价倾向(是正向还是负向)有要求,有些对此没有要求,这些细微的差别会与其他需要注意的信息一起记录在表格的"备注"一列。"功能等价词"一列中的 p 代表复合句中的第一个小句;q 代表复合句中的第二个小句";"?"代表某连接词在某个上下文中的用法在学界仍有争议。

表 4　连接词 aber 在不同使用类型中的功能等价词汇总表

类型	功能等价词	备　注
I 对立 比较	**联结副词** aber (Null, NE, MF) ander (er) seits (NE) allerdings (NE) dagegen/hingegen/demgegenüber/dementgegen (VF, NE, MF) doch (Null) (hin) wiederum (VF, NE) indes (sen)/währenddessen (VF, NE, MF) jedoch (Null, NE, MF) wieder (NE) **从属连词** indes (sen), während (dessen), wo (hin)gegen	根据 Breindl 等学者的观察,doch 不常出现在表达对立比较的上下文中(Breindl et al. 2014:539)。

（续表）

类型	功能等价词	备　注
Ⅱ 让步关系	**联结副词** aber (Extra, Null, NE, MF) ander (er) seits (VF) doch (Null, VF) DOCH (Extra, Null, VF, MF) dennoch/trotzdem/gleichwohl/ nichtsdestotrotz/ nichtsdestoweniger etc. (Extra, VF, MF) jedoch (Extra, Null, VF, NE, MF) zwar/freilich (VF, MF) p, aber/doch/jedoch etc. q **从属连词** obwohl, obschon, obzwar, obgleich, auch wenn, wenn (…) auch	根据 Breindl 等（2014：537）的观察，DOCH 在表达让步关系且出现在外置位、零位或者前场的时候，其前可能会同时出现连接词 und。
Ⅲ 补偿性对立	aber (Null, MF) doch (Null, VF) jedoch (Null, VF, MF)	1. 本组连接词对其所引入的小句中应该隐含说话人的正向还是负向评价没有特殊要求。 2. 连接词引入的小句信息分量较重。 3. 从语言风格上讲，jedoch 比 aber 更高雅一些。
	allerdings/freilich (Extra, VF, MF) ander (er) seits (Extra, VF, MF) dafür (VF) einerseits…ander (er) seits/zum einen…zum andern/ einesteils…andernteils (VF, MF)	1. 本组连接词对其所引入的小句中应该隐含说话人的正向还是负面评价没有特殊要求。但根据 Brauße（1983a：35）的观察，在使用 dafür 时，说话人可能更倾向引入一个包含正向评价的小句。 2. 前后两个小句信息分量一样重。
	bloß/nur (Extra, Null, VF, MF) bloß dass/nur dass（从属连词）	1. 连接词引入的小句需要包含说话人的负向评价（一）。 2. 连接词引入的小句信息分量较轻。

（续表）

类型	功能等价词	备　注
	immerhin (Extra, VF, MF)	1. 连接词需要引入一个包含说话人正向评价的小句。 2. 连接词引入的小句信息分量较轻。
	?dagegen	该连接词是否可以表达补偿性对立在学界仍有争议。
	freilich/zwar（VF, MF） p, aber/doch/jedoch etc. q	
Ⅳ 叠加拓展关系	aber (Null, MF)	此时连接词 aber 需要与一个表示叠加的聚焦小品词（比如 auch)联用。
Ⅴ 计划受阻	**联结副词** aber (Null, NE, MF) allein/bloß/nur (Extra, Null, VF) allerdings (VF, MF) doch (Null, VF) jedoch(Null, VF, MF) **从属连词** bloß dass/nur dass	
Ⅵ 限制前一说法的正确性或恰当性	**联结副词** aber(Null, MF) allerdings/freilich/zwar(VF, MF) bloß/nur(Null, VF, MF) doch(Null, VF) **从属连词** bloß dass/nur dass	根据 Métrich 和 Faucher（2009：165,671）的观察,bloß 和 nur 出现在零位的情况仅限于口语表达。当它们出现在句子中场的时候,大部分情况是作聚焦小品词而不是连接词使用(Breindl et al. 2014: 560; Métrich & Faucher 2009:166,668)。
Ⅶ 双重对立	aber(Null) dafür(VF) ?dagegen immerhin(VF)	1. 连接词 dagegen 究竟能否用来表达双重对立,在学界仍有争议。 2. Brauße(1983a:30)指出,在使

类型	功能等价词	备 注
		用 immerhin 表达双重对立时，前后两个小句都要包含说话人的正向评价。
Ⅷ 否定前句的交流意义	aber(Extra, Null) allein/bloß/nur(Extra, MF) allerdings(Extra, MF) doch(Null) ?jedoch	连接词 jedoch 能否衔接两个完全不同的言语行为，在学界仍有争议。
Ⅸ 反驳对方语言表达的正确性或恰当性	aber(Null) allerdings(VF, MF) ?doch(MF)	1. 用连接词 allerdings 比用 aber 更委婉一些或更不容易使对方受伤(Koch-Kanz & Pusch 1977:97)。 2. 出现在对话中，且位于中场的 doch 是否可以被视为连接词 aber 的功能等价词有待进一步探讨。
Ⅹ 标记话题转换	aber(NE, MF) allerdings/ander(er)seits/andernteils/freilich/ (hin)wieder(um)(NE) ?dagegen, ?hingegen, ?jedoch	连接词 dagegen、hingegen 和 jedoch 是否可以被用来单纯标记话题转换，在学界仍有争议。
Ⅺ 互斥选择关系	aber(Null, MF)	此时连接词 aber 需要与 oder 联用，以 oder aber 的组合形式出现。

第 6 章

语料库分析过程及结果

6.1 建库

在实证研究阶段,为了观察连接词 aber 及其功能等价词的用法,笔者自建了一个对外德语教材语料库。对外德语教材指的是德语区的教材编纂者针对德语学习者编写的语言教材。之所以以对外德语教材为基础建设语料库,是出于以下两方面的考量:第一,这类教材的编纂者为德语区专家,与其他地区出版的教材相比,其中的德语语用可能更地道;第二,教材中出现的阅读文章涉及日常交流用语、新闻、文学作品、德语科学文献等不同体裁,每篇阅读文章的作者不尽相同,教材中的文章也涉及诸多语域,与选取某部作品或者某个特定语域的文章相比,以教材文章为基础建立语料库可以避免个别作者独特的语用习惯或者语域的单一对研究结果造成的负面影响。笔者经过翻阅,发现对外德语初级阶段的教材大多以德语语音语调的传授及简单句的构造为目标,较少涉及复合句。本书的研究对象在德语中高级教材中的出现频率较高,因此,笔者决定在现有的对外德语中高级教材中选取具有代表性的出版物,并以此为基础搭建语料库。

笔者在选取有代表性的教材时,主要考虑了三个因素:第一,教材的出版时间,笔者希望尽量选用出版年份较晚、时效性较强的教材;第二,教材编纂者希望帮助德语学习者达到的语言水平,笔者想尽可能地收集各个语言水平的教材;第三,教材内容的专业度,笔者既希望可以观察到日常所见体裁中出现的连接词 aber 及其功能等价词的用法,也希望可以观察到它们在相对专业的科学用语中的用法。经过对笔者能够接触到的对外德语中高级教材的筛选，最终有五种教材被选为语料库数据来源。

其中《走进德国》(*Aspekte Neu*)是笔者在实证研究阶段能够找到的时效性最强的对外德语通用教材，该教材由德国最大的教材出版社之一柯莱特(Ernst Klett Verlag)出版，共有三册，期望帮助德语学习者达到的语言水平分别为 B1＋、B2 以及 C1，其中的阅读文章主要涉及日常交流用语、新闻、文学作品等体裁；《理解科学用语》(*Wissenschaftssprache verstehen*)是笔者能够找到的时效性最强的、以德语科学用语为学习目标的教材，期望帮助学习者达到 C1＋水平，与前三种教材出自同一出版社，属于该出版社推出的《科研德语》(*Deutsch für das Studium*)系列教材的一员。在翻阅了这本教材之后，笔者认为，该教材中实际出现的内容比其名称中提到的"科学用语"要宽泛很多。教材前两章描述了大学生们需要了解的德国高校体系内的"生存法则"，比如给教授写邮件时需要遵循哪些约定俗成的规则，如何使用现存的德语语料库来辅助学习或研究等等。在前两个部分结束之后，后面的章节才开始对科学文献中经常出现的语言结构进行解析，伴随以科学文献节选为基础的阅读练习。《学术德语》(*Wissenschaftssprache Deutsch*)是由国际知名学术出版社彼得朗(Peter Lang)出版的教材，以提高学生学术阅读与学术写作能力为目标。该教材的时效性虽然不是最强的，但其中只涉及学术德语内容，因此其内容的专业度是最强的，同时，该教材期待帮助德语学习者达到 C2(精通)水平，这也是《欧洲语言共同参考框架》以及《德语语言大纲》①中描述的最高水平。

在选定上述五种教材之后，笔者首先将其扫描成图片或 PDF 格式，然后借助文字识别软件"ABBYY FineReader"对五册教材进行了数字化处理，使其变成 Word 文档，成为机器可读可搜的电子数据。之所以选用 ABBYY 这款软件，是因为其在识别德文字符方面具备较高的可靠性。即便如此，由于扫描图片的质量或分辨率不尽相同，仍然有些许识别错误出现，例如，德文字母"r"和"n"以"rn"的形式前后紧挨着出现的时候，很容易被识别成"m"。在进行正式的数据整理和分析之前，笔者首先有选择性地手动纠正了这些识别错误。只有当某个错误会对实证研究结构产生实质性影响时，识

---

① 对此大纲的介绍参见姚燕(2012)；邹申、张文星、孔菊芳(2015)；孙娟、蒲志鸿(2021)。

别错误才会被纠正;其他无关紧要的识别错误,比如特殊符号、人名、外文字符等错误,因为不影响研究结果,所以没有纠正。另外,笔者手动删除了所有的连字符号,以免在后期通过软件搜索某个连接词的过程中因为连字符的出现影响检索结果。借助 Word 软件的字数统计功能可知,上述五册教材共包含大约 224 500 个形符(Token)。

6.2 数据处理和评估

在拿到原始数据(经过数字化处理的五种教材)之后,笔者分四步对原始数据进行了分析。

在第一步中,笔者首先仔细阅读了这五种教材中出现的所有文本,包括阅读文章、题目要求、语法解析、习题等所有模块。在阅读的过程中,找出了所有带有连接词 aber 或其功能等价词的复合句,并联系上下文信息对其中连接词的使用类型按照本书第 4 章的总结进行认定,然后将找到的例证复制粘贴到 Word 表格之中,并同时记录某连接词使用类型的编号(详见表 4 中各个使用类型的编号)、在教材中出现的位置(第几页,第几行等等)以及在句子中的句法位置(Null、MF 或 NE 等等)。在收集例证的时候,笔者并没有只记录某连接词及其衔接的两个复合句,而是把所有对确定该连接词使用类型有帮助的上下文信息也一并复制粘贴到 Word 表格当中。

笔者在搜集例证的过程中发现,实际语用中连接词所衔接的两个小句不一定是前后紧挨着出现的。在这种情况下,两个小句之间对认定连接词使用类型无用的信息被笔者省略掉,并用省略符"[...]"标出。某些情况下,为了更好地理解复合句,需要笔者概括前文中出现的背景信息、标注某篇文章的主题、解释句中指代成分的含义、对某些外来词的含义添加注释等等,这些附加信息均被置于中括号内。另外,有些段落中会频繁出现连接词 aber 或其功能等价词,且前后几个复合句之间的语义关系也比较密切,不方便拆分,在这种情况下,笔者会把整段文本复制粘贴,整个段落会被统一标号(如数字 41),其中接连出现的几个连接词会被以字母的形式进行更加细致的标号(如 41a、41b、41c 等等)。

为了使读者更加直观地了解搜集例证的过程,笔者选取例证库中的一段进行展示:

表 5 例证搜集表节选

例证来源：Aspekte neu B1＋ Lektion 2						
例证标号	例证	连接词标号	使用类型	句法位置	在教材中出现的位置	备注
41	Ich verstehe mich （a）**zwar** ganz gut mit meinen Eltern und meiner Schwester, **aber** mein Zimmer wird mir langsam *doch* zu eng. Das Geld wäre （b）**zwar** knapp, denn während der Ausbildung verdiene ich natürlich nicht so viel, **aber** ich hätte endlich meine eigenen vier Wände. （c）**Andererseits** müsste ich dann auch alles alleine machen，［…］.	（41 a）zwar... aber	III	zwar MF aber NULL	34/L. /4	*doch*: Modalpartikel（Verweis auf gemeinsames Wissen）
		（41 b）zwar... aber	III	zwar MF aber NULL	34/L. /5	
		（41c）andererseits	III	VF	34/L. /7	

在每张表格的第一行会有关于“例证来源”的说明，这一行记录的是例证来自哪本教材（的第几单元）。“在教材中出现的位置”一列，依次记录的是连接词在教材中出现在第几页/什么部分/第几行，例如表 5 最后一行的内容“34/L. /7”代表连接词 andererseits 出现在第 34 页阅读文章（L. 代表的是 Lesetext，即阅读文章）的第 7 行。在将例证复制粘贴到 Word 表格的过程中，每个例证所涉及的连接词用加粗的形式标出，比如表格中的 **aber**、**zwar... aber** 以及 **andererseits**。如果例证中出现了某个本书中重点研究的词，但该词并不是作为连接词 aber 的任何功能等价词出现，那么该词将会以加粗斜体的方式标出，比如表格中的 *doch*；同时，在“备注”栏会写明该词汇的具体用法。

在阅读语料的过程中，笔者发现，教材中多处出现带有连接词 aber 或者其功能等价词的语言模板/构式，比如“ich kann verstehen, aber...”（我可以理解，但是……），当这些语言模板/构式中出现的连接词不止有一种使用类型且连接词后的小句待补充时，笔者无法确定其中所涉及的连接词具体属于哪种使用类型。在这种情况下，笔者会在“使用类型”一列输入一个问号（?）。

在第 5.2.2.9 节末,笔者讨论了 doch 在对话中出现且位于句子中场的情况,即 doch 究竟该不该被认定为连接词 aber 的功能等价词值得进一步讨论,因此笔者在之前的章节中并未给出定论。这类例证在笔者分析的教材中也有出现,因此笔者在"使用类型"一列输入感叹号(!)。另外,在笔者收集的所有例证中,有一定比例的 aber 或其功能等价词无法对应本书总结的 11 种使用类型其中的任何一个。在这种情况下,笔者在"使用类型"一列输入缩写"n. d. ",对应德语"nicht definiert",以代表该连接词的使用类型是未知的或尚未被其他学者定义或描述过。同时,笔者会在"备注"一栏对这些新的使用类型进行简单描述(新定义的使用类型见6.3.1)。

在上述分析工作结束之后,笔者得到了阶段性成果,一个临时的例证库,包含 824 个带有连接词 aber 或其功能等价词的复合句。但由于所有的例证都是笔者边阅读边搜集的,难免有遗漏的情况出现。为了提高实证研究的"信度"(Reliabilität)(Grotjahn 1993:234ff. ; Caspari 2016:16f.),在接下来的查漏补缺阶段,笔者借用 Microsoft Word 的词汇搜索功能,对本书中所有重点研究的连接词进行检索。在检索的过程中,为了不遗漏任何例证,笔者兼顾了同一个单词在德语中的不同写法,比如"bloß"一词在瑞士德语中习惯写作"bloss",所以在检索"bloß"这个连接词时,笔者也会输入"bloss"这个写法进行搜索。在进行了上述检索以及校验之后,笔者找到了在第一步手动收集例证的过程中被遗漏的 25 个复合句。这 25 个例证被补充进先前建立的临时库之中,最终形成的完整的由 849 个例证组成的例证库。在查漏补缺之后,为了增强研究结果的可信度,笔者在第三步对所有 849 个例证中连接词的使用类型进行了两轮校验。在经历了这个步骤之后,笔者发现绝大多数连接词在具体的上下文中是没有歧义的,只有 6 个例证被认定为是有歧义的情况(详见本书第 6.3.2 节介绍)。

在上述三步的质性分析结束之后,笔者在最后一步将语料库中的元数据导入 Excel 表格中,以便后续开展量化分析。导入 Excel 表格的元数据包括所有例证中涉及的连接词、连接词的使用类型以及连接词所处的句法位置。此外,笔者还在 Excel 表格中加入了"数据源"一列,用于记录各个连接词出于哪本教材,如图 9 所示。

1					元数据库	
2	编号	连接词	使用类型	句法位置	备注	数据源
3	1	trotzdem	Ⅱ	VF		Aspekte neu B1+ Lektion 1
4	2	aber	Ⅱ	MF		Aspekte neu B1+ Lektion 1
5	3	allerdings	n. d.	VF	Nachtrag einer unwirksamen Prämisse	Aspekte neu B1+ Lektion 1
6	4	aber	?	NULL		Aspekte neu B1+ Lektion 1
7	5	trotzdem	Ⅱ	MF		Aspekte neu B1+ Lektion 1
8	(6a)	doch	V	NULL		Aspekte neu B1+ Lektion 1
9	(6b)	aber trotzdem	Ⅱ	MF		Aspekte neu B1+ Lektion 1

图 9　元数据库节选

借助 Microsoft Excel 的筛选功能以及各类函数功能,笔者可以统计各个连接词在语料库中出现的相对频率、各个使用类型出现的相对频率、某连接词不同使用类型出现的相对频率、某连接词在不同句法位置出现的相对频率、某连接词在不同语言水平的教材中出现的相对频率,等等。

6.3　结果呈现

6.3.1　新发现的连接词 aber 的使用类型

6.3.1.1　使用类型Ⅻ:补充说明未发挥实际作用的前提条件

例证:

(130a) Es gibt ja Verrückte, die holen noch gute Lebensmittel

aus den Containern von Supermärkten und Brotfabriken.
Aber offiziell ist das verboten.

总是有些疯狂的人，他们从超市或者面包厂的大垃圾
箱里找出还能吃的食物来，但这其实是被明令禁止的。

(Aspekte neu B1＋, S. 45)

在上述例句中，连接词 aber 引入的不是一个与人们的期待相违背的结
果，而是一个没有发挥作用的前提条件。该使用类型与连接词 aber 表达"让
步关系（类型Ⅱ）"以及表达"计划受阻（类型Ⅴ）"的用法有相似之处，三者都
可以在"认知层面"进行阐释，表达的都是前后两个小句中的事实同时成立
有悖于常识。然而，类型Ⅻ与其他两个使用类型的不同之处在于，前后两个
小句之间隐含的逻辑关系不一样。当用字母 p 来代指复合句中前一个小句
的内容，用字母 q 来代指复合句中后一个小句的内容，那么类型Ⅱ（让步关
系）中前后两个小句之间隐含的关系可以写作"通常情况下，如果 p 成立，那
么 q 不成立"；类型Ⅴ（计划受阻）中前后两个小句之间隐含的关系为"理想
情况下，如果 p 成立，那么 q 成立"；而在类型Ⅻ中，前后两个小句之间的关
系为"如果 q 成立，那么通常情况下/理想情况下 p 不成立"。也就是说，类
型Ⅻ的逻辑方向与类型Ⅱ和Ⅴ的逻辑方向相反，这种相反的逻辑方向可以
通过如下改写被非常直观地展现出来，其中星号 * 代表某个句子不合规：

类型Ⅻ：补充说明未发挥实际作用的前提条件

由连接词 aber 衔接的复合句：

(130a) Es gibt ja Verrückte, die holen noch gute Lebensmittel
aus den Containern von Supermärkten und Brotfabriken.
Aber offiziell ist das verboten.

总有些疯狂的人从超市或者面包厂的大垃圾箱里找
出还能吃的食物来，但这是被明令禁止的。

(Aspekte neu B1＋, S. 45)

用表达让步关系的单义联结副词改写：

(130b) * Es gibt ja Verrückte, die holen noch gute Lebensmittel
aus den Containern von Supermärkten und Brotfabriken.

Dennoch ist das offiziell verboten.

* 总有些疯狂的人从超市或者面包厂的大垃圾箱里找出还能吃的食物来，**尽管如此**，这是被明令禁止的。

(130c) Es ist offiziell verboten. **Dennoch** gibt es Verrückte, die noch gute Lebensmittel aus den Containern von Supermärkten und Brotfabriken holen.

这是被明令禁止的，**尽管如此**，有些疯狂的人从超市或者面包厂的大垃圾箱里找出还能吃的食物来。

类型 II ：让步关系

由连接词 aber 衔接的复合句：

(131a) Gestern hat sie wieder für Nele geputzt, heute ist **aber** schon wieder alles dreckig.

昨天她才为尼勒打扫了房间，然而今天所有的东西又脏了。

（Aspekte Neu C1, S.17）

用表达让步关系的单义联结副词改写：

(131b) Gestern hat sie wieder für Nele geputzt, **dennoch** ist heute schon wieder alles dreckig.

昨天她才为尼勒打扫了房间，**尽管如此**，今天所有的东西又脏了。

(131c) * Heute ist schon wieder alles dreckig. **dennoch** hat sie gestern wieder für Nele geputzt.

* 今天所有的东西又脏了，**尽管如此**，昨天她才为尼勒打扫了房间。

由上述改写及其汉译的可接受度可知，当用表达让步关系的单义联结副词 dennoch 去改写由 aber 衔接的、属于使用类型 XII 的复合句时，dennoch 需要引入原句中的第一个小句才能合规——例（130c）合规，但例（130b）不合规；而当用 dennoch 去改写属于类型 II 的复合句时，dennoch 需要引入原句中的第二个小句才能合规，因为很明显例（131b）合规而例（131c）不合规。

需要注意的是，(130a)可以被改写成(130c)，并不代表二者之间是完全等价的；Mann 和 Thompson(1988：254f.)认为，让步关系的信息重点落在预料之外的结果上。笔者赞同两位学者的观点，认为例(130c)的信息重点落在"有些疯狂的人从超市或者面包厂的大垃圾箱里找出还能吃的食物来"这件事上；而例(130a)之所以会用 aber 引入未发挥作用的前提条件，即"这其实是被明令禁止的"这个事实，是因为说话人认为这个前提是非常重要或值得强调的事，这也符合连接词 aber 的特点，因为 aber 引入小句中的信息通常被认为是前后两个小句中比较重的那一个。

另外，属于使用类型 XII 的例(130a)可以在调换前后两个小句的位置之后被改写成让步关系，并不代表属于类型 XII 的任意复合句都可以做类似改写。(130a)之所以可以被改写成可以被接受的让步关系，是因为前后两个小句之间恰好存在"通常情况下，如果 q 成立，那么 p 不成立"这个隐含的逻辑关系。事实上，属于类型 XII 的复合句中也可能会隐含"理想情况下，如果 q 成立，那么 p 不成立"这个关系，例如"Er fand keinen Job, aber er wünschte sich eine gute Arbeitsstelle"(他没找到工作，但他其实希望自己有个好岗位。)。因为"心想事成"本来就是人们美好的愿望，而非常理，所以在这种情况下，前后两个小句很难写成让步关系。

在笔者所收集的例证库中，共有 18 个例证所涉及的连接词可被归为这一使用类型。除了连接词 aber(共出现 6 例)以外，allerdings(6 例)、doch(2 例)、jedoch(1 例)以及 zwar... aber/doch(3 例)在这一使用类型中也有出现，因此，这几个连接词被认定为连接词 aber 在这一使用类型下的功能等价词。

6.3.1.2　使用类型 XIII：避免过度解读

例证：

（132）［Kontext: Tipps zur Selbstvorstellung in einem Vorstellungsgespräch］Seien Sie selbstbewusst, **aber** nicht arrogant!

［上下文信息：为参加面试提供的建议］您要有自信，但不要傲慢！

（Aspekte Neu B2, S.51）

在诸如此类的例证中,连接词 aber 的出现表示说话人想提醒听话人不要过度解读自己先前说过的话语,或者避免听话人从自己先前的话语中得出一个过分的、夸张的期待。在例(132)中,说话人首先建议参加面试的人要有自信,但是又担心要参见面试的人过度解读自己的建议,产生不理智的想法或行为,所以提醒对方不要过分自信,以避免言行举止给人留下傲慢的印象。

这一使用类型看上去与让步关系有相似之处,实则有很大区别。在让步关系中,前后两个小句之间需要隐含"通常情况下,当 p 成立,那么 q 不成立"这层根据常理可以成立的因果/条件关系。如果把这层关系套用在例(132)中,就会发现不妥之处:" * 通常情况下,当人有自信,人会傲慢"。这个条件关系显然难以让人接受,因为"自信"不代表"傲慢","自信"与"傲慢"之间也不存在"前提"与"结果"的关系。换言之,"自信"与"不傲慢"同时成立并不违背人们认知世界中的常识。而在"外面雨下得很大,但他却在外面跑步"这个让步关系中,存在"通常情况下,如果雨下得很大,人不会在外面跑步"这个根据常识成立的条件关系。

在笔者所建的例证库中,共有 16 个例证包含的连接词属于使用类型 XIII,其中涉及 11 例带有连接词 aber 的复合句,3 例带有连接词 allerding 的复合句,1 例被连接词 doch 衔接的复合句以及 1 例带有连接词 zwar… aber 的复合句。因此,这几个连接词被视为 aber 在表达"避免过度解读"时的功能等价词。

笔者认为,由 aber 衔接的这一类型的复合句既不能在事实层面进行解读(因为前后两个小句并不能找到两组对立对),也不能在认知层面进行解读(因为不存在"通常情况下,当一个人有自信,那么他会傲慢"这个常理),而是要在元层面进行解读:说话人想要通过连接词 aber 的使用把听话人的注意力吸引到后一个小句上去,提醒听话人不要对听到的话语产生过分的解读。

6.3.1.3　使用类型 XIV:雪上加霜

例证:

(133) Sebastian hat im Moment kein Geld. Das ist ihm peinlich,
　　　weil er alte Schulden bezahlen musste. Er muss **aber**

noch die Miete zahlen.

因为塞巴斯蒂安之前必须要偿还旧债,所以现在没钱,
处境很尴尬。然而,他还得付房租。

（Aspekte Neu B2，S. 77）

在这一类的复合句中,说话人会先陈述一个不太乐观的情况。在这种情况下,人们会感受到压抑或者不幸、遗憾。连接词 aber 引入的事实不会减轻,而是会增强人的这种压抑感或不幸、遗憾感。通常情况下,当人们遭遇不幸或者听说别人身上发生了不幸的事情,会期盼事情会有所好转,不要再发生其他不乐观的事情。而在由 aber 衔接的这一类型的复合句中,aber 引入的小句会打破人们的这种期望,描述一种雪上加霜的情况。鉴于此,笔者认为,使用类型 XIV（雪上加霜）与类型 V（计划受阻）之间有相似性,因为两种使用类型表达的都是人的愿望没有被实现。但与类型 V 不同的是,在类型 XIV 中,人的某种愿望、希望或者计划没有被直接表达出来,而是被暗示出来,这个不同点可以通过下面两个例子之间的对比体现出来:

类型 XIV：雪上加霜

（134）Er hat im Moment kein Geld. Aber er muss noch die Miete bezahlen.

他现在没钱,但还得付房租。

类型 V：计划受阻

（135）Er hofft, dass er kein Geld mehr ausgeben muss. Aber er muss noch die Miete bezahlen.

他希望,他不需要再花什么钱了,但他还得付房租。

在例（135）中,主语"他"的期望被直接表达出来,第二个小句中提到事实使这个被直接表达出来的希望落空。在例（134）中,说话人并没有直接描述主语"他"的愿望,而是描述了"他"并不乐观的处境。在这种不乐观的情况下,"他"通常会希望情况不要变得更糟糕,但这个希望并没有被直接表达出来,这个隐含的希望因为后一个小句中提到的事实而破灭。

笔者认为,与类型 V（计划受阻）一样,类型 XIV（雪上加霜）也可以在认

知层面进行解读,因为"雪上加霜"或"计划受阻"都与人们的愿望相悖。在这两种使用类型之下,连接词 aber 衔接的前后两个小句之间都存在"理想情况下,当 p 成立,那么 q 不成立"这层隐含的、人们期望成立的条件关系。

在例证库中,有 5 个例证包含的连接词可以被归为使用类型 XIV,其中包括 3 例由连接词 aber 衔接的复合句,1 例由 doch 衔接的复合句以及另外 1 例由 jedoch 衔接的复合句。因此,doch 和 jedoch 被视为连接词 aber 在表达"雪上加霜"时的功能等价词。

6.3.1.4　使用类型 XV:强调话语隐涵

例证:

> (136) Massagen, Kosmetikbehandlungen, Ausflüge in luxuriöse Spas und Hotels: Das sind vielleicht kleine, kostbare Fluchten oder der benötigte Ausgleich zum anstrengenden Alltag. **Aber** es ist nicht Ihr eigentliches Leben.
> 去按摩、美容、去豪华的水疗馆或者酒店里:这些可能是一些短暂且昂贵的逃离日常生活的方式或者是对让您感到疲劳的日常生活的必要补充,但这些不是您原本的生活。
>
> (Aspekte Neu C1, S. 96)

在由 aber 衔接的这类复合句中,第二个小句的内容实际上是前文的隐涵信息,"这是一种逃离日常生活的方式"或者是"这是对日常生活的必要补充"已经包括"这不是原本的生活"这层隐含信息,连接词 aber 的出现只是为了强调、提醒说话人注意这层隐涵。这种语义上的隐涵关系可以存在于诸多表达之间,比如"大多数人"包含"不是所有/不是每个人"这层隐涵,"经常"包含"不总是"这层隐涵,"提醒某人某事"包含"某人之前知道某事"这层隐涵等等。

笔者认为,在这种使用类型之中,连接词 aber 无法放到事实层面或者认知层面进行解读,因为前后两个小句中找不到两组对立对,而且前后两个小句之间也不存在"通常/理想情况下,当 p 成立,那么 q 不成立"这种隐含的条件关系,所以只能放到元层面去解读:在使用类型 XV 之下,说话人提醒听话人,前文中的某个隐涵是十分重要不容忽视的,这也是说话人组织话语的手段。

在例证库中,有 11 例复合句中的连接词属于这种使用类型,包括 7 例由连接词 aber 衔接的复合句,1 例由 allerdings 衔接的复合句,2 例由 jedoch 衔接的复合句,1 例由 zwar... aber 衔接的复合句。因此,这几个连接词可以被视为 aber 在强调话语隐涵时的功能等价词。

6.3.1.5　使用类型 XVI:比较相同点与不同点

例证:

> (137) 1883 meldete Gottlieb Daimler den ersten Einzylinder-Viertaktmotor mit Benzinverbrennung an, den er zusammen mit seinem Angestellten Wilhelm Maybach entwickelt hatte. Nicolaus August Otto hatte davor bereits einen Viertakt-Motor entwickelt, der **aber** mit Gas angetrieben wurde.
>
> 1883 年,戈特利布·戴姆勒宣布发明了第一台以汽油驱动的单缸四冲程发动机,这款发动机是他与他的雇员威廉·迈巴赫一起开发的。在此之前,尼古拉斯·奥古斯特·奥托已经开发了一款四冲程发动机,但这台发动机是以煤气驱动的。
>
> (Aspekte Neu B2, S. 196)

在这种使用类型下,两个对象的特点被拿来比较,在前一个小句中,说话人先提到二者之间的共同点,在后一个小句中,说话人又会提到二者之间的区别。比如,在例(137)中,前一个小句提到戴姆勒与奥托设计的发动机都是四冲程的,这是二者之间的共同点,而从第二个小句的信息中可知,二者有不同的驱动方式。

由 aber 衔接的这一类型的复合句与表达"对立比较"(类型 I)的复合句有相似之处,两种使用类型都涉及两个对象之间的比较;但类型 I 只涉及两个对象之间的不同点;而类型 XVI 既涉及两个对象之间相同点,又涉及两个对象之间的不同点。虽然都涉及两个对象之间的比较,但是类型 I 和类型

XVI需要放到不同的层面上去阐释。在类型 I 中,前后两个小句包含两组对立对,人们能够从说话人运用的词汇手段中直接读出对立的意味,这类复合句可以在事实层面进行阐释。但在解读属于类型 XVI 的复合句时,人们并不能从前后两个小句中找到两组呈对立关系的成分,该类型的复合句也无法放到事实层面进行解释,而只能放到元层面进行阐释:说话人企图通过连接词 aber 的使用提醒听话人,刚刚提到的两个事物之间不仅有共同点,还有不同点存在,或者提醒说话人下文中不会继续聊两个事物之间的共同点这个话题,也是一种话语组织手段。

在笔者所建的例证库中共有 10 个例证涉及的连接词属于这种使用类型,其中包含 6 例由 aber 衔接的复合句,3 例由 nur 衔接的复合句,以及 1 例由 allerdings 衔接的复合句。因此,nur 和 allerdings 被视为 aber 在该使用类型下的功能等价词。

6.3.1.6 一种存疑的使用类型:纠正关系

在本书第 3.1.3 节中,笔者曾经论证过,连接词 aber 理论上不适合用来表达纠正关系,提出了 aber 不能被 sondern 所替换的假设;并指出,这一假设是否符合实际语用,还需通过实证研究进行验证。在笔者搜集的例证中,确实有 5 个由连接词 aber 衔接的复合句可以被理解为纠正关系,且这些复合句都能够在语义不变、不删减或添加词的前提下被改写为由 sondern 衔接的句子,比如:

(138a) [Kontext: Quiz] Sie ist **nicht** meine Schwester, **aber** die Tochter der Schwester meiner Mutter. Wer ist sie?

(138b) {Sie ist **nicht** meine Schwester, **sondern** die Tochter der Schwester meiner Mutter. Wer ist sie?}

[问答游戏/智力竞赛中的问题]她**不是**我的姐妹,**而是**我妈妈的姐妹的女儿。那么她是谁呢?

(Aspekte Neu B2,S. 88)

(139a) Nachfragen sollte man vor der Buchung auf jeden Fall dann, wenn sich das Hotel „direkt am Meer" befindet. Das Hotel könnte sich dann nämlich ebenso an einer

Steilküste oder am Hafen befinden, **aber nicht** am erhofften Badestrand.

如果在预订酒店的时候看到"紧邻大海"的宣传字样，一定要询问清楚。因为这个酒店也可能是建在一个陡峭的海岸边上或者是建在港口/码头附近，**而不是**建在期望中的海滨浴场边上。

(139b)　｛［…］Das Hotel könnte sich dann nämlich **nicht** am erhofften Badestrand, **sondern** ebenso an einer Steilküste oder am Hafen befinden｝

｛……因为这个酒店也可能**不是**建在期望中的海滨浴场边上，**而是**建在一个陡峭的海岸边上或者是建在港口/码头附近。｝

（Aspekte neu B1＋, S. 142）

上述例证的共同点是，连接词 aber 与否定词 nicht 同时出现，表达纠正意味。与表达纠正关系的"nicht A，sondern B"（不是……而是……）不同的是，否定词 nicht 和连接词 aber 不仅能以"nicht A，aber B"的形式出现，比如例(138a)，也可能以"B, aber nicht A"（是 B，而不是 A）的形式出现，比如例(139a)。可见，连接词 aber 在表达纠正关系的上下文中除了引入被肯定的内容，也可以引入被否定的内容；而 sondern 只能引入被肯定的内容。

然而，除了连接词 aber 之外，其他与之功能等价的连接词（比如 doch、jedoch、allerdings 等等）均未发现有类似用法。这种用法到底是连接词 aber 的一种久未被发现的使用类型，还是由于说话人表达不规范造成的结果，有待其他学者通过更大的数据基础加以验证，笔者对此暂不下定论。

6.3.2　歧义例证

在分析语料的过程中发现，尽管笔者在实证研究开始之前已经充分了解连接词 aber 及其功能等价词在不同使用类型下的特征，且在对例证进行语义分析时充分考虑了上下文信息，在认定某些例证中所包含的连接词的使用类型时仍会遇到困难，这些例证最终被认定为"歧义例证"。在本节中，笔者会举例介绍这一小部分歧义例证。

6.3.2.1　使用类型 I＋III

(140) Eine Sicherheit haben die Kunden, wenn sie direkt beim Bauern kaufen: Sie wissen, wo ihr Obst, Gemüse und Fleisch herkommen. Nicht **aber**, wie der Bauer gewirtschaftet, ob er gedüngt oder gespritzt hat.

当顾客们直接从农场买东西,他们会有一种安全感:他们知道他们的水果、蔬菜以及肉类是从哪里来的。但他们不知道农民是怎么经营农场的,是施肥还是打农药了。

(Aspekte Neu C1, S.94)

人们从前后两句话之间可以读出"对立比较"的意味,人们可以找到两组对立对:"知道"vs."不知道";"产品来源地"vs."农场经营方式"。同时,人们也可能从前后两句话中读出"补偿性对立"意味,因为"顾客可以了解产品的来源地"可被视为"应不应该从农场直接采购"这个论题的支持论点,而"顾客不知道农场是施肥还是打农药了"可被视为上述论题的反论点。

6.3.2.2　使用类型 IV＋XI

本书第 4.4 节详细描述了连接词 aber 与表达叠加关系的聚焦小品词联用表达"叠加拓展关系"的情况。然而,在分析语料的过程中发现,由 aber (...) auch 衔接的复合句偶尔在表达叠加拓展关系(类型 IV)的同时也可以表达互斥选择关系(类型 XI),如下例所示:

(141) Als Bezugsort stellt *es* immer eine Beziehung im Text her, meist einen Rückbezug. Es kann **aber auch** ohne einen Rückbezug eine grammatische Stelle im Satz besetzen, wie bei *Es gibt Regen*.

作为指代词,德语中 es 的出现会在文中建立起衔接,大多数情况下是起前指的作用。但这个词也可以被用来占据句中的某个语法位置,不起指代作用,比如在例句

"Es gibt Regen"(现在有雨/现在正在下雨)中。

（Wissenschaftssprache Deutsch, S. 51）

在例(141)中,aber auch 衔接的两个句子恰好是两个互相排斥的选择:德语中的 es 不可能"既作指代词,又不起指代作用",而是"要么作指代词,要么不起指代作用"。因此,笔者可以从前后两个小句中同时读出叠加拓展关系(因为例证中所描述的 es 的功能不止一个)以及互斥选择关系(因为两个功能不能同时实现),且这两种解读方式令人难以取舍。值得一提的是,在笔者所收集的例证中,共有 5 个被 aber (...) auch 衔接的例证可被同时理解成"叠加拓展关系"及"互斥选择关系"。

6.3.3　出现在句子中场的 doch

本书第 5.2.2.9 部分末曾提到过,在对话中出现的、位于中场的 doch 在带有反驳对方观点的意味时是否该被认定为连接词 aber 的功能等价词是个值得深入研究和思考的问题。笔者在语料库分析的过程中也确实遇到过 4 个类似的例证,以下仅举一例:

(142) [Kontext: Redemittel für Alltagsdeutsch]

　　　A: „Entschuldigung! "

　　　B: „Das macht **doch** nix. "

　　　[上下文:日常德语交流中的语言模板]

　　　说话人 A:"对不起!"

　　　说话人 B:"这(又)没关系的。"

（Aspekte neu B2, S. 15）

在例(142)中,说话人 A 向说话人 B 道歉,说话人 B 在表达"没关系"的同时,也暗含"根本不需要道歉/道歉有些多余"的意味,因为 Graefen(1999:120)曾指出,doch 在对话中可能同时承担两种功能:第一,提醒对方某事是众所周知、理所当然的;对与自己的立场相反的观点或与自己认知相悖的行为表示抗议。同时,Graefen 指出,在诸如此类的上下文中,doch 的运用可能会"使人觉得受伤"(ebd.:126)。

在对话中,连接词 aber 也可用来表达反驳(详见第 4.9 节)。以(142)为例,为了表示对方完全不需要道歉或对方的道歉没有什么交流意义,说话人 B 理论上也可以用连接词 aber 来引入自己的表达,如下例中的改写所示:

> (143) A:„Entschuldigung!"
>
> B:„**Aber** das macht nix."

然而,因为 doch 在表示反驳的同时可能包含"提醒对方某事理所应当/众所周知"的含义而 aber 不包含,所以将(142)改写成(143)究竟是否合理,笔者仍然无法下定论。

笔者认为,这个问题之所以会出现,根本上是由 doch 在句中的位置决定的,即中场。Diewald 和 Fischer(1998:79)曾指出,一个本身具有多重功能的词如果出现在对话中且位于中场,那么很容易导致其功能无法清晰界定,产生歧义。对 doch 来说亦是如此,除了作连接词之外,该词还可以作回复小品词以及情态小品词。非重读的 doch 出现在中场这个位置被公认为是该词作情态小品词时的典型特征,然而与这种典型情况不同的是,在类似(142)的情况下,doch 直接与上文中出现的语言实体相关联,在前后两句对话之间起衔接作用,而不是像典型的情态小品词一样,与未被言明的想法相关联,这就增加了对该词词性认定的难度,最终导致上述问题的出现。

6.3.4 复合句中特殊的句法结构

因为在认知层面进行操作的 aber 表达某两个事实同时成立与人的认知或期待相悖(详见第 2.2 节),所以在这种情况下,被衔接的通常为两个陈述句。然而,在分析语料的过程中,笔者发现,由 aber 衔接、需要在认知层面进行解读的复合句中的两个小句不一定都是陈述句,如下例所示:

> (144) Ich möchte kurz über meine heutigen Erlebnisse schreiben, die zeigen, dass ein Tag wie dieser auch ganz anders enden kann als gedacht.
>
> [...] Beim Sprung aus dem Bett stieß ich das Glas Wasser von meinem Nachttisch. Mit nassen Füßen lief

ich ins Bad und schimpfte. Ich dachte: „Jetzt bloß schnell
Zähne putzen. " **Aber** wie ohne Zahnpasta? [...]
In der Küche angekommen griff ich nach der Kaffeekanne.
Doch wo war der Kaffee? [...]
我想简单地写一下我今天的经历,可以说明一天中发生
的事可能完全出乎人的预料。
……今早我匆忙起床的时候碰倒了床头柜上的一杯水。
我湿着脚骂骂咧咧地跑进了浴室。我想:"得赶紧把牙
给刷了。"**但是**没有牙膏怎么刷? ……
走到厨房之后我拿起咖啡壶。**可是**咖啡去哪儿了? ……

（Aspekte Neu B1＋, S. 18）

　　例(144)的第一个自然段介绍了该例证出现的上下文:说话人想要介绍
一下自己经历的十分糟糕的一天,所有事情的发生都出乎自己的预料。其
中,由 aber 或者 doch 引入的小句并不是陈述句,而是疑问句。但这两个疑
问句的作用并不是提出问题,期待某人给予答复,而是为了表达牙膏和咖啡的
"失踪"出乎自己的意料。因此,两个疑问句实际上在变相地陈述事实,前后两
个句子的衔接相当于在变相陈述"我得赶紧把牙刷了,但找不到牙膏"以及"我
拿起咖啡壶,但里面没有咖啡"。这种非典型情况的出现再次证明,应当根据
被衔接的语言单位的实际作用,而不是语言形式去判断连接词的作用域。

6.3.5　量化分析结果

　　如第 6.3.3 节中所言,语料库中出现了 4 例难以界定 doch 究竟是否该
被视为连接词 aber 的功能等价词的情况。因此,这 4 个例证不在下文所涉
及的量化分析的范围之内。另外,如 6.2 节中所言,笔者所分析的教材中多
处出现带有连接词 aber 或者其功能等价词的语言模板/构式。当这些语言
模板/构式中出现的连接词本身允许多种使用类型出现且应当由该连接词
引入的小句未被补充完整时,笔者无法确定其中所涉及的连接词究竟属于
哪种使用类型。在笔者所建的例证库中,共有 33 个例证涉及这种情况,也
不在量化分析的考虑范围之内。因此,剩余 812 个例证是量化分析阶段的
数据基础,如表 6 的汇总所示:

表 6　例证库中出现的连接词及其使用类型统计表

连接词	使用类型													
	类型 I	类型 II	类型 III	类型 IV	类型 V	类型 VI	类型 VII	类型 VIII	类型 IX	类型 X	类型 XI	新定义	有歧义	总计
aber	40	104	64	43	51	17	2	37	5	21	3	38	6	431
allerdings	0	4	12	0	9	2	0	3	0	1	0	11	0	42
andererseits	0	0	2	0	0	0	0	0	0	0	0	0	0	2
auch wenn	0	15	1	0	0	1	0	0	0	0	0	0	0	17
dafür	0	0	3	0	0	0	1	0	0	0	0	0	0	4
dagegen	16	0	0	0	0	0	0	0	0	0	0	0	0	16
demgegenüber	2	0	0	0	0	0	0	0	0	0	0	0	0	2
dennoch	0	12	0	0	0	0	0	0	0	0	0	0	0	12
doch	3	17	2	1	16	0	0	3	0	6	2	4	0	54
einerseits…andererseits	0	0	4	0	0	0	0	0	0	0	0	0	0	4
hingegen	10	0	0	0	0	0	0	0	0	0	0	0	0	10
jedoch	8	13	3	1	5	1	0	1	0	4	0	4	0	40
nichtsdestotrotz	0	1	0	0	0	0	0	0	0	0	0	0	0	1
nur	0	0	3	0	1	4	0	2	0	0	0	3	0	13
obgleich	0	2	0	0	0	0	0	0	0	0	0	0	0	2
obwohl	0	25	0	0	0	0	0	0	0	0	0	0	0	25
trotzdem	0	40	0	0	0	0	0	0	0	0	0	0	0	40
während	25	0	0	0	0	0	0	0	0	0	0	0	0	25
wenn（…）auch	0	2	1	0	0	0	0	0	0	0	0	0	0	3
wieder	1	0	0	0	0	0	0	0	0	0	0	0	0	1
wohingegen	1	0	0	0	0	0	0	0	0	0	0	0	0	1
zwar…aber/allerdings/dennoch/doch/jedoch	0	25	15	0	1	0	0	3	0	0	0	5	0	49

（续表）

连接词	使用类型													
	类型Ⅰ	类型Ⅱ	类型Ⅲ	类型Ⅳ	类型Ⅴ	类型Ⅵ	类型Ⅶ	类型Ⅷ	类型Ⅸ	类型Ⅹ	类型Ⅺ	新定义	有歧义	总计
同义连接词搭配使用	0	14	3	0	1	0	0	0	0	0	0	0	0	18
总计	106	274	113	45	84	25	3	49	5	32	5	65	6	812

备注：
Ⅰ＝对立比较；Ⅱ＝让步关系；Ⅲ＝补偿性对立；Ⅳ＝叠加拓展关系；Ⅴ＝计划受阻；Ⅵ＝限制前一说法的正确性或恰当性；Ⅶ＝双重对立；Ⅷ＝否定前句的交流意义；Ⅸ＝反驳对方语言表达的正确性或恰当性；Ⅹ＝标记话题转换；Ⅺ＝互斥选择关系；**新定义**＝在本研究中新发现的使用类型；**有歧义**＝同时允许两种解读方式。

6.3.5.1　连接词 aber 及其功能等价词各个使用类型出现的频率

由图 10 可知，在笔者所分析的教材中出现频率最高的三种使用类型是“让步关系”（33.7％）、“补偿性对立”（13.9％）以及“对立比较”（13.1％）。实际上，这三种使用类型也是学界最经常讨论的连接词 aber 的用法。除了这三大使用类型之外，类型Ⅴ（计划受阻，10.3％）所占比例也超过所有例证的 10％，位居第四位。此外，类型Ⅷ（否定前句的交流意义，6％）以及类型Ⅳ（叠加拓展关系，5.5％）在笔者所分析的教材中也不罕见，其各自所占比例均高于 5％。值得注意的是，本研究新发现的几种使用类型共占所有例证的8％，说明在本研究之前，有相当一部分的使用类型尚未引起学界的重视。

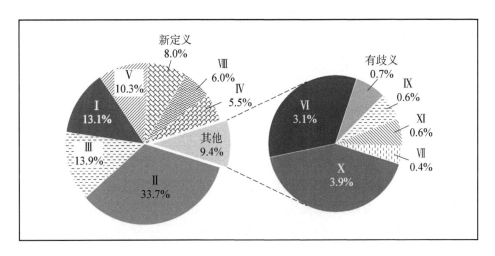

类型	数量	类型	数量
Ⅱ	274	Ⅹ	32
Ⅲ	113	Ⅵ	25
Ⅰ	106	有歧义	6
Ⅴ	84	Ⅸ	5
新定义	65	Ⅺ	5
Ⅷ	49	Ⅶ	3
Ⅳ	45	总计	812

备注:
Ⅰ=对立比较;Ⅱ=让步关系;Ⅲ=补偿性对立;Ⅳ=叠加拓展关系;Ⅴ=计划受阻;Ⅵ=限制前一说法的正确性或恰当性;Ⅶ=双重对立;Ⅷ=否定前句的交流意义;Ⅸ=反驳对方语言表达的正确性或恰当性;Ⅹ=标记话题转换;Ⅺ=互斥选择关系;**新定义**=在本研究中新发现的使用类型;**有歧义**=同时允许两种解读方式。

图 10　连接词 aber 及其功能等价词使用类型分布图

根据上述结果,笔者有一个思考:在德语教学过程中,是否可以根据各个使用类型在教材中出现的频率决定哪些使用类型可以优先引入,哪些类型可以在时间不充裕的情况下暂时不讲授,以便德语学习者在最短的时间内理解大部分在阅读或视听过程中遇到的使用类型。这个问题还有待德语教学领域的专家学者以及一线教师们参与讨论。

6.3.5.2　连接词 aber 各个使用类型出现的频率

若只以被连接词 aber 衔接的复合句为观察对象,统计其各个使用类型在所选教材中出现的频率(见图 11),我们可以发现,该连接词最经常出现在表达让步关系(24.1%)、补偿性对立(14.8%)以及计划受阻(11.8%)这三类上下文中。这与该连接词在各大教材中最常被提及的三种使用类型,也就是该连接词在相关文献中最经常被讨论的三种使用类型,即让步关系、补偿性对立和对立比较有出入。在所分析的教材中,比起表达"对立比较",连接词 aber 更经常被用来表达"计划受阻"(11.8% vs.9.3%,第三位次 vs.第五位次)。另外,连接词 aber 还经常出现在表达叠加拓展关系(类型Ⅳ,10%,第四位次)的上下文中,也就是以"aber(...)auch"的形式出现,衔接被列举的成分。这个用法在各大教材中鲜有提及,值得引起德语教学人员的重视。

6.3.5.3　连接词 aber 在其五大使用类型中常见的功能等价词

根据图 11 可知,让步关系、补偿性对立、计划受阻、叠加拓展关系以及对立比较是连接词 aber 在所用教材中最常见的五种使用类型,各占所有包含该连接词例证的 10%以上,五种类型共占所有包含该连接词例证的 70%

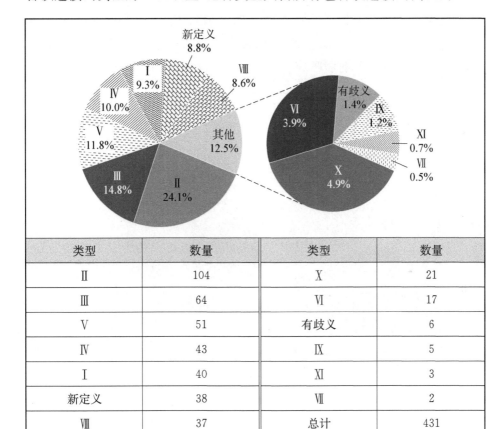

类型	数量	类型	数量
Ⅱ	104	Ⅹ	21
Ⅲ	64	Ⅵ	17
Ⅴ	51	有歧义	6
Ⅳ	43	Ⅸ	5
Ⅰ	40	Ⅺ	3
新定义	38	Ⅶ	2
Ⅷ	37	总计	431

备注:
Ⅰ＝对立比较;Ⅱ＝让步关系　Ⅲ＝补偿性对立;Ⅳ＝叠加拓展关系;Ⅴ＝计划受阻;Ⅵ＝限制前一说法的正确性或恰当性;
Ⅶ＝双重对立;Ⅷ＝否定前句的交流意义;Ⅸ＝反驳对方语言表达的正确性或恰当性;Ⅹ＝标记话题转换;
Ⅺ＝互斥选择关系;**新定义**＝在本研究中新发现的使用类型;**有歧义**＝同时允许两种解读方式

图 11　连接词 aber 使用类型分布图

(302/431),如果以整个例证库中的数据为基础(见图10),那么这五个类型占据所有例证的77%(622/812),可见其重要性。因此,笔者将介绍连接词 aber 在其五大使用类型中常见的功能等价词,为广大德语学习者及德语教学人员在德语写作、德语传授的过程中提供参考。

6.3.5.3.1 让步关系

由图 12 可知,在表达让步关系的上下文中,连接词 aber 出现的频率最高(38%),trotzdem 是除了 aber 之外最常用来表达让步关系的连接词,但其出现的频率远低于 aber,所占比例不足其二分之一(14.6% vs. 38%)。此外,从属连词 obwohl、前后呼应的连词组合 zwar...aber/doch/jedoch...、

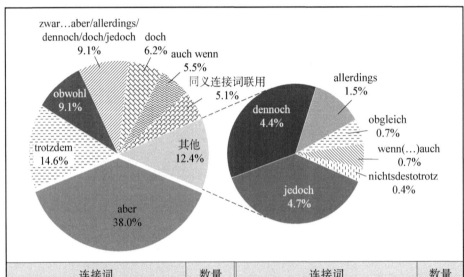

连接词	数量	连接词	数量
aber	104	jedoch	13
trotzdem	40	dennoch	12
obwohl	25	allerdings	4
zwar... aber/allerdings/dennoch/doch/jedoch	25	obgleich	2
doch	17	wenn (...) auch	2
auch wenn	15	nichtsdestotrotz	1
同义连接词联用	14	总计	274

图 12　表达让步关系的连接词分布图

单独使用的联结副词 doch 以及从属连词 auch wenn 也比较容易出现在让步关系中,其各自所占比例均达到 5％以上。值得注意的是,在表达让步关系时,同义连接词联用的情况(比如以 auch wenn... trotzdem...、... aber trotzdem...、zwar... aber doch 的形式出现)也并不罕见,占比 5.1％。其他连接词相对比较少见,所占比例不足 5％,其中 obgleich(0.7％)、wenn (...) auch(0.7％)、nichtsdestotrotz(0.4％)相对罕见,占比不足 1％。

在本书第 5.2.2.2 节中提到过,Koch-Kanz 和 Pusch(1977:91)以及 Breindl 等人(2014:557)都曾指出,连接词 allerdings 本身并不能用来表达让步关系。然而,在笔者所分析的教材中,连接词 allerdings 也偶尔被用来表达让步关系,占所有表达让步关系例证总数的 1.5％,如下例所示:

(145a) Sven und Ute heiraten in drei Wochen und wollen ein großes Fest machen. **Allerdings** haben sie bis jetzt noch nichts organisiert.

(145b) {Sven und Ute heiraten in drei Wochen und wollen ein großes Fest machen. **Trotzdem** haben sie bis jetzt noch nichts organisiert.}

*斯温和尤特三周之后就要结婚了而且想要举办一个大型的仪式。**尽管如此**,他们到现在什么也没准备。*

(Aspekte neu B1＋, S. 50)

例(145a)之所以可以被理解为让步关系,是因为"通常情况下,当两个人三周之后就要结婚且想举办一个大型仪式时,那么两个人不会到现在为止什么都没准备"这个条件关系成立。从例(145b)中的改写也可以看出,例(145a)中的 allerdings 完全可以被置换成表达让步关系的单义连接词 trotzdem。需要强调的是,allerdings 表达让步关系的频率远低于该连接词表达"补偿性对立"或者"计划受阻"频率,因此属于该连接词比较少见的用法。

6.3.5.3.2　补偿性对立

由图 13 可知,除了 aber 之外,zwar... aber/doch/jedoch(13.3％)以及单独使用的 allerdings(10.6％)也常被用来表达补偿性对立,出现在评价性或论证性上下文中,但其各自所占比例不足 aber 所占比例(56.6%)的四分之一。其他连接词出现的频率相对较低,但值得注意的是,从属连词 auch wenn 以及 wenn...auch 也偶尔被用来表达补偿性对立,如下例所示:

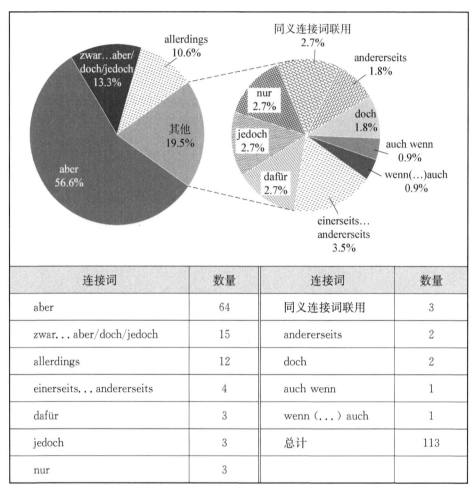

连接词	数量	连接词	数量
aber	64	同义连接词联用	3
zwar... aber/doch/jedoch	15	andererseits	2
allerdings	12	doch	2
einerseits... andererseits	4	auch wenn	1
dafür	3	wenn (...) auch	1
jedoch	3	总计	113
nur	3		

图 13 表达补偿性对立的连接词分布图

(146) Auf dem Land oder in einer Kleinstadt würden Sie sich langweilen, **auch wenn** das Leben dort viel billiger ist.
如果在乡下或者小城市生活的话您会感到很无聊,虽然说那里的生活成本会低很多。

(Aspekte Neu B1+, S. 187)

虽然 auch wenn 通常被认为是表达让步关系的连接词，但从例（146）中，人们并不能读出事实与期待相悖的意味，因为不存在"通常情况下，当某地的生活成本很低，那么在当地生活不会让人感到无聊"这个条件关系。前后两个小句的内容可以被看作"某地是否宜居"的正反方论点："生活成本低"可以作正方观点，而"生活无聊"则可作反方观点来看待。

需要强调的是，auch wenn 表达"补偿性对立"（共 1 例）的用法相对于其表达"让步关系"（共 15 例）的情况十分罕见。wenn（...）auch 在笔者所建的例证库中共出现三次，其中两次被用来表达让步关系，一次被用来表达补偿性对立。

6.3.5.3.3 计划受阻

由图 14 可知，在笔者所分析的教材中，aber 也是在表达"计划受阻"时最受青睐的连接词，占该使用类型下出现的所有连接词总数的 60.7%。除此之外，doch 也较常见，其所占比例将近 20%。另外，allerdings 也经常出现在表达计划受阻的上下文中，所占比例超过 10%。jedoch 被用来表达计划受阻的情况亦不算罕见，占比 6%。其他连接词极少出现，在此不再赘述。

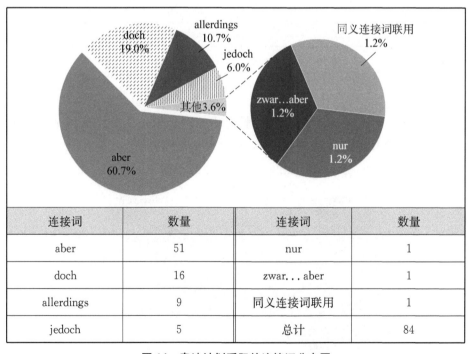

连接词	数量	连接词	数量
aber	51	nur	1
doch	16	zwar... aber	1
allerdings	9	同义连接词联用	1
jedoch	5	总计	84

图 14 表达计划受阻的连接词分布图

6.3.5.3.4　叠加拓展关系

由图 15 可知,在笔者所分析的语料中,最常与表示叠加关系的聚焦小品词联用、表达叠加拓展关系的是连接词 aber,笔者收集的例证多以 aber (...) auch、aber vor allem、vor allem (...) aber 的形式出现。除此之外,偶尔也可见 doch (...) auch 或者 jedoch (...) auch 的形式。

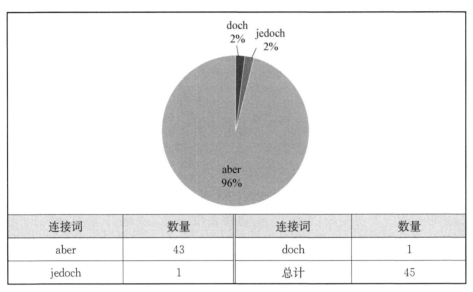

连接词	数量	连接词	数量
aber	43	doch	1
jedoch	1	总计	45

图 15　表达叠加拓展关系的连接词分布图

6.3.5.3.5　对立比较关系

由图 16 可知,在笔者所分析的教材中,连接词 aber 在对比两个对象不同点的上下文中最经常出现(37.7%),其次是从属连词 während(23.6%)。

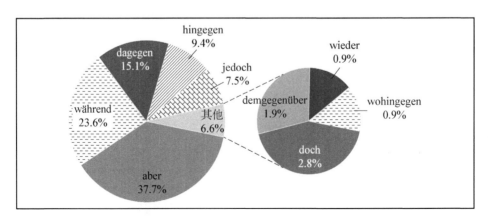

连接词	数量	连接词	数量
aber	40	doch	3
während	25	demgegenüber	2
dagegen	16	wieder	1
hingegen	10	wohingegen	1
jedoch	8	总计	106

图 16　表达对立比较的连接词分布图

此外,dagegen(15%)、hingegen(9.4%)以及 jedoch(7.5%)也相对常见。其他连接词较少出现,其中 wieder 和 wohingegen 比较罕见,各占比不足 1%。

6.3.6　语料库中出现的连接词 aber 及其功能等价词汇总

虽然笔者在 6.3.5 节中仅呈现了五种使用类型中各个连接词出现的相对频率,但在量化分析阶段,笔者计算了所有使用类型(包括本书新定义的使用类型)中各个连接词出现的相对频率。

作为对语料库量化分析结果的汇总,笔者绘制了表 7,其中记录了笔者所建语料库中出现的连接词 aber 及其在各个使用类型中的功能等价词的相对使用频率。这个表格可以为德语教学人员及德语学习者在传授或运用连接词 aber 及其功能等价词的过程中提供参考。需要注意的是,下列表格中并未记录同义连接词联用的情况,比如 auch wenn... trotzdem、aber trotzdem 等等。表格中共区分四种使用频率,其中"最常见"代表某连接词的数量占在某上下文中出现的所有连接词总数的 25%以上(≥25%);"较常见"代表占比 10%以上(≥10%)但小于 25%;"不罕见"代表占比 5%以上(≥5%)但小于 10%;"罕见"代表某连接词的数量占比不足 5%。如果某个使用类型在语料库中属于罕见类型(出现频率不足所有例证总数的 5%,见图 10),那么表格中不会区分所涉及连接词的使用频率,且该类型名称后会标注"罕见类型"字样。

表7　语料库中出现的连接词 aber 及其在各个使用类型中的功能等价词汇总表

使用类型		连接词在所分析教材中出现的相对频率
Ⅰ. 对立比较	最常见	aber
	较常见	während, dagegen
	不罕见	hingegen, jedoch
	罕见	doch, demgegenüber, wieder, wohingegen
Ⅱ. 让步关系	最常见	aber
	较常见	trotzdem
	不罕见	obwohl, zwar...aber/doch..., doch, auch wenn
	罕见	jedoch, dennoch, allerdings, nichtsdestotrotz, obgleich, wenn (...) auch
Ⅲ. 补偿性对立	常见	aber
	较常见	zwar...aber/doch/jedoch, allerdings
	不罕见	无
	罕见	einerseits...andererseits, andererseits, auch wenn, dafür, doch, jedoch, nur, wenn (...) auch
Ⅳ. 叠加拓展关系	常见	aber
	较常见	无
	不罕见	无
	罕见	doch，jedoch
Ⅴ. 计划受阻	常见	aber
	较常见	doch, allerdings
	不罕见	jedoch
	罕见	nur, zwar...aber
Ⅵ. 限制前一说法的正确性或恰当性	常见	aber
	较常见	nur
	不罕见	allerdings
	罕见	auch wenn, jedoch
Ⅶ. 双重对立	罕见类型	aber, dafür

（续表）

使用类型		连接词在所分析教材中出现的相对频率
Ⅷ. 否定前句的交流意义	常见	aber
	较常见	无
	不罕见	allerdings, doch, zwar…aber/jedoch
	罕见	jedoch, nur
Ⅸ. 反驳对方语言表达的正确性或恰当性	罕见类型	aber
Ⅹ. 标记话题转换	罕见类型	aber, doch, jedoch, allerdings
Ⅺ. 互斥选择关系	罕见类型	aber, doch
Ⅻ. 补充说明未发挥实际作用的前提条件	罕见类型	aber, allerdings, doch, zwar…aber/doch, jedoch
ⅩⅢ. 避免过度解读	罕见类型	aber, allerdings, doch, zwar…aber
ⅩⅣ. 雪上加霜	罕见类型	aber, doch, jedoch
ⅩⅤ. 强调话语隐涵	罕见类型	aber, allerdings, jedoch, zwar…aber
ⅩⅥ. 比较相同点与不同点	罕见类型	aber, allerdings, nur
存疑的使用类型:纠正关系	罕见类型	aber

第 7 章
连接词 aber 的语义内核再探讨

结合前几章理论研究和实证研究的结果,笔者对连接词 aber 的语义特征有了一些新的思考。

首先,鉴于该连接词在各个使用类型中出现的相对频率,我们可以了解,其最常见的使用类型是"让步关系"(见第 6.3.5.2 节,图 11),因此,把表达"事实与认知相悖"看作该连接词的核心功能不无道理,但并不代表其他功能可以被忽视。倘若把各个使用类型按照连接词 aber 的作用域进行划分,那么可在事实层面进行解读的只有一种使用类型,即"对立比较"(类型 Ⅰ),其数量占连接词 aber 在笔者所建语料库中出现的所有使用类型总数的 9.3%(40/431);在认知层面进行解读的有四种使用类型,即"让步关系"(类型 Ⅱ)、"计划受阻"(类型 Ⅴ)、"补充说明未发挥实际作用的前提条件"(类型 ⅩⅢ)以及"雪上加霜"(ⅩⅣ),这四种使用类型共占比 41.3%(178/431);其他使用类型均须在元层面进行解读,共占比 49.4%(213/431)。鉴于此,把连接词 aber 的主要作用域认定为"元层面"和"认知层面"不无道理,但并不意味着"事实层面"可以被忽略。

出于以上思考,笔者认为,虽然很难用唯一一个语义范畴来概括连接词 aber 的诸多功能,但可以尝试从诸多功能中抽象出多个语义元素,并根据各个语义元素在实际语用中出现的频率去描绘连接词 aber 的"语义分布图"。应注意的是,同一个语义元素可以在多个作用域上进行阐释,因此,连接词 aber 的"语义分布图"应该是一个多层次且多元的结构。

在笔者描述各个使用类型特征的过程中,有几个元素是反复出现的:"对立"(例如在类型 Ⅰ、Ⅲ、Ⅶ、ⅩⅥ 中)、"相悖"(例如在类型 Ⅱ、Ⅴ、Ⅷ、Ⅸ、

Ⅺ、Ⅻ、ⅩⅣ中)、"限制"(比如在类型Ⅲ、Ⅵ、Ⅶ、Ⅺ中)以及"强调"(比如在类型Ⅳ、Ⅹ、Ⅻ、ⅩⅢ、ⅩⅤ、ⅩⅥ中)。其中"对立"和"相悖"可以在多个层面进行阐释,而"限制"和"强调"只能在元层面进行阐释。"对立"元素首先可以在事实层面进行阐释,被理解为事物表征方面的"不同",而"不同"的程度可大可小,构成一个区间;"对立"也可以在认知层面进行阐释,现实中发生的事物可能会与认知中存在的事物"相悖",程度可强可弱,构成一个区间;"对立"还可以在元层面进行解读,比如说话人对对方或者自己先前的言语行为的交流意义进行否定,而这种否定也有程度上的差别,可以是某种"限制",也可以是完全的否定,形成一个程度区间。"相悖"可以在认知层面和元层面进行阐释,认知层面的"相悖"指的是前后两个命题同时成立这一点与人的认知相悖,程度有强有弱,若被否定的期待建立在常理的基础上,那么相悖程度强一些,而若被否定的期待只是建立在幻想或愿望上,那么相悖程度较轻些;元层面的相悖指人们从前后文中得出的结论互不兼容。"限制"指的是后文对前文交流意义的限制,程度可强可弱,比如说话人若需要对前文说法的正确性进行限制,那么限制程度强一些;而当说话人只是想要对前文信息进行补充说明时,限制程度弱一些。"强调"指的是说话人在话语组织的过程中对篇章信息结构的操控,力度也会有所不同,比如说话人若只是对话题转换进行标记,那么强调的力度较弱,而当说话人向对方强调不要忽视某个前提条件或不要过分解读自己的话语时,强调意味较强,如此亦构成一个程度区间。

　　为了更直观地呈现上述思考,笔者尝试绘制了"连接词 aber 的语义内核模型图"。如图 17 所示,连接词 aber 的语义模型可以被看作一个动态的、多层次的、多核心的结构。

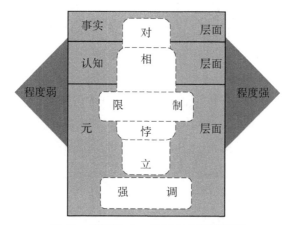

图 17　连接词 aber 的语义内核模型图

第 8 章

连接词 aber 在各个使用类型下
对应的中文标记词

8.1 表达转折关系的典型中文标记词及其相互区别

通过对连接词 aber 的使用类型及其语义内核的讨论,不难发现,德语连接词 aber 所表达的大部分语义关系对应中文里的"转折关系"。提起转折关系的标记词,最容易被想到的是中文里的"但"字,史金生和孙慧妍(2010)甚至把连词"但"称为"现代汉语中的'万能'转折词"(ebd.:39)。根据汉典网的解释①,中文里的"但"相当于德文中的 aber、doch dennoch、nur、bloß。除了 aber 本身之外,doch dennoch、nur、bloß 这几个词也确实属于本书重点研究的词之列,在某些上下文中可以与 aber 进行替换。可见"但"字与德文 aber 之间的关联甚密。因此,本章以中文里的"但"字为中心,寻找其作为连词表达转折关系时的功能等价词,并讨论它们之间的区别与联系。

8.1.1 "但"字作转折连词功能的由来

现代汉语中的"但"是"袒"的本字,本义为"脱衣/露出上身"(金春梅 2005:106),起初作动词用。朱怀在其 2015 年发表的《"但"的语法功能演变及产生机制》指出,"但"字逐渐由表示具体动作的动词虚化成修饰动词的描摹性副词,有"白白地""不用某些(具体的)装备""不用某些(抽象)条件"的意思,如例(147)所示:

---

① https://www.zdic.net/hans/但

(147) **但居者不知负载之劳，从旁议者与当局者异忧。**

（原文出自《盐铁论·刺复》，引自朱怀 2015：142）

朱怀指出，其中"但居"的意思可以被解释为"没有工作、在家闲居"或者"白白地居住"（ebd.：142）。这句古文的大意很好理解：在家闲居的人不懂得劳动者的劳累，旁观者也不懂当局者的忧虑。朱怀（ebd.：143）认为，"但"字的描摹性含义与其本意之间的互动蕴含隐喻机制：人们之所以能由"脱衣/露出上身"的本义联想到"不用某些装备"或"不用某些条件"的含义，是因为三者的"功能相似"，而事物间的相似性正是隐喻机制得以运行的基础（参见束定芳 2002）。

此外，朱怀指出，"但"字作限制性副词的功能由其描摹性功能演变而来，表示"只/仅"，常以"不/非 S_1，但 S_2"或者"但 S_1，不/非 S_2"的句式出现，如例（148）所示：

(148) **此两人非有材能，但以婉媚贵幸，与上卧起。**

（原文出自《汉书·佞幸传》，引自朱怀 2015：143）

根据汉程网①给出的释义，这句话可以被理解成"这两个人并没有什么才能，只是靠顺从、谄媚的伎俩得到了显贵宠幸，以至同皇上共起居"。可见其中"但"相当于表限制的"只是、仅仅"。朱怀认为，从描摹功能到限制功能的演变是语用推理的结果：

说话人和听话人利用"足量准则"和"不过量准则"推导和传递隐涵义，描摹性副词表达"白白地 S_1，达不到 S_2 目的"语义，人们根据"不过量准则"将动作达不到效果的原因归结到 S_1 的局限上，形成"只 S_1，不 S_2，则达不到 S_3 目的"的意义，后效果意义 S_3 被隐含，产生"但 S_1，不 S_2"的限制性副词用法。

（朱怀 2015：143）

---

① https://guoxue.httpcn.com/html/book/TBMEXVCQ/XVPWXVTB.shtml

朱怀指出,从上述表限制的意味中,又衍生出"但"字的祈使语气,多出现在对话中,表示使令、告诫、禁止、祈求等祈使意义,可被理解为"只管",如例(149)所示:

(149) 若问汝,汝但拜之,勿言。必合有人救汝。

(原文出自《搜神记》卷三,引自朱怀 2015:144)

这个用法与德语词 doch、bloß、nur 在德文祈使句中作情态小品词加强祈使语气的用法相同(详见本书第 5.2.2.1 节以及第 5.2.2.9 节),而这三个德语词也都可以作聚焦小品词用,表示"只/仅仅",且在特定上下文中也都可以作为连接词 aber 的功能等价词。由此可见,表达限制意味的词衍生出祈使语气和转折含义并不是中文系统的特性,有可能是一个跨语言的语法化现象。

朱怀认为,从限制性意味演变成祈使性意味是主观化的结果:

由于限制性副词用法"但 S$_1$,不 S$_2$"对动作范围进行了限制,适合祈使句中说话者对听话者动作行为的限定,在祈使句中限制性副词慢慢带上了说话者的印迹,开始体现说话者要求听话者严格遵照限定的范围施行动作的态度情感,于是"只、仅"义发展成"只管、尽管"义。

(朱怀 2015:144)

中文"但"字的连词用法分为两种,一种是作转折连词,一种是作条件连词,因为条件关系并不是本书的研究目标,下文不再展开论述。朱怀(2015:145)指出,"但"字表达转折关系的连词用法也是由其表范围限制的含义演变而来的。根据转折意味的轻重,又可分为"轻转折"和"重转折"。

根据朱怀的观察,"但"字在表达"轻转折"意味时,经常会出现在"因果违逆"(即表达结果与预期相反)的转折句中,以"S$_1$,但 S$_2$,S$_3$"的句式出现,其中,"S$_1$"陈述某个事实,"但 S$_2$"引入限制性条件或原因,导致在该条件或原因下产生某个结果 S$_3$,且 S$_3$ 是对根据 S$_1$ 推测出的结果的否定(ebd.)。朱怀认为,因为"但"字在这种情况下引入的是出现某个出乎意料的结果的

原因,而不是直接引入出乎意料的结果,所以表达的转折意味较轻,如例
(150)所示:

(150) 妾死不足惜,但主上之恩,不曾报得,数年恩爱,教妾怎
生割舍?

(原文出自《全元曲·唐明皇秋夜梧桐雨》,引自朱怀 2015:146)

这句戏词的大意比较容易理解:"臣妾死去了也不足以惋惜,但是没有
报答过主上的恩宠,多年的恩爱,叫臣妾怎么割舍?"。此处"妾死不足惜"对
应 S_1,"但主上之恩,不曾报得"对应 S_2,"数年恩爱[...]怎生割舍"对应 S_3。
人们从 S_1 中可以推断出"说话人(妾)觉得自己死了也没关系"的结论,而由
S_3 可知,说话人其实根本舍不得死去,原因是 S_2。

有趣的是,德语中也存在"S_1,aber S_2,S_3"的句式,本书第 3.1.8 节也曾
详细讨论过,这里再次引用之前章节中的例子:

(67) Eigentlich wollte er nichts sagen, **aber** da sie zur Sache
kommen mußten, sagte er: [...].
他本不想发表意见,但因为他必须表态,所以他还是说
了……。

(Métrich & Faucher 2009:5)

笔者认为,从 aber 所表达的语义关系来看,这类复合句与简单句式下的
让步关系实际上并无不同,但从句法结构上看,这类复合句确实有特殊之
处,即连接词 aber 引入的不是一个简单句,而是一个主从复合句,aber 的作
用范围(Skopus)是其后出现的整个因果复合句。同理,在朱怀所提到的表
达因果违逆关系的"S_1,但 S_2,S_3"句式中,连词"但"表达的语义关系本质上
也是让步关系,只是"但"字没有被用来引入简单句,而是出现在复杂的句法
结构中,此时"但"的作用范围是后面的复杂句,即 S_2 和 S_3,而不仅仅是 S_2。

实际上,史金生和孙慧妍(2010)也提到过六朝时期出现的此类句式
"S_1,但 P,故 S_2"(ebd.:37),其中的 P 相当于朱怀(2015)所提到的句式中的
S_2,即出现未预料到的结果的原因,而其中的 S_2 则相当于朱怀所提到的句

式中的 S_3，即与预期相反的结果。史金生和孙慧妍（2010）认为，出现未料到的结果的原因可能有很多种，但说话人之所以专门挑 P 这个理由来讲，说明"但"在类似的句式中仍然有表限制的功能，这也是转折连词"但"的"初期面貌"（ebd.：37）。

朱怀还指出，在表达"轻转折"时，"但"字后也可能省略原因句，其后小句直接对前一句进行限制或补充（ebd.），如例（151）所示：

（151）我数闻之，但未曾见耳。

（原文出自《太子须大挐经》，引自朱怀 2015：145）

这句古文的意思也很好理解，即"我听说过（某人/事物）多次，只是我从没见过/经历过罢了"。在这种情况下，说前后两个小句之间存在让步关系是不恰当的，因为二者之间不存在"通常情况下，当某人听说过某人/事物很多次，那么他也见过此人/经历过此事"这层隐含的因果/条件关系；前后两个小句之间更倾向于存在本书所描述的"补偿性对立"关系：第一个小句的内容可以作为"某人/事物是否真实存在"的正论点，让人暂时得出"某人/事物应该是真实存在的"这一推论；第二个小句的内容可以作为该论题的反论点看待，使听话人得出"某人/事物不一定真实存在"的推论，最终听话人会得出"某人/事物是否真实存在尚不确定"这个结论。

朱怀（2015：145）认为，"但"字从表示范围限制的含义到轻转折的含义之间的演化也是语用推理的结果，表达轻转折的"S_1，但 S_2，S_3"与表达限制性的"但 S_1，不 S_2"句式相比，主要区别在于"但"字前多了一个描述一般事实的小句：

因为对动作范围的限制隐含对一般规律的违背，人们根据"不过量准则"可以推测出这一隐含前提，当隐含前提显现时，便产生一般规律事件与实际受限制事件的转折关系。

（朱怀 2015：145）

在表达"轻转折"用法的基础上，"但"字又逐渐演化除了表达"重转折"的用法，常见句式为"S_1，但 S_2"，其中，S_1 描述某原因或条件，S_2 描述一个预

料之外的结果，与人们根据 S_1 推测出的结果截然相反（ebd. ：146），如例
（152）所示：

（152）舶悉破裂，但公私之物无异损。

（原文出自《入唐求法巡礼行记》卷一，引自朱怀 2015：146）

这句古文也比较好理解：船舶全都破裂了，尽管如此，船上的物品并没
有出现特别的损伤。朱怀认为，"但"字从表达"轻转折"到表达"重转折"的
演变是"语境吸收"的结果：表达重转折的句式"S_1，但 S_2"与表达轻转折的句
式"S_1，但 S_2，S_2"相比，省略了转折出现的原因。换言之，说话人不再通过
"但"字来引入出现未预料结果的原因，而是用"但"字直接引入未预料到的
结果，导致轻转折关系中"但 S_2"的语义被"但"字吸收，由此，"但"字的出现
本身就可以表示由于某种原因导致的转折关系（ebd.）。

综上所述，"但"字转折用法的由来可以用下面的流程图直观地展现
出来：

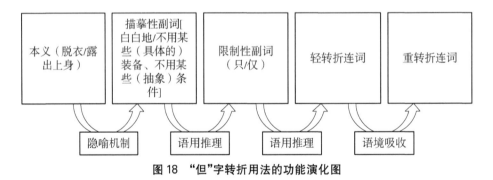

图 18 "但"字转折用法的功能演化图

8.1.2 "但"与其他转折标记词之间的区别与联系

除了连词"但"外，中文里还有其他语言手段可以用来标记转折关系，包
含其他连词、副词、话语标记等（参见赵岩 2021：32ff.，43ff.，69ff.）。因篇幅
有限，笔者无法对上述所有语言手段进行研究，而是聚焦与"但"有语义交集
的转折连词及副词，因为在众多的转折标记词中，转折连词和副词是学界的
研究重点，相关文献众多，方便开展后续研究。

8.1.2.1　转折连词的筛选

通过对中文学界转折关系相关文献的研读,笔者整理了本书待重点研究的中文连词和副词,这些连词或副词是学界最经常讨论的转折标记词,如表 8 所示。表中所涉及的连词或副词按照中文拼音首字母的顺序排列,笔者在每一个词之后标注了文献出处,表明该词被哪些学者进行过细致的研究,方便读者查阅。

表 8　本书中重点研究的中文转折连词

转折标记词	文献出处
但	邢福义 1992;金允经、金昌吉 2001;金春梅 2005;邓云华、石毓智 2006;史金生、孙慧妍 2010;朱怀 2015;朱怀、范桂娟 2021;盛新华 2003;刘云、李晋霞 2013
但是	金允经、金昌吉 2001;邓云华、石毓智 2006;刘佳平 2008;史金生、孙慧妍 2010;姚双云、张磊 2011;周琳、邹立志 2011;何潇 2016;朱怀、范桂娟 2017;刘晓曦 2013;刘云、李晋霞 2013;张健军、吴长安 2010;王孔莉 2013;丁烨 2010
不过	赵岩 2021;沈家煊 2004;金允经、金昌吉 2001;王霞 2003;刘佳平 2008;史金生、孙慧妍 2010;周琳、邹立志 2011;何潇 2016;王岩 2007
而	金允经、金昌吉 2001;严丽明 2009
尽管 ……（但/但是/然而/却……）	冯志纯 1990;邢福义 1992;刘丹 2012
就是	赵岩 2021;金允经、金昌吉 2001;王岩 2007
可	赵岩 2021;金允经、金昌吉 2001;齐春红 2006;邓云华、石毓智 2006
可是	赵岩 2021;金允经、金昌吉 2001;邓云华、石毓智 2006;姚小鹏 2007
偏偏	赵岩 2022;石定栩等 2017;强星娜 2020;殷思源、袁毓林 2021;范伟 2009
却	邢福义 1992;邓云华、石毓智 2006;刘云、李晋霞 2013;张健军、吴长安 2010;王孔莉 2013
虽然 ……（但/但是/然而/却……）	赵岩 2021;金允经、金昌吉 2001;徐榕 2015;徐燕青 2015
然而	金允经、金昌吉 2001;袁雪梅 2010
只是	赵岩 2021;金允经、金昌吉 2001;邓云华、石毓智 2006;史金生、孙慧妍 2010;周琳、邹立志 2011;何潇 2016

8.1.2.2 所选转折连词的语义、语用及句法特征

在下文中,笔者将对表 8 所列的转折连词进行分组,讨论其语义、语用及句法特征,从而理清其之间的区别与联系。

8.1.2.2.1 "但""但是""不过""就是""只是"

笔者查阅数部现代汉语词典①后发现,"但""只是""不过""就是"这四个词除了可以作转折连词之外,也都可以作限定范围的副词使用。丁烨(2010)指出,"但是"起初并不是一个双音节词,而是"但"和"是"两个单音节词连用的结果,其中的"但"是"只"之义,"是"为单音节的判断词(ebd.：56)。隋唐时期,"但是"作为双音节词的用法才逐渐增多,开始最经常作表达"只是、仅仅是"之义的限制性副词使用(ebd.：57);直到晚唐时期,"但是"才衍生出转折连词的用法(ebd.：58)。实际上,许多学者认为,从历时角度看,"但""但是"②"只是""不过"的转折连词用法确实由其限制性副词的用法("只、仅仅"之义)演变而来(王霞 2003;沈家煊 2004;金春梅 2005;邓云华、石毓智 2006;史金生、孙慧妍 2010;朱怀 2015;何潇 2016 等)。由于上述五个转折标记词在古汉语或现代汉语中都有(或有过)限定性副词的用法,笔者将其分为一组,讨论其在表达转折关系时的异同。

金允经和金昌吉(2001)在其论文中定义了四类涉及"但""但是""只是""不过""就是"的转折关系。

第一类为"具有让步关系的转折句",主要指表示让步的"虽然"与表示转折的"但是"联用的情况,即"虽然 A,但是 B"的句式,也包括单独使用的"但""但是""不过",例如:

(153) 我们的工作**虽然**取得了很大的成绩,**但是**不应有丝毫的骄傲和自满。

(金允经、金昌吉 2001:35)

---

① 参见李行健主编的《现代汉语规范词典》、汉语大字典编纂处编著的《中华大辞典》等,下同。

② 关于"但是"的来源及演化过程存在一定程度的争议。朱怀、范桂娟(2017:25)认为,转折连词"但是"并不是由限制副词"但"和焦点标记"是"演化而来的,没有经历过复合副词演化阶段,而很可能是由连词词缀"是"直接附着在表达转折意义的连词"但"上形成的。类似的构词还有表达承接的连词"于是""则是",表达假设的"要是""或是"等等。

显然，两位学者指的是本书中所定义的"让步关系"，即前后两个小句中存在"通常情况下，当前一个小句中的内容成立，那么后一个小句中的内容不成立"这层隐含的因果/条件关系。当"我们工作取得了很大成绩时"，通常"可以为自己感到些许骄傲"，但后一个小句的出现打破了这个期待。

第二类为单纯的转折句，即只包含转折关系而不包含让步关系的复合句，典型格式为："A，但是 B"。此外，"A，但 B"亦或是"A，不过 B"都可以表示此类语义关系。与既包含转折又包含让步关系的复合句相比，在只包含转折关系的复合句中，前一个小句中不能加上"虽然"这个连词，如例（154）所示：

> （154）有人笑出声来，**但**笑声立即被责问的吼声压没。
>
> （155）从来的哲学家只是各式各样地说明世界，**但是**，重要的问题在于改造世界。
>
> （金允经、金昌吉 2001:36）

在例（154）中，人们期待中的"笑"这个动作的延续忽然被中断，这种关系 Kunzmann-Müller（1988:40）也曾提到过。因为某个动作的延续（比如笑这个动作）只能是人们的美好期望或愿望，不能算作常理，因此该类小句的连接词无法通过单义的让步连接词来替换，这种情况本书将其描述为"计划受阻"。而例（155）的连词"但是"表达的语义关系符合本书中所定义的类型 XI（补充说明未发挥实际作用的前提条件），因为前后两个小句之间存在"通常或理想情况下，当后一个小句中的命题成立，那么前一个小句中的命题不成立"这一逻辑关系，与"让步关系"或者"计划受阻"的逻辑方向相反（详见本书第 6.3.1.1 节）。

此外，金允经和金昌吉（2001）还指出，"但是、不过"可以被用来表示"语气或话题的转换"，多用来衔接两个不同的句子或者篇章中不同的段落，如例（156）所示：

> （156）"皇恩大赦？ 大赦是慢慢的总要大赦罢。"七爷说到这里，声色忽然严厉起来，"**但是**你家七斤的辫子呢，辫子？这倒是要紧的事。"

(157) 胡小姐觉得他攥着两拳头一文不花，活是一毛不拔的
"铁公鸡"。[……]**不过**，作为一个丈夫呢，这也不失为
美德。

（原文出自鲁迅的《风波》，引自金允经、金昌吉 2001:36）

很显然，例(156)连词"但是"的作用符合本书定义的连接词 aber 的使用
类型 Ⅹ：标记话题转换（见第 4.10 节），转折连词"但(是)"的出现在这种情
况下是说话人进行话语组织①的标记，提醒听话人注意话题转换，其作用域
不是"事实层面"或"认知层面"，而是"元层面"。

例(157)的"不过"所引入的句子属于 Breindl 等人（2014）所说的"元交
流评论"，此句一出，"胡小姐觉得他是一个一毛不拔的'铁公鸡'"这句话的
交流意义就大打折扣了，因为听话人可以从前后两个句子中得出相反的结
论：当听完前一句话时，听话人会以为说话人与胡小姐一样不看好句中的
"他"，但后一句评论一出，听话人就明白，说话人觉得作为丈夫来讲，节约钱
财不失为一种美德，因此并不是不看好句中的"他"。在类似情况下出现的
"但是"或者"不过"符合本书中定义的连接词 aber 的使用类型 Ⅷ：否定前句
的交流意义。笔者认为，在同一个上下文中，与"但是"相比，"不过"显得语
气显得更加委婉一点。类似的例句笔者在沈家煊（2004）的文章中也出
现过：

(158) 这却也难怪你，父子天性，你岂还有漠然不动的理。**不
过**，来也无济于事。

（原文出自《儿女英雄传》，引自沈家煊 2004:36）

例(158)的前半部分肯定了对方"来"的意义（父子天性，肯定要来的），
而后半部分又否定了对方"来"的意义（来也无济于事）。说话人用"不过"委

---

① 实际上，"但"字作话语组织标记词的用法早在唐代就曾出现。朱怀、范桂娟（2021）在分
析敦煌变文、吐鲁番出土的唐代文献和宋元戏文后发现，句首助词"但"可以承担连接话
语内部语篇、开启新话轮和开启新情节的作用，并认为这种承担话语组织功能的"但"是
由表达轻转折的"但"演化而来的。

婉地否定了自己前半部分语言表达的交流意义。

最后,金允经和金昌吉(2001)还指出,"只是""不过""就是"可以被用来对上文进行补充、修正或限制,如下例所示:

(159) 业务、学习、人缘样样好,**只是**体质弱点儿。(ebd.：36)

(160) 目前多数同志倾向于第二套方案,**不过**难题是,软土层问题比较大。(ebd.)

(161) 这篇文章,总的看写得还是不错的,**就是**在结构上有点不紧凑。(ebd.)

很显然,例(159)连接词"只是"表达的语义关系符合本书定义的"补偿性对立",前后两个小句中分别蕴含说话人对某个人的正向及负向评价。连词"但""但是"也可以被用来表达这种语义关系。在其他学者发表的文章中,笔者也找到了对应的例句,比如,史金生和孙慧妍(2010)把类似下面例句中的连词"但(是)"所表达的语义关系称为"正反对立式转折":

(162) 她减肥成功了,但(是)却失去了健康。

(史金生、孙慧妍 2010:36)

例(160)涉及本书定义的类型Ⅵ:限制前一说法的正确性或恰当性,在听完第一个小句之后,听话人会觉得多数同志认同第二套方案,而第二个小句的出现说明同志们对第二个方案并不是完全认同,其中还有问题需要解决。例(161)亦然:"结构上不紧凑"限制了"写得不错"这一说法的正确性或恰当性。史金生和孙慧妍(2010)将这一类的转折关系称为"限制补充式"转折,认为连词"但""但是"也可以表达这类转折关系,例如:

(163) 她减肥成功了,但(是)必须继续控制饮食。

(史金生、孙慧妍 2010:36)

其中,"必须继续控制饮食"说明减肥尚未彻底成功,对前一句的说法起到补充限制作用。何潇(2016)也认为,连词"但是"与"不过""只是"相比虽然转折义最强,但也可以在限制补充式转折中出现,由此指出"现代汉语各词项对句式转折强度的适应性具有'向下兼容'的属性"(ebd. :106),即转折义较强的连词可以向下兼容转折义较弱的连词的用法。

在(159)～(161)这组例句中可以发现,"只是、不过、就是"所引出的内容只能对前一句的内容进行限制,而不能将其完全推翻。金允经和金昌吉(2001:39)也认为,当"只是、不过、就是"被用来表达对前文的补充、修正或限制时,被衔接的内容会有明显的主次关系,前面的内容是主要的,后面的内容是次要的。也是因为这个原因,此类连词之后常有"而已""罢了"等词语与之搭配使用,比如"只是体质弱点儿而已/罢了"。根据刘佳平(2008)的观察,作连词的"不过"前面可以用"只"进行修饰,且"只"与句末的"而已""罢了"等可以同时出现(ebd. :48),例如"只不过体质弱点儿而已/罢了"。"只是""不过""就是"作连转折连词时表达限制而不完全否定的语义特征显然与三者作为副词时"指'小'"(金允经、金昌吉 2001:36)的语义内核一脉相承。沈家煊(2004:61)也曾提到,在"元语"推导机制作用下,"不过"的限制对象由事物或行为的数量或范围演变成言语本身,由此完成了副词用法到连词用法的演变。

"但""但是""不过""只是"和"就是"虽然都能被用来表达对前文的补充和限制,但在语用上也存在细微差别。史金生和孙慧妍(2010)曾举例说明,"但是""不过"的使用对说话人的心理期待没有特殊的要求,而"只是"引入的只能是说话人不期望发生的事(ebd. :35)。根据赵岩(2021)的观察,"就是"和"只是"对其所衔接的前后两个分句的意义有特殊要求,二者只能用于从积极意义到消极意义的转折;而"不过"对其所衔接的两个分句的意义无特殊要求(ebd. :93)。王岩(2007:93)也曾提到过,"就是"所引入句子一般带有遗憾意味,而"不过"作连词时没有这层附加意味,因此,在例(164)中,连词的位置上可以出现"不过",但不能出现"就是",例句中的星号 * 代表句子不合规:

(164a) 外出旅行很累,不过心情很愉快。

(164b) * 外出旅行很累,就是心情很愉快。

（王岩 2007:92）

值得注意的是,金允经和金昌吉(2001)指出,转折复句的前后两个小句之间总要有所"不同",且这种"不同"不一定是"与说者或作者预想的有所不同"(ebd.:37)。显然,两位学者并不认为转折关系的语义基础只有"事实与预想的有所不同"这一个义项:

> 我们有必要对转折句的语义基础做进一步的解释,即 A、B 两个部分必须有所不同,这种有所不同,在一般的转折句中又必须是与说者或作者预想的有所不同,而语气或话题的转换以及补充、修正、限制上文的则只要前后有所不同就可构成转折。
>
> (金允经、金昌吉 2001:37)

鉴于此,笔者有一个思考:"但""但是""只是"与"不过"是否可以用来表达本书所定义的"对立比较"关系呢? 所谓"对立比较"关系,即说话人在没有任何心理预期的情况下,客观描述两个人或事物在某个方面特征的不同。此类例句在金允经和金昌吉(2001:37)的论文中也确实出现过,此时前后两个小句之间并无任何语义关系标记词出现:

(165) 我去了上海,他去了北京。

(166) 我来了,他没有来。

金允经和金昌吉(2001)认为,上述两个例句只是说话人在平叙两个事件,说话人对第二个小句中的主语"他"并无特别的预想(ebd.),这些特征符合本书中所描述的"对立比较"关系(详见本书第 4.1 节)。然而,金允经和金昌吉认为,如果在上述两个例句中加入"但"或"但是",那么表明说话人对"他"的行为有所预想(ebd.:37),如下例所示:

(167) 我去了上海,**但**他去了北京。(ebd.:37)

(168) 我来了,**但是**他没有来。(ebd.)

在表达第例(167)时,说话人会预想"他"也应该去上海,现实情况是"他"并没有按照说话人的心理预期去行动,致使说话人"心理上产生了转折"(ebd.)。由此可见,金允经和金昌吉认为,如果在类似例(165)和(166)的复合句中出现转折连词,那么复合句将由单纯的描述"不同",变为表达"事与愿违"。

实际上,类似的情况本书第 1.3.1 节也讨论过:当上下文已知汉斯和弗雷茨是双胞胎兄弟时,人们会依据常识推测二人外貌特征相似,此时如果出现"Hans ist groß, aber Fritz ist klein"(汉斯长得高,但弗雷茨长得矮)这个句子,会导致人们的期待落空。与金允经和金昌吉不同的是,笔者认为,"我去了上海,但他去了北京"这句话也有可能是说话人在平叙"我"与"他"二人不同的去向,正如"汉斯长得高,但弗雷茨长得矮"在汉斯与弗雷茨没有任何亲缘关系的情况下可以被理解为对二人体貌特征的客观描述一样。刘云和李晋霞(2013)也认为,转折连词"但是"可以表达前后两个小句在语义内容上的直接对立,比如在"我们反对行政机关动用大量公款买花,但是提倡和鼓励多渠道发展花卉事业"(ebd.:101)这个例句中,"反对"与"提倡和鼓励"构成对立对,"公款买花"和"多渠道发展花卉事业"构成另外一组对立对;前后两个小句的内容 p 和 q 之间不存在"通常情况下,当 p 成立,那么 q 不成立"这层逻辑关系,只是客观陈述事实,符合本书中所描述的"对立比较"这一使用类型的特点(见第 4.1 节)。

金允经和金昌吉(2001)指出,"但"和"但是"作转折连词时在具体功能上并无差异,但句法特征不同:在引入后一个小句时,单音节的"但"与后面的小句之间不能有停顿,而"但是"不受此限制;此外,"但是"后可附着诸如"呢""呀"之类的语气词,以"……但是呀/呢……"的形式出现,而"但"不可以。"但/但是"可以表达一般转折以及语气/话题转折;"只是""就是"只可以表达补充、修正或限制一类的转折关系;而"不过"的适用范围较广,可以表达上述所有三类转折关系(ebd.:38)。也正是因为这个原因,"不过"与"但/但是"一样,可以与前一个小句中出现的"虽然"等表达让步关系的词联用,而"只是""就是"则不可以(ebd.;王岩 2007:93)。但根据刘佳平(2006:49)的观察,与"但是"相比,"不过"不经常与让步语气较重的"虽然"搭配使用,与让步语气更重的"尽管"不联用。

另外,根据金允经和金昌吉(2001)的观察,"不过""只是""就是"只能连接句子不能连接短语,而"但/但是"既可以连接句子又可以连接短语。在连接句子时,上述五个连词都只能位于后一句的句首,其中"不过"与"但是"一样,与后一个小句之间可以有停顿,且其后都可以出现语气词,比如以"……不过呢……"的形式出现;而"只是""就是"只能紧贴后一个小句(ebd.:39)。王岩(2007)也持相同观点,并认为,当"不过"与后一个小句之间有停顿时,其转折意味会加强(ebd.:94)。根据王岩的观察,"不过"后面可以出现表示因果、假设条件等语义关系的复合句,形成复合句嵌套结构,而"就是"后一般不会出现复杂的句式。史金生和孙慧妍(2010:35)也提到过,"但是""不过"可以与其他连词套用,出现在复杂句式当中,"只是"则不可以。

金允经和金昌吉(2001)认为,从语言风格上看,"但/但是"更常用于书面语;"不过""就是""只是"更常用于口语当中(ebd.:40)。从转折语气上看,在上述五个连词中,"但/但是"转折语气最重,"不过"次强,"只是"较弱,"就是"最弱(ebd.:40)。

王岩(2007:95)曾提到,转折连词可以互相套用,形成多层转折复句,但只能是转折程度强的套用转折程度弱的,如例(169)所示。因为"不过"的转折程度强于"就是",所以句中的"不过"可以套用"就是",但"就是"不能套用"不过":

(169) 他 80 多岁了,**不过**身体很好,**就是**有点糊涂。

(王岩 2007:95)

笔者不赞同王岩关于转折连词套用的观点,因为笔者认为如下例句也可以被接受:

(170) 我们今天玩得很尽兴,**不过**有点累,**但**最重要的是开心。

通过"不过",说话人想要表达"玩得尽兴"与"有点累"之间的补偿性对立关系;通过"但",说话人想表明"累"不足以掩盖"开心",否定了"有点累"这个语言表达的交流意义,所以我们可以知道,说话人其实对"今天"的经历很满意。

盛新华(2003)以吕叔湘主编的虚词词典《现代汉语八百词》对"但"和"但是"的阐释为依据,认为"但"和"但是"的用法基本相同,并在不同的维度对"A,但 B"类转折句的使用类型进行了划分,其中所研究的例句基本只涉及"但/但是"两个连词,偶尔涉及其他转折标记词,如"可/可是""然而""却"等。其中有关"但/但是"这两个连词具体用法的描述对本章意义重大。

按照"A,但 B"句式中前后两个小句之间的"逻辑关系",盛新华(2003)将包含连词"但/但是"的转折句分为五大类,其中第一大类为"并列式转折句"(ebd.:2)。作者指出,此类复合句"常用来表达不同事物之间的相反相对或同一事物不同方面的相反相对"(ebd.:3),从文章中的举例来看,作者所指的情况符合本书中所描述的"补偿性对立",如下例所示:

(171) 金灿荣博士说,冷战期间的中美关系是稳定的,因为存在着苏联这个共同的威胁,**但**它也是畸形的,因为双方的结合显然不是基于相互的吸引力。(盛新华 2003:3)

很显然,例(171)"稳定的"和"畸形的"是"冷战期间的中美关系"这一事物的两个相反的特点,分别蕴含说话人对中美关系的正向和负向评价,符合本书中所描述的"补偿性对立"这一使用类型的特征。

第二类被盛新华命名为"连贯式转折句",又可以分为"外在形态的先后相连(包括状态先后相连、程序先后相连、行为先后相连)"和"内在事理前后相悖(包括与众理相悖、与情理相悖、与常理相悖等)"。从作者举例来看,符合本书中所描述的"让步关系"以及"计划受阻"两种连接词 aber 的使用类型的特征,如例(172)和(173)所示:

(172) 二十多年前,她是已被自然和人间折磨得半死不活了的;**但**现在,我听她说,还带着一些病,看起来却健康、活泼。

(173) 在我步步紧逼之下,学生终于露馅,**但**他理直气壮地说:"老师,我一个普通学生捞了一百块,你就那么在意,全国贪官一抓一大把,谁才只贪一百块?"

(盛新华 2003:3)

例(172)显然可以被理解为本书所描述的"让步关系",因为按照常理,人在年轻的时候已经是半死不活的状态,大概不会活得长久或者至少年老之后情况会更差,但现实与常理相悖。例(173)虽然也是表达"出乎意料",但不能算是"让步关系",因为"学生犯错露馅后主动承认错误"只能算是老师们的愿望,算不得常理,因此学生"理直气壮"的态度与老师的期望相悖,只能说是老师们"计划受阻"。

第三类被盛新华命名为"递进式转折句",即后一个小句一般包含"更"一类的副词作为语义上的递进标志,前一个小句中可能会出现"当然""固然"一类的通过使用此类型的转折句,说话人可以强调后一个小句的语义,或者引出话题(ebd.：3)。从作者的举例来看,此类转折句符合本书中所描述的"否定前句的交流意义"两种连接词 aber 的使用类型,如例(174)所示:

(174) 特立独行有不顾实际利益、耽于自己理想或精神生活的
　　　一面;但更重要的还是不同流俗和反抗流俗的一面。

(盛新华 2003:3)

在例(174)的前一个小句中,说话人显然对"特立独行"这种行为方式进行了批评,听话人可能会得出"说话人不喜欢特立独行的人"的结论,但说话人紧接着对"特立独行"进行了肯定,并通过"更重要的是"明确表达了自己更在意其"不同流俗和反抗流俗的一面"。由此,听话人可以得知,说话人实际上是非常欣赏特立独行的人的。这样,前一个小句的交流意义就因为后一个小句的出现而完全被否定掉了。

第四类转折句被盛新华命名为"选择式转折句",在这种类型的转折句中,往往会预设几种选择,而转折句的出现会显示说话人选择之后的结果,如例(175)和(176)所示:

(175) [例句所在文章的题目:《最优秀的角色》]我能抛弃在舞
　　　台上获得的所有桂冠,但这件被子弹射穿的制服上衣我
　　　将永远珍藏。

(176) [例句所在文章的题目:《大学应教给学生什么》]这样一
　　　些需求面很窄的专业,也许不是目前市场需求的,但是

它们却是社会需求的。

（盛新华 2003:4）

盛新华（2003）认为，在（175）和（176）这两个复合句中，分别预设了"或者要桂冠，或者要制服"以及"一些需求窄的专业，或者是市场需求的，或者是社会需求的"这些选项，说话人通过转折句表达了取舍的结果（ebd.：4）。与作者的理解方式不同，笔者从例（175）中读出了让步意味，如例（177）中的改写所示：

（177）我能抛弃在舞台上获得的所有桂冠，**尽管如此**，这件被子弹射穿的制服上衣我将永远珍藏。

笔者在读完例（175）的第一个小句之后，认为说话人既然连舞台上获得的所有桂冠都可以抛弃，那舞台上的其他东西也不会在乎。事实与笔者的期待截然相反。结合例句所在文章的题目，从例（176）中，笔者读出了"补偿性对立"的意味，在笔者看来，句中提到的一些专业"不是目前市场需求的"可以作为"是否要开设这些专业"这个辩题的反论点；而"是社会需求的"可以作为该论题的支持论点来看待，因为说话人没有在第二个小句中加入"更重要的是"之类表达递进关系或者明确强调自己的选择倾向的文字。

盛新华提到的第五类转折句被命名为"因果式转折句"，又可细分为"常态因果关系"和"违逆因果关系"两个子类。其中"常态因果关系"指的是产生某个结果的原因很独特，超乎常理，如例（178）所示：

（178）这本书引起轰动的原因很多，**但**绝不是因为写得如何好，而是因为观点离奇。（盛新华 2003:4）

笔者认为，例（178）的"但"表达的也是本书所描述的"让步关系"：前一个小句中提到，某本书"引起轰动的原因有很多"，听话人按照常识会认为，如果某本书引起了轰动，那么其中的一个原因通常是这本书写得很好，事实却与人们按照常理做出的推断相反，因为"绝不是因为写得如何好"。

盛新华指出，在表达"违逆因果关系"的复合句中，第一个小句提供某个

原因,这个原因会引起听话人的某个期待,而第二个小句则描述与期待相反的结果,如例(179)所示:

(179a) 一年后,虽又到桃花盛开的时节,**可**情景迥然,温暖的
春天孩子感到的却是阵阵寒意。(ebd.)

(179b) {一年后,虽又到桃花盛开的时节,**但**情景迥然,温暖的
春天孩子感到的却是阵阵寒意。}

盛新华在其文章中讨论的是"A,但 B"类的转折句,虽然在例(179a)中没有出现"但"这个连词,但经过改写就会发现,将原句中的"可"替换成"但"是完全可以的,甚至与前一个小句中出现的"虽"更配,如例(179b)所示。当前一个小句中出现"一年后,又到桃花盛开的季节"时,听话人会根据常识期待同一个季节出现相似的情景,而事实与人们的期待相反,这也符合本书中所描述的"让步关系"。

除了按照前后两个小句之间的"逻辑关系"对"A,但 B"类的转折句进行分类之外,盛新华(2003)还在其他维度对其进行分类。从所列例句表达的语义关系来看,大多数例句的类型在前文引用盛新华的观点时已经提到过,这里不再赘述;但也有几个例句对应连接词 aber 的其他使用类型,如例(180)~(183)所示:

(180) [例句所在文章的题目:现代汉语规范化问题]所以语言的规范化必然要以书面语言为主要对象。**但是**也不能忽视文学语言的口头形式式——在公共场合使用的言辞。(盛新华 2003:2)

(181) 语言很保守,能改变,**但是**不容易改变。(ebd. : 1)

(182) 金庸在写韦小宝时是带有批判性的,他把韦小宝身上的人格缺陷、弱点都暴露出来,并不赞扬他,因此人们不会去仿效韦小宝,**但是**琼瑶在写小燕子的时候,是带有一种欣赏、赞扬的态度,这样就起了引导的作用。(ebd. : 6)

(183) 现在人民解放战争已经取得基本胜利,**但是**还没有完全胜利。(ebd. : 6)

盛新华(2003)认为,说话人在表达例(180)时,"强调了语言规范化对象的全面性"(ebd.：2)。笔者赞同盛新华的观点,笔者认为,说话人是在通过复合句列举语言规范化的对象,后一个小句的出现是为了提醒听话人,除了前一个小句中提到的对象之外,后一个小句中提到的对象也不容忽视,这符合本书中所描述的连接词 aber 与表达叠加的聚焦小品词(比如 auch)联用表达"叠加拓展关系"(见第 4.4 节)的情况。例(180)的连词"但是"确实与表达叠加关系的"也"搭配使用了,印证了笔者的观点。例(181)的说话人先是给出了"语言能改变"的说法,随后显然认为这个说法不够准确或恰当,于是补充道"但是不容易改变",符合本书中所描述的"限制前一说法的正确性或恰当性"的情况。例(182)的金庸和琼瑶在塑造小说主人公形象时的不同态度被拿来进行客观对比。可以从前后两个小句中找出两组对立对:金庸 vs. 琼瑶;批判态度 vs. 欣赏态度,"但是"的出现标记了两个比较对象在某个方面特征的不同,符合本书中描述的"对立比较"类型的特征。例(183)的前一个小句的"基本胜利"本身已经蕴含了"没有完全胜利"的意思,后一个小句只是强调了这个含义,其中的"但是"相当于被用来"强调话语隐涵"的德语连接词 aber。

刘佳平(2006)曾引用《文化苦旅》和《雷雨》中的语段,说明"但是""不过"也可以在语段之间起到标记话题转换的作用(参见 ebd.：49),例如:

(184)　　　老师执意要去感谢,星期天上午,她们走出了校门,娉娉婷婷地走家访户,都不在。……乡间妇人粗,没几句话,就盛赞老师的漂亮,当着孩子的面,问为什么不结婚。倒是孩子们不敢看老师的脸,躲回树上。

　　　但是对啊,老师们为什么不结婚呢?

　　　好像都没有家。没有自己的家,也没有父母的家。也不见有什么人来找过她们,她们也不出去。

　　　(原文摘自余秋雨的《文化苦旅》,引自刘佳平 2008:49)

显然,例(184)的"但是"引入的句子在上下两个语段之间起承上启下的作用。另外,姚双云和张磊(2011)也曾以中央电视台经济频道《对话》栏目的视频转录稿为依据,分析过"但是"在对话中的话语标记作用,如例(185)所示:

(185) 主持人:我就想问您,现在是该拿着长虹的股票呢? 还
是该卖?
胡汝银:这个应该由投资者自己来判断。
主持人:**但是**您作为那个暴风雨的核心地带的这样一个
人士的话,您的建议是什么呢?

(姚双云、张磊 2011:47)

例(185)的主持人向嘉宾提问(问题 1:长虹的股票该不该卖?),嘉宾没
有直接回答主持人的问题,而是将该问题抛给"投资者自己",以此希望主持
人不再追问。主持人在没有得到满意的答复之后发起了新一轮的提问(问
题 2:作为专业人士给出何种建议?)。问题 2 的实际内容与之前的问题 1 无
异,只是语言表达形式上进行了改变,再次引入前文中提到的话题,强调希
望嘉宾作为与普通投资者不同的"金融专业人士"针对上文提到的问题 1 给
出建议。姚双云和张磊(2011)认为,"但是"作为话语标记词是由其转折连
词的用法虚化而来,既可以在局部层面(临近语段之间)发挥作用,标记话题
转换,也可以在宏篇层面(不相邻的语段之间)起衔接作用,实现主要话题的
回归(ebd.:66)。

周琳和邹立志(2011)从认知语用的角度剖析了"但是""只是""不过"的
程序意义。虽然研究视角比较新颖,但两位学者的核心观点与其他研究者
基本一致,此处不再赘述。有一个例句中的"但是"对应连接词 aber 的其他
使用类型,在上文中尚未提及,如例(186)所示:

(186) 这一流行病具有前所未有的巨大规模,**但是**/*不过人
类的应付手段却远不如历史上的任何时期。

(周琳、邹立志 2011:174)

例(186)的前一个小句中描述了一种严峻的形势,即"这一流行病规模
空前巨大"。在这种情况之下,人们会期待这种不利的形势不久后会好转,
至少情况不要恶化。然而事实与人们的期愿相悖,人类针对"这一流行病"
并没有较好的应付手段。这类复合句中的"但是"相当于德语连接词 aber 表
达"雪上加霜"的情况(见第 6.3.1.3 节)。周琳和邹立志(2011)认为,例

(186)的"但是"无法通过"不过"来替换,这也是两位学者进行转折连词之间的可替换性调查之后得出的结论(ebd.:173)。

8.1.2.2.2 "而""然而"

笔者之所以把这两个转折标记词分为一组讨论,是因为二者在构词方面的联系:"然而"通常被认为是"然"和"而"两个词构成的复合词(朱成2007:67;袁雪梅2010:52)。

"而"字在现代汉语中可以连接句子成分或分句,语义复杂,用法较多。这里只关注其表达转折关系的用法。

严丽明(2009)认为,表达转折关系的"而"在使用的过程中必须满足一个条件,即前后两个小句之间必须存在对比关系,又可细分为两种:一种是"同一事物或情况不同方面的对比";另一种是"同一范畴下不同事物或情况的同一方面的对比",如例(187)和例(188)所示:

> (187) 这种苹果大**而**不甜。(严丽明 2009:90)
>
> (188) 西方文化强调个人自由,**而**东方文化中集体与共享的理念根深蒂固。(ebd.:90f.)

例(187)涉及的显然是严丽明所指的第一类对比关系,即同一事物不同方面的对比。"大"和"不甜"是句中表语,此时"而"衔接的并不是两个小句,而是句中的成分。笔者认为,"大而不甜"可以同时传达两种语义关系:"大"中可能蕴含说话人的正向评价,而"不甜"可能蕴含负向评价,因此"大而不甜"首先可以被理解为"补偿性对立"关系,相当于在评价性或议论性上下文中出现的 aber;另外,通常情况下,苹果越大,养分越多,口味越好,句中的"大而不甜"显然与这个常理相悖,满足本书所描述的"让步关系"。在后一种解读方式下,"而"字相当于德语连接词 aber 衔接句子成分(比如定语、表语、状语)且表达让步关系的情况。像这种同一个复合句可有多种解读方式的情况,被严丽明称为"内部语义的多元性联系"(ebd.:91)。严丽明认为,这种语义关系的多元性"是汉语形态标记体系不发达、意合特点明显的一个直接结果"(ebd.)。

例(188)表达的显然是西方文化与东方文化之间的差异,这是严丽明所指的第二类对比关系,即不同事物同一方面的对比。在前后两个小句中,可以找到两组对立对："东方"vs."西方"，"个人自由"vs."集体与共享的理念"，且前后两个小句中并未蕴含"通常情况下，当前一个命题成立，那么后一个命题不成立"的关系，说话人只是在客观陈述东西方的文化差异，没有表达自己的主观评价。此类例句中的"而"符合德语连接词 aber 在表达"对立比较"时的功能。

另外，严丽明（2009：90）提到的另外一个例句引起了笔者的注意，该学者认为，下列例句表达的也是"同一事物不同方面的对比"：

（189）他们更愿意用花钱的方式来了事，**而**不愿意对假记者进行举报。

然而笔者发现，与例（187）不同的是，例（189）中的"而"似乎无法通过转折连词"但"或"但是"来替换，如下例中的改写所示（"？"代表句子的接受度不高）：

（190）这种苹果大，**但/但是**不甜。

（191）？ 他们更愿意用花钱的方式来了事，**但/但是**不愿意对假记者进行举报。

显然，将例（187）改写为（190）很容易让人接受，但将（189）改写为（191）接受度不高。究其原因，是因为例（189）的前后两个小句中所描述的事实不能同时成立，或者说呈互斥、不兼容的关系，这种关系更接近于本书所描述的"纠正"关系，而不是"对立比较"关系。德语连接词中，通常用连接词 sondern（而是）与前一个小句中出现的否定词 nicht（不是）搭配使用来表达纠正关系；但连接词 aber 在实际语用中也偶尔可见被用来表达纠正关系的情况，只是该情况是否合规尚待研究。本书第 6.3.1.6 节曾经以语料库例证为依据讨论过这种情况，此处再次引用前面章节中的例证：

（139a）Nachfragen sollte man vor der Buchung auf jeden Fall
　　　　dann, wenn sich das Hotel „direkt am Meer" befindet.
　　　　Das Hotel könnte sich dann nämlich ebenso an einer

Steilküste oder am Hafen befinden, **aber nicht** am erhofften Badestrand.

如果在预订酒店的时候看到"紧邻大海"的宣传字样，一定要询问清楚。因为这个酒店也可能是建在一个陡峭的海岸边上或者是建在港口、码头附近，**而不是**建在期望中的海滨浴场边上。

(139b) 〔[...] Das Hotel könnte sich dann nämlich **nicht** am erhofften Badestrand, **sondern** ebenso an einer Steilküste oder am Hafen befinden〕

〔……因为这个酒店也可能**不是**建在期望中的海滨浴场边上，**而是**建在一个陡峭的海岸边上或者是建在港口/码头附近。〕

(德文 Aspekte neu B1＋，S. 142)

例(139a)中，连接词 aber 在后一个小句中与否定词 nicht 联用，此时如果将句中的 aber 译为"但"则不通顺，从(139a)的汉译可以看出，笔者在这种情况下没有将 aber 译为"但"，而是译为"而"。由例(139b)中的改写可知，在调整了前后两个小句的句法位置之后，原文完全可以由表达纠正关系的 nicht... sondern 进行改写，翻译为"不是……而是……"。与此相通的是，中文例句(189)中的前后两个小句也可以在不改变语义的情况下调换前后两个小句的句法位置，如例(192)所示：

(192) 他们不愿意对假记者进行举报，**而**更愿意用花钱的方式来了事。

这与"而"字所衔接的语段之间的"意义均衡性"有关。严丽明(2009)认为，"而"字所衔接的两个部分在语义上没有主次轻重之分，因此前后对比项如果互换位置也不会影响句子的整体意义(ebd.：92)。综上所述，例(139a)的连接词 aber 与例(189)的连词"而"功能一致，所以读者如果遇到德语连接词 aber 出现在纠正关系中的情况，可以认为其中的 aber 对应中文连词"而"，而不是"但"。

金允经和金昌吉(2001:38)指出,转折连词"然而"常用于书面语,比较正式、严肃,因此转折语气比"但""但是"还要强。学界普遍认为,转折连词"然而"是"然"与"而"两个词复合而成的结果。但对于其中"然"字的词性,仍存在争议。朱成(2007)指出,"然"字起初为表示回指的代词,当"然"字用在含有转折关系的复合句中,且处于第二个分句的句首时,其回指作用淡化,表"启下"的衔接作用占主导地位,由代词词性转变为连词词性(ebd.:68)。换言之,"然"字由代词到连词的词性演变主要受其句法位置以及转折语境的影响。朱成认为,"然"字先演变成转折连词,然后才与转折连词"而"结合,形成"然而"这个同义并列复合词(ebd.:67)。而袁雪梅(2010:54)则指出,转折连词"然而"的形成并不是两个转折连词同义复合的结果,而是由表回指的代词"然"与表转折的连词"而"跨层组合的结果(ebd.:55)。关于"然而"的由来笔者在此不再展开讨论,下文关注的重点是"然而"在现代汉语中究竟能够表达哪些类型的转折关系。

袁雪梅(2010)在其文章的开篇举出例(193)～(195),其中连词"然而"所表达的转折关系类型值得关注:

(193) 淑华打算过去安慰芸,**然而**觉新却在旁边拦阻道:"三妹,你就让芸表姐哭一会儿。[……]"

　　　　　　　　　　　(原文出自巴金的《春》,引自袁雪梅 2010:52)

(194) 她稍犹豫了一下,就胆怯地、**然而**坚决地靠着他坐下了。

　　　　　　　　　　(原文出自路遥的《人生》,引自袁雪梅 2010:52)

(195) 列奥纳多从容地踱着步子。他身材虽不算十分高大,体魄也并不那么魁梧,**然而**却显现着雄性的全部魅力。

　　　　　(原文出自刘心武的《永恒的微笑》,引自袁雪梅 2010:52)

在例(193)中,淑华的计划被觉新阻碍了,因为计划的实现属于人们美好的愿望而不是常理,所以此处的"然而"相当于德语连接词 aber 表达"计划受阻"的情况。例(194)与(195)的连词"然而"表达的均是让步关系:按照常理,当某人"胆怯"时,做事一般会犹豫,事实却与人们按照这个常理做出的推断相反,句中的"她"最终还是"坚决地"坐下了;当某个男性身材不高大、体魄不魁梧时,一般被认为不具备太强的雄性魅力,事实却与这个常理相反,句中的"他"仍能显现"雄性的全部魅力"。由此可见,表达"让步关系"的德语连接词 aber 也可以对应中文转折连词"然而"。后两例的区别是,例(194)的"然而"连接的是句子成分;而在例(195)中,"然而"衔接的是句子。

金允经和金昌吉(2001)指出,"然而"也是语气或话题转换的典型标记词,并举出例(196):

(196) 坡顶上横卧着一条干瘪的、疲倦的乌云。**然而**天空却是晴朗的。

(金允经、金昌吉 2001:36)

但在笔者看来,例(196)的"然而"表达的仍然是让步关系:通常情况下,如果天空中飘着乌云,那么一般不会是晴朗的,事实与人们按照常识做出的推断相反。鉴于此,笔者不认为例(196)是"然而"作为话题转换标记词的典型用例。那么"然而"究竟能否作为话题转换标记词出现呢? 笔者认为,可以把前文列举的转折连词作话题转换标记词的例句摘出,测试"然而"与相关例句的适配度,如下述例句的改写所示,句中连词之前的星号 * 代表笔者认为该连词与句子或语段不适配:

(156)"皇恩大赦? 大赦是慢慢的总要大赦罢。"七爷说到这里,声色忽然严厉起来,"**但是**/* **然而**你家七斤的辫子呢,辫子? 这倒是要紧的事。

(原文摘自鲁迅的《风波》,引自金允经、金昌吉 2001:36)

(184)　老师执意要去感谢,星期天上午,她们走出了校门,娉娉婷婷地走家访户,都不在。[……]乡间妇人粗,没几句话,就盛赞老师的漂亮,当着孩子的面,问为什么不结婚。倒是孩子们不敢看老师的脸,躲回树上。

　　但是/* **然而**对啊,老师们为什么不结婚呢?

　　好像都没有家。没有自己的家,也没有父母的家。也不见有什么人来找过她们,她们也不出去。

(原文摘自余秋雨的《文化苦旅》,引自刘佳平 2008:49)

(185)主持人:我就想问您,现在是该拿着长虹的股票呢? 还是该卖？

胡汝银：这个应该由投资者自己来判断。

主持人：**但是**/***然而**您作为那个暴风雨的核心地带的这样一个人士的话，您的建议是什么呢？

（姚双云、张磊 2011：47）

笔者认为，如果将上述例句的连词换成"然而"，篇章就变得不连贯了。究其原因，可能是由于"然而"本身所表达的转折意味很强，无法与不表达重转折关系的功能适配；也可能是因为"然而"通常出现在书面语当中，显得严肃、正式，与上述例句中更偏向口语化的语言风格不符。但这只是笔者通过简单的替换试验得出的假设，这个假设是否成立还需要相应的实证研究加以验证。

另外，金允经和金昌吉（2001）还就"然而"衔接句子成分的情况举出例（197）：

（197）三峡水利工程是一项非常伟大**然而**又非常艰巨的工程。

（金允经、金昌吉 2001：38）

在例（197）中，"然而"的作用相当于表达"补偿性对立"的德语连接词 aber："伟大的"蕴含说话人的正向评价，而"艰巨的"蕴含说话人的负向评价。

此外，金允经和金昌吉（ebd.：38）还提到，单音节的转折连词在连接分句的时候与后面的分句之间不能有停顿，但双音节的转折连词不受此限制，这说明转折连词"而"不能通过逗号与其后的分句间隔开，但"然而"可以。

8.1.2.2.3　"尽管/虽然……（但/但是/然而/却……）"

笔者之所以把这两个让步连词合为一组进行讨论，是因为二者都经常在转折复句的偏句中出现，与主句的"但""但是""却""然而"等转折标记词呼应，构成"连词套用"（池昌海、凌瑜 2008：94）结构，比如以"虽然/尽管……但是/却……"等形式出现，相当于德语中的 zwar... aber... 或类似的连接词搭配。在现代汉语词典里，"虽然"和"尽管"也经常被当做同义词列举。

邢福义（1992：81）将"虽然"和"尽管"视为"转折关系的间接提示标记"，因为二者的出现会间接提示后面一个分句会出现转折关系，并认为"虽然/

211

尽管……但……"这类句式成立的前提是前后两个小句之间存在因果违逆关系,如例(198)所示:

> (198a) **因为**黑夜笼罩着他,**所以**我看不到他脸上的忧伤。(因果相承)
>
> (198b) **虽然**黑夜笼罩着他,**但**我仍看到了他脸上的忧伤。(因果违逆)
>
> (邢福义 1992:83)

显然,邢福义所指的"因果违逆"关系相当于本书描述的"让步关系"。徐朝红(2017:504)也认为,"虽然"为典型的让步连词,由让步连词衔接的小句皆为真命题[1],让步句预设的关系是:如果前一个小句的命题 p 成立,那么后一个小句的命题 q 不成立,与本书对"让步关系"的描述基本一致,只是徐朝红忽视了预设中应该出现的限定词"通常情况下",因为让步关系成立的基础应该是按照常识或者常理成立的原因或条件关系,而不是定律或者按照人们的美好愿望应该实现的因果/条件关系。

金允经和金昌吉(2001)将由"虽然……但是……"衔接的复合句称为"具有让步关系的转折句",并指出,"虽然"与"但是"也可以不联用,在句中单独出现,前者标记让步关系,后者标记转折关系。如果一个复合句本身既包含让步关系又包含转折关系,且说话人没有将"虽然"与"但是"联用,而只是用了其中的一个连词,那么说明说话人想要凸显其中的一个语义关系;如果说话人只用了"虽然",那么说明说话人想要凸显让步关系;如果只用了"但是",则说明说话人想要凸显的是转折关系(ebd. :35f.),例如:

> (199a) 我们的工作**虽然**取得了很大的成绩,**但是**不应有丝毫的骄傲和自满。
>
> (199b) 我们的工作取得了很大的成绩,**但是**不应有丝毫的骄傲和自满。

---

[1] 冯志纯(1990:57f.)也指出,"尽管"所衔接的分句必须为事实,不能是假设。

金允经和金昌吉认为,上述两个复合句的前后两个小句之间都既存在让步关系又存在转折关系,但例(199b)的说话人之所以没有在前一个小句加入连词"虽然",而是只在后一个小句单用"但是",是因为想凸显句中的转折关系。这个观点应当对"尽管……但是……"衔接的小句也适用,因为根据刘丹(2012:61)的观察,"尽管"本身表达让步含义,可能与后面的"但是""然而""却"等转折标记词相呼应,也可能不出现转折连词,但前后两个小句语义上有转折。在后一种情况下,说话人可能只想凸显让步关系而不想凸显转折关系。

徐燕青(2015)在前人研究的基础上,详细考察了"虽然 p,但是 q"出现的语境。其中所列例句绝大部分对应本书中所定义的"让步关系",但也有例外,如例(200)所示:

(200) 按说,戒定回到位于中原的那座小庙也是可以的……。那个庙**虽然**小,只有三位僧人,而且香火很差,要靠耕种村里拨给的十亩地为生,**但**毕竟是在一个道场当家。佛学院的学生能够当家,也算是学有所成了……

(徐燕青 2015:35)

例(200)"虽然……但……"所衔接的两个部分,即"庙小"和"在一个道场当家"之间显然不存在"通常情况下,如果前者成立,那么后者不成立"的关系,所以不符合徐朝红(2017)或本书所定义的让步关系。"虽然"在此例句中的作用在于承认在"那座小庙"里做事不算什么成就,而"但"的作用在于强调"在道场当家"这件事本身的重要性。从例(200)的第一句和最后一句话可以看出,说话人其实认为"去那座小庙当家"已经算学有所成了,是个不错的选择。说话人用"虽然"引出"庙小"这个局限只是为了防止反驳观点的出现而进行的战术性让步[①]。"但"所引入的小句实际上否定了"庙小"这

[①] 类似的用法德语连接词 zwar 也有。Métrich 和 Faucher 指出,连接词 zwar 本身具备的表达肯定的含义使得它可以在论证性上下文中被用来表达"修辞性让步关系(rhetorische Konzession)"(Métrich & Faucher 2009:985),即在论证过程中,说话人先承认对手的观点,再用自己的论点去说服对手。

件事的交流意义,相当于德语 zwar... aber 被用来"否定前句的交流意义"
(见第 4.8 节)的情况。

"虽然……但是"所衔接的前后两个小句之间不存在"通常情况下,如果
p 成立,那么 q 不成立"这一隐含关系的情况也曾被赵岩(2021)提到过,如
例(201)所示:

(201)**虽然**几何画板有很多优势,**但是**它的局限性和它的优势
是一致的。

(赵岩 2021:47)

显然,从"几何画板有很多优势"中,无法得出"通常情况下,它没有局
限"的推论,说明前后两个小句之间并不存在本书所定义的"让步关系"。该
例前一个小句隐含说话人的正向评价,后一个小句隐含说话人的负向评价;
前一个小句可以作为"应不应该推广几何画板"这个辩题的支持论点来看
待,后一个小句则可以作为反论点来看待。因为几何画板的局限性与其优
势一致,所以读完整个复合句后,读者显然无法对该辩题下定论。这种情况
相当于德语 zwar... aber 被用来表达"补偿性对立"(见第 4.3 节)。

另外,徐榕(2015)曾提到过"虽然……但是……"在日常生活中被说话
人故意用来制造幽默效果的情况,如例(202)所示:

(202)**虽然**我基础差,(停顿一下)**但是**我也没准备啊!

(徐蓉 2015:128)

徐榕(2015)为上述例句构建了一个情境:两位大学生即将参加某国家
级考试,二人都很紧张,上述例句为其中一人为了通过自嘲的方式安慰同
伴、减少焦虑所言(ebd.:128)。徐榕指出,因为"虽然……但是……"背后的
转折逻辑众所周知,所以说话人在"虽然"后故意停顿,引导听话人产生一个
转折逻辑假设,之后再用"但是"引入与前文不存在转折关系的内容,打破听
话人的转折逻辑假设,使其产生认知矛盾,从而制造幽默的效果(ebd.)。这
种利用连词本身的逻辑意义反其道而行之制造特殊效果的情况笔者在分析
德语教材时也有发现,如下例所示:

(203) Daniel Glattauer beschreibt sich als „ einen recht freundlichen und entspannt wirkenden Mann mit relativ wenigen, **dafür aber** bereits leicht grauen Haaren[...]".

*丹尼尔·格拉陶尔把自己描述为"一个非常友好、让人觉得放松的男性,顶着相对稀疏**但已经轻微花白的头发**……"*

(Aspekte neu B1+, S. 116)

本书第 5.2.2.3 节已经提到,dafür 作为连接词 aber 的功能等价词只能在评价性上下文中出现,此时前后两个小句分别隐含说话人的正向及负向评价,可单独出现在第二个小句中,也可以与连接词 aber 联用。例(206)提到的 Daniel Glattauer(丹尼尔·格拉陶尔)是奥地利知名作家,不可能不知道 dafür 与 aber 联用时应该被用来表达"补偿性对立"关系。然而,"头发相对稀疏"和"轻微花白"都包含其对自身形象的负向评价,听众所期待的包含正向评价的特征并没有出现。这说明作家想利用听众对 dafür aber 引起的逻辑关系假设,反其道而行之,从而通过自嘲的方式达到制造幽默的目的①。例(203)的汉译表明,说话人制造的特殊效果并不会影响句中连接词的字面翻译方式。笔者认为,如果是在口译过程中遇到类似的情况,可以借助副语言手段或非语言手段,比如利用特殊的语音语调、变换语言节奏、使用表情等方式将说话人想要制造的特殊效果传递出来。

8.1.2.2.4 "可""可是"

在现代汉语词典中,"可"与"可是"作转折连词时常被当成同义词列举,除了作转折连词之外,二者在现代汉语中还有一个共同点:都可作表示强调的副词。

关于"可"与"可"或"可是"的语法化,学界仍存在争议。邓云华、石毓智

---

① 类似的"超常"用法在笔者所建的语料库中共出现了四次,约占所有例证总数的 0.5%。此类例证中连接词的使用类型在元数据库中通过星号+使用类型的方式标出,例如"*Ⅲ"代表连接词所表达的应该是补偿性对立关系,但说话人为了制造特殊效果故意反其道而行之。

(2006)认为,转折连词"可"由表示对程度或范围进行限止的副词"可"演变而来。齐春红(2006)和姚小鹏(2007)则指出,"可"最初为表示疑问的语气副词,后衍生出强调副词的用法,最后演化为转折连词。而"可是"最初是由副词"可"与判断词"是"构成的短语,"可"与"是"联用最早表示反问,而后引申出疑问语气、强调语气,二者的反复连用也使"可是"由词组演变成一个副词,而副词"可是"在包含转折关系的语境中进一步演化为转折连词。不论"可"与"可是"的语法化经历了怎样的过程,笔者关注的是二者在现代汉语中作转折连词的用法。

姚小鹏(2007)指出,"可是"作为转折连词有两种用法,一种是"引出与前面事实相反的内容",并指出这种情况下"可是"经常与表达让步的"虽然"连用;另外一种是"对前面的内容进一步限制和补充"(ebd.：45),并举出例(204)和例(205)：

(204) 大家**虽然**很累,**可是**都很愉快。

(205) 中国历来只是地主有文化,农民没有文化。**可是**地主的文化是由农民造成的,因为造成地主文化的东西,不是别的,正是从农民身上掠取的血汗。

(姚小鹏 2007:45)

例(204)有两种解读方式。如果该例出现在评价性的上下文中,可理解为本书所定义的"补偿性对立"："大家很累"包含说话人的负向评价,而"大家都很愉快"包含正向评价。另一种解读方式是本书所定义的"让步关系"：从"大家很累"这个事实中,听话人可以按照常理做出"那么大家不会觉得愉快"这个推测,而事实与听话人的推测相反。根据姚小鹏的行文逻辑,例(205)应该是针对"可是"表达限制/补充性转折的情况给出的例句。可见姚小鹏认为,例(205)的"可是"引入的内容是对前文内容的限制和补充。然而笔者不这样认为,读完前半部分的内容之后,会得出"农民与文化没什么关系"这样的推断,但后半部分内容的出现否定了笔者的这一推测。笔者认为,在例(205)的前半部分加入"虽然"标记"让步关系"也完全可以,如例(206)的改写所示：

(206) **虽然**中国历来只是地主有文化,农民没有文化,**可是**地
主的文化是由农民造成的,因为造成地主文化的东西,
不是别的,正是从农民身上掠取的血汗。

在用"可是"引出令人出乎意料的结果之后,说话人用"因为"引入出现
这个结果的理由,也合情合理。

上文中曾提到过,金允经和金昌吉(2001)在其文章中定义了四类转折
关系(参见第 8.1.2.2 节)。两位学者认为,在这四类转折关系中,"可/可
是"可以表达的有三类:一、包含让步关系的转折句;二、单纯的转折句;三、
语气或话题的转换。然而,两位学者并没有为每种情况配备例句,笔者能找
到的只有如下几个:

(207) 站在三楼的阳台上,看着厂区,李新评价说:"一个旧时
代的小作坊而已。"江海洋说:"**可**我有资料证明,当时这
是平海市最大的制造业企业。"(金允经、金昌吉 2001:
37)

(208) 她不怕死,**可**也不想死。(ebd.:38)

(209) 嘴里不说,他心里**可是**想着呢。(ebd.)

(210) 我就告诉他说,我们订婚的时候,双方家境相同,现在**可**
大不相同了。(ebd.)

(211) 你的稿子,我已经拜读了,好得很。**可是**呢,也不是没有
问题,所以傅今同志也要看看呢。(ebd.)

例(207)涉及两个人的对话。金允经、金昌吉(2001)认为,例(207)中,
江海洋用"可"引入自己要说的话,是为了表达与李新的看法不同(ebd.:
37)。这个用法显然相当于德语连接词 aber 在对话中被用来"反驳对方语言
表达的正确性或恰当性"的情况。分析例(208),当听到"他不怕死"这句话
的时候,听话人可能会得出"她可能会赴死"之类的推测,而当听到"可她也
不想死"的时候,听话人会得出"她其实不会赴死"这个结论。第二个小句的
出现使第一个小句的表达失去了交流意义,相当于德语连接词 aber 被用来
"否定前句的交流意义"的情况。金允经、金昌吉(ebd.:38)指出,例(209)中

的"可是"可以移到第二句的句首,整个复合结构的句义不变,并指出"可/可是"与"但/但是"或者"然而/而"等只能出现在第二句句首的连词不同,也可以出现在第二句的句中。例(209)的前后两个小句之间隐含"当某人心里想着某事,大概会讲出来"这个隐含的条件关系,"可"引入的不是出乎意料的结果,而是未发生作用的条件,符合连接词 aber 被用来"补充说明未发挥实际作用的前提条件"的情况(详见第 6.3.1.1 节)。例(210)中的"可"显然表达的是"让步关系":通常情况下,家境的改变不太容易,所以"订婚的时候双方家境相同"会引发"现在双方家境也差不多"的期待,然而事实与期待相反。例(211)中的"也不是没有问题"显然是对"好的很"的限制,符合德语aber 被用来"限制前一说法的正确性或恰当性"的情况。句中的"可是"与语气词"呢"搭配,与后一个小句之间产生停顿,这个用法是单音节的"可"没有的(金允经、金昌吉 2001:38)。另外,根据金允经和金昌吉的观察,"可/可是"的转折程度介于"但/但是"和"不过"之间(ebd.:39)。

赵岩(2021:63)认为,"可/可是"被用来表达"计划受阻"的情况,如例(212)所示:

(212) 本来他以为到高升店就会成为一个地道的技工,**可**却被
分配当了一个推销员,这让他非常苦闷。

愿望实现或者"心想事成"不能算作常理,因此例(212)的两个小句之间不存在因果违逆关系,"可"在该例句中只能标记"计划受阻",不能标记"让步关系"。

8.1.2.2.5 "偏偏"

"偏偏"在学界通常被认为是表达主观情态的评注性副词(参见范伟2009;石定栩等 2017;殷思源、袁毓林 2021),本身所包含的"客观事实与主观预期相反"(范伟 2009;强星娜 2020)或者"事与愿违""事与违背""客观违愿"(石定栩等 2017;殷思源、袁毓林 2021)的含义。殷思源、袁毓林(2021)指出,在语义和句法的互动下,"偏偏"的句法位置向句首、主语之前移动,从而发展出了表示转折的语篇功能(ebd.:44)。

范伟(2009:148)认为,"偏偏"所引出的内容"一般是说话人不希望发生的";根据石定栩等人(2017:920)的观察,"偏偏"引入的内容确实以负面信

息居多。鉴于此,"偏偏"在转折复句中出现相当于德语连接词 aber 表达"计划受阻"或者"雪上加霜"的情况,因为"希望发生的事得以实现"或者"不利的情况不再恶化"并不是常理,而是人们美好的愿望。上述几位学者所列出的带有"偏偏"的转折复句也确实属于这两种使用类型,如例(213)~(217)所示:

(213) 常常有这样的情况,好容易有一点空闲,她打算为丈夫和孩子做一顿可口的晚饭,尽一尽作为妻子和母亲的义务,可这时候却**偏偏**有人找上门来谈案子。(石定栩等 2017:919)

(214) 老王天天虔诚烧香,祈求生个女孩,后来老婆**偏偏**生了个男孩。(强星娜 2020:680)

(215) 以三叔的庄重和世故,毫无疑问应该远离这种人才对,可他们**偏偏**有着密切的关系。(殷思源、袁毓林 2021:44)

(216) 老杜的屋顶破洞了,又**偏偏**遇到了连阴雨。(强星娜 2020:681)

(217) 巴老住院了,他突然胸节骨断裂,疼得要命,全身不能动,**偏偏**他又泻肚。(殷思源、袁毓林 2021:44)

　　例(213)~(215)中的复合句前半部分都包含直接表达主观愿望、猜测的词("打算""祈求""应该……才对"),而"偏偏"所在小句所陈述的事实与前文提到的愿望或猜测相悖,符合本书所定义的"计划受阻"这一使用类型的特点。例(216)和例(217)的前半部分虽然不包含直接表达主观意愿或猜测的词汇,但其中所描述的困境或不利的形势会引发人们"希望情况不要恶化"的期愿,而这个愿望没有实现,符合本书所定义的"雪上加霜"这一使用类型的特点。不论是"计划受阻"还是"雪上加霜",前后两个部分的内容之间都存在"理想情况下,当 p 成立,那么 q 不成立"这层隐含的条件关系。可见,当连接词 aber 表达"计划受阻"或"雪上加霜"的情况时,完全可以翻译成中文里的"偏偏"。

　　另外,殷思源、袁毓林(2021:42)指出,"偏偏"可以与"可(是)、但(是)、

(然)而"等转折标记词连用或共现,这一点例(213)和(215)也有体现。

8.1.2.2.6 "却"

关于"却"字的语义基础,不同学者持不同的看法。邓云华、石毓智(2006:14)指出,该词在唐代以前作动词用,意思为"退却""推辞",并认为这层语义实际上也可以理解为一种对范围的限止,即"先达到某一位置,再往后退若干距离"(ebd.:15),这一点可能是该词向转折连词演化的"概念基础"(ebd.)。刘云、李晋霞(2013:101)则认为,"却"字严格地说不是表示转折的关联副词,而是一个评注性副词,属于"句内成分",其作用范围是某一命题,体现说话人对这一命题的主观态度,表示某事出乎说话人的意料。两位学者指出,"却"之所以被视为可以表达转折的标记词,是因为"语境中有一个与之对照的先行命题出现"(ebd.)。与这两位学者的观点不同,王孔莉(2013:44)明确指出,副词"却"的基本语法意义就是"表示转折关系",具体概括为两点:第一,表示"句子前后两层意义相反或对立";第二,表示"出乎意料、强调"。张建军、吴长安(2010:57f.)也把"却"看作典型的转折关系标记词之一,并认为该词的核心意义是表达"对比性",具体包括表达"显性对比",即描述"不同对象在同一方面上的差异性"以及"隐性对比",是"同一对象的某一方面在不同概念域中的不同反映"。此外,两位学者明确指出,其他学者所持的"却"表示说话人的主观评议,"但是"只表示对某事件的客观陈述的观点有待商榷,因为语料库分析结果显示,"但是"所衔接的内容也可以带有说话人的主观情感,"却"字也可以被用来客观描述不同事物在某一方面的不同特征(ebd.:63)。不论"却"字的语义基础如何,对本节而言重要的是确定"却"字可以出现在哪些类型的上下文中,以便理清德语连接词 aber 在哪些使用类型下可以翻译成"却"。

相关文献中列举的带有"却"字的转折复句绝大多数对应本书所定义的"让步关系"以及"对立比较"两种使用类型。在前一种使用类型下,前后两个小句之间存在"通常情况下,当前一个命题成立,那么后一个命题不成立"这个隐含的因果/条件关系;在后一种使用类型下,前后两个小句的内容之间并不存在上述关系,说话人只是客观描述两个事物在某方面特征的差异,例如:

(218)该厂虽然进行了认真治理,污染环境问题**却**仍然存在。

(刘云、李晋霞 2013:103)

(219) 我是一个初来的人，我*却*一点儿也不陌生[……]。

（王孔莉 2013:45）

(220) 这虽说是酒楼，*却*毫无酒楼气。

（张建军、吴长安 2010:58）

(221) 我妈妈是个有耐心的人，爸爸*却*一点儿耐心也没有。

（王孔莉 2013:46）

(222) 当兵两年多，和方向盘结下了不解之缘，枪*却*摸得太少。

（刘云、李晋霞 2013:103）

　　显然，例(218)～(220)的前后两个小句之间存在本书所定义的"让步关系"：通常情况下，当人们"认真治理水污染"时，污染问题会得到解决；当一个人"初来乍到"，不会一点儿也不感到陌生；当某个地方是酒楼，不会毫无酒气。而例(221)的前后两个小句之间并不存在因果违逆的让步关系，说话人用"却"字只是为了描述两个人的脾气秉性之间的差异。例(222)亦然，说话人只是为了客观描述当兵两年多两种不同活动的频率差异：方向盘摸得很多，而枪摸得很少。

　　另外，在刘云、李晋霞(2013)所列的例句中，也出现了带有"却"字、表达"补偿性对立"的转折复句，如例(223)所示：

(223) 确实，穿校服使学校看着整齐多了，但*却*束缚了我们的
个性。

（刘云、李晋霞 2013:103）

　　显然，前后两个小句包含了说话人对"穿校服"这件事优缺点的评价，"使学校看着整齐多了"包含说话人对这件事的正向评价，"束缚了我们的个性"包含说话人对此事的负向评价。类似的例句在邓云华、石毓智(2006)发表的论文中也可以找到：

(224) 他们在物质上虽然很富有，但是精神上*却*十分贫乏。

（邓云华、石毓智 2006:16）

显然"物质上富有"是人的优势,而"精神上贫乏"是人的劣势,二者之间形成补偿性对立。值得注意的是,上述两例中,"却"字都与其他转折标记词连用:例(223)是与"但"连用;例(224)是与"虽然……但是……"连用。张建军、吴长安(2010)曾指出,"但是＋却"连用比单独使用"但是"或单独使用"却"的转折语气要重一些。

此外,王孔莉(2013:44)所列例句的"却"被用来表达"计划受阻"以及"否定前句的交流意义"的例句,如例(225)和例(226)所示:

(225) 姚志兰只当他爹爹出了事,空袭过去,气急败坏地扑着
大坝跑来,不见爹爹,**却**救起李春三。

(226) 我们需要钢、需要机器、需要粮食[……]**却**更需要人、需
要社会主义的新人、需要健全的人。

例(225)的主语显然是发起了一个有目的的动作,即找到爹爹,但这个目的显然没有实现,实际找到并救起的另有其人。找到并成功营救出受到空袭的人只能是人们美好的愿望,不是常理,因此不能归为本书所定义的"让步关系","却"字在类似上下文中相当于表达"计划受阻"的德语连接词aber。例(226)的前半部分表达了对机器、粮食等物资的需求,但后半句强调了人力的重要性。人力的重要性在说话人看来比物力的重要性更强,这个侧重点通过后半句中的"更需要"也能直接表达出来。如此一来,前一句话的交流意义就被后一句话否定掉了,因为说话人显然更重视人力,前半句只是战术性让步而已。

邢福义(1992)的"却"字被用来标记"双重对立"(详见本书第4.7节)的例句:

(227) 年轻的一代有着更多的勇敢,父亲一代**却**有着更多的
成熟。

(邢福义 1992:84)

例(227)的"双重对立"并不是能够从前后两个小句的字面意义中读出的,而是通过句中的隐含信息得出的,如例(228)的改写所示:

(228) 年轻的一代有着更多的勇敢,而没有更多的成熟。

父亲一代有更多的成熟,而没有更多的勇敢。

通过上述改写可知,说话人其实是就"勇敢"和"成熟"两个方面的特征将"年轻的一代"和"父亲一代"进行对比。

刘云、李晋霞(2013)在讨论"但是"与"却"的区别时指出,"却"可以连接单句中具有转折关系的两个不同的句子成分,如例(229)所示:

(229) 我们正在庆幸大风雨里走路不会遇上敌人的时候,**却**偏偏就遭遇上了敌人。(刘云、李晋霞 2013:103)

显然,"却"在句中衔接的是"在……时候"这个状语以及"遇上敌人"这个谓语,这种句内不同成分之间的转折是"但是"无法实现的,如例(230)所示,其中星号 * 代表句子不合规:

(230) * 我们正在庆幸大风雨里走路不会遇上敌人的时候,**但**偏偏就遭遇上了敌人。

王孔莉(2013)也认为,"但是"是连词,要求其所衔接的两个语言单位在语篇中具有相同的句法功能,因此可以衔接段落、句子或者两个相同的句子成分(比如衔接两个状语、两个定语、两个补语等等);而"却"是副词,对其所衔接的语言单位句法功能的一致性没有特殊要求(ebd.:46)。刘云、李晋霞(2013)还指出,"却"无法像"但是"一样被用来标记话题转换,如例(231)所示:

(231a) 到了网络时代,知识产权的保护范围正在扩大,**但是**这种保护究竟是有利于人类进步还是不利于人类进步?

(231b) * 到了网络时代,知识产权的保护范围正在扩大,这种保护**却**究竟是有利于人类进步还是不利于人类进步?

(刘云、李晋霞 2013:103)

显然，如果把例(231a)的话语标记词"但是"替换成"却"，句子将无法被接受。

8.2 连接词 aber 在各个使用类型下对应的中文标记词汇总

在 8.1 节中，笔者根据学界现有的研究成果，举例说明了 8.1.2.1 部分所列的中文标记词可以在哪些类型的转折关系中出现，以便确定德语连接词 aber 在不同的使用类型之下对应哪些中文标记词。作为对前两章研究结果的汇总，可详见表 9。

表 9　德语连接词 aber 在各个使用类型下对应的中文标记词汇总表

连接词 aber 的使用类型	此类型下对应的 中文标记词	备注
Ⅰ. 对立比较	但、但是、而、却	
Ⅱ. 让步关系	但、但是、可、可是、而、然 而、虽 然/尽 管……(但/但是/然而/却……)、却	"而"适用于连接词 aber 衔接句子成分的情况
Ⅲ. 补偿性对立	但、但是、不过、只是、就是、而、然而、虽然/尽管……(但/但是/然而/却……)、可、可是、却	1. "只是""就是"引入小句需含负向评价 2. "不过""只是""就是"只能连接句子不能连接短语，而且更常用于口语当中 3. "但""只是""就是"与后一个小句之间不能有停顿 4. "而"适用于连接词 aber 衔接句子成分的情况
Ⅳ. 叠加拓展关系	但、但是	
Ⅴ. 计划受阻	但、但是、然而、可、可是、偏偏、却	
Ⅵ. 限制前一说法的正确性或恰当性	但、但是、不过、只是、就是、可、可是	1. "不过""只是""就是"只能连接句子不能连接短语，而且更常用于口语当中 2. "但""只是""就是"与后一个小句之间不能有停顿
Ⅶ. 双重对立	却	

（续表）

连接词 aber 的使用类型	此类型下对应的中文标记词	备注
Ⅷ. 否定前句的交流意义	但、但是、不过、虽然/尽管……（但/但是/然而/却……）、可、可是、却	"不过"显得语气委婉
Ⅸ. 反驳对方语言表达的正确性或恰当性	可、可是	
Ⅹ. 标记话题转换	但、但是	
Ⅺ. 互斥选择关系	笔者建议：不翻译	现有文献中未发现相关例句，无法确定中文对应词
Ⅻ. 补充说明未发挥实际作用的前提条件	但、但是、可、可是、	
ⅩⅢ. 避免过度解读	笔者建议：但/但是/不过/可/可是	现有文献中未发现相关例句，无法确定中文对应词
ⅩⅣ. 雪上加霜	但、但是、偏偏	
ⅩⅤ. 强调话语隐涵	但、但是	
ⅩⅥ. 比较相同点与不同点	笔者建议：但/但是/而/不过/只是	现有文献中未发现相关例句，无法确定中文对应词
存疑的使用类型：纠正关系	而	

　　由于笔者在现有文献中并未找到涉及"互斥选择关系""避免过度解读"和"比较相同点与不同点"的例句，所以表 9 这三行的背景被标为灰色。连接词 aber 在上述三种使用类型下究竟能否对应 8.1.2.1 节所选的中文标记词呢？笔者把前面章节中所列举的涉及这三个使用类型的德文例句及其汉译重新调出：

　　(69) Bei dem Glatteis auf den Straßen sollten wir lieber zu
　　　　 Hause bleiben, oder aber wir fahren mit dem Zug hin.
　　　　 在路面结冰的情况下，我们还是应该在家待着，或者我

们坐火车去。

(132) [Kontext: Tipps zur Selbstvorstellung in einem Vorstellungsgespräch] Seien Sie selbstbewusst, **aber** nicht arrogant!

[上下文信息：为参加面试提供的建议]您要有自信，{但/但是/不过/可/可是/*只是/*就是/*却/*然而/*而/*偏偏}不要傲慢！

(137) 1883 meldete Gottlieb Daimler den ersten Einzylinder-Viertaktmotor mit Benzinverbrennung an, den er zusammen mit seinem Angestellten Wilhelm Maybach entwickelt hatte. Nicolaus August Otto hatte davor bereits einen Viertakt-Motor entwickelt, der **aber** mit Gas angetrieben wurde.

1883 年，戈特利布·戴姆勒宣布发明了第一台以汽油驱动的单缸四冲程发动机，这款发动机是他与他的雇员威廉·迈巴赫一起开发的。在此之前，尼古拉斯·奥古斯特·奥托已经开发了一款四冲程发动机，{但/但是/而/不过/只是/*就是/*偏偏/*可/*可是}这台发动机{？却}是以煤气驱动的。

例(69)取自本书第 4.12 节，通过笔者给出的汉译可以看出，当德语连接词 aber 与 oder 搭配使用的时候，二者作为一个整体对应中文里的"或者"，所以其中的 aber 不必译成中文的转折标记词。

例(132)和例(137)取自本书第 6.3.1.2 及第 6.3.1.5 节，当时笔者根据母语语感将其中的连接词 aber 翻译为"但"，因为"但是"与"但"在语义上并无明显区别，所以笔者认为将其译为"但是"亦可。那么其他转折标记词可否被用来替换"但/但是"呢？笔者决定将其他转折标记词代入，通过替换试验来初步考察其在此两类上下文中的合法性。替换结果已经在例句中显示：中括号为前面带星号的转折标记词是笔者认为不合规的情况，带问号的转折标记词是笔者不确定的情况，不带任何特殊符号的转折标记词是笔者认为合规的情况。经过初步的替换试验，笔者建议把表达"避免过度解读的"德语连接词 aber 翻译成"但/但是/不过/可/可是";将被用来"比较相同点与不同点"的 aber 翻译成"但/但是/而/不过/只是"。要验证笔者的建议是否合理,还有待借助针对中文转折复句的语料分析或者接受度调查才可以确定。

第9章

总 结 与 展 望

　　德语连接词 aber 虽然看似简单,但其语义内涵广泛、使用类型丰富多样,共计十余种(相见第 4 章及第 6.3.1 节)。在本书所分析的教材中,最常出现的是让步关系、补偿性对立、计划受阻、叠加拓展关系以及对立比较五种使用类型。根据笔者的观察,让步关系、对立比较以及补偿性对立这三种使用类型在所分析的德语教材中均是语法部分的讲解对象,而其他使用类型未被提及。可见,本书关于该连接词使用类型的研究成果可以为德语教材的编纂、为该连接词功能的课堂讲解提供新的理据。

　　要判断连接词 aber 在复合句中所标记的语义关系,既要考虑前后两个连接单位本身的结构特征(包含形态句法结构、韵律结构、语义特征),又要考虑前后两个语言单位之间可能存在的语义关系,还要兼顾上下文信息,考虑前后两个连接单位的信息结构。此外,知识储备也可能影响听话人对复合句的理解(详见第 2.1 节)。连接词 aber 所标记的多种语义关系可以在事实层面、认知层面或者元层面进行阐释:在事实层面,说话人客观描述不同对象在某一方面特征的差异,并运用连接词 aber 对这一差异进行标记;在认知层面,连接词 aber 的出现意味着事实与说话人的认知相悖,可能与说话人脑中的常理相悖,也可能与说话人心中的期愿相悖;在元层面,连接词 aber 可以被用来补充或限制前文、标记话题转换、强调话语隐涵等等(详见第 2.2 节及第 4.13 节)。

　　在不同的使用类型下,连接词 aber 可以被不同的德语连接词所替代(详见第 5.3 节),这些连接词在实际语用中出现的频率亦不相同(见第 6.3.5.3 节)。虽然 aber 的使用频率很高,但若在语言输出的过程中过度使用该连接词,会导致语言表达单一;若不顾及各个连接词在实际语用中的使用频率,可能会导致语言表达接受度低、被母语者认为"不地道"的结果。因此,本书有关 aber 不同功能等价词及其相对使用频率的研究成果(参见第 6.3.6 节)可以为德语学习者提高语言表达的多样性与准确性提供参照,也可以为德语教学人员在有限的时间里合理规划教学内容提供参考。

连接词 aber 多种多样的使用类型很难用唯一一个语义元素去归纳总结(详见第 1.4 节)。在对 aber 所标记的语义关系进行细致的探讨过后,笔者从中抽象出"对立""相悖""限制"与"强调"四个语义元素。这四个语义元素可以在不同的作用域进行阐释,共同构成了连接词 aber 的语义内核,且"对立""相悖""限制""强调"的程度可强可弱,构成一个动态区间(详见第 7 章)。正是由于其语义内核是一个复杂的多元结构,而不是一个简单的单元结构,所以在实际语用当中,就算有具体的上下文信息辅助,信息接受者偶尔也很难确定连接词 aber 所标记的究竟是何种语义关系(详见第 6.3.2 节)。可见,要准确理解实际语用中出现的每一个 aber 并非易事。另外,aber 在德语中不仅可以作连接词,也有其他词性(详见第 1.2 节),本书提到的大部分可与 aber 进行替换的其他德语连接词亦然(详见第 5.2.2 节)。在实际语用当中,这些词的词性在某些情况下可能很难界定(详见第 6.3.3 节),值得更加深入细致的研究。

在探讨了典型的中文转折标记词所能表达语义关系之后,笔者列出了连接词 aber 在不同使用类型下可以对应的中文标记词。其中,转折连词"但"或"但是"虽然与德语连接词 aber 的语义重叠程度最高,但也不能覆盖其在实际语用中出现的所有功能。因此,本书列出的德语连接词 aber 在各个使用类型下对应的中文标记词(详见第 8.2 节)可以为德语学习者翻译带有该连接词的复合句提供参考。需要强调的是,本书提出的翻译建议以少量的例句和理论剖析为基础,其合理性有待更加深入细致的实证研究和接受度调查的检验。

除了上述亟待深入研究的问题之外,本研究的成果还可以为下列问题的研究提供理论基础,例如,连接词 aber 及其功能等价词在不同体裁或不同专业领域的文章中分布如何? 在口语与书面语中的分布有没有明显的区别? 这些连接词的使用在不同作者/说话人的语言表达中是否呈现明显的差异? 中文除了标记转折关系的连词和副词之外,还有哪些语言手段可以被用来翻译德语连接词 aber？在不同体裁、不同专业领域、不同语言风格的篇章或话语中，对连接词 aber 的翻译方式有无不同？诸如此类的研究问题不胜枚举。另外，本书采用的对德语连接词 aber 进行语义研究的路线也可以为其他语种的语义范畴广泛、功能庞大的连接词的研究提供新的思路；本书对德语连接词 aber 所能表达的不同语义关系及其中文对应词的研究成果也可以为机器翻译的进一步发展提供新的依据。

参 考 文 献

［1］陈莉萍.修辞结构理论与句群研究［J］.苏州大学学报（哲学社会科学版），2008（04）：118－121.

［2］池昌海，凌瑜.让步连词"即使"的语法化［J］.江南大学学报（人文社会科学版），2008（02）：91－96.

［3］邓云华，石毓智.从限止到转折的历程［J］.语言教学与研究，2006（03）：12－18.

［4］丁烨.谈汉语"但是"的语法化［J］.宁夏大学学报（人文社会科学版），2010（02）：56－59.

［5］范伟."偏"和"偏偏"的情态类型及主观性差异［J］.南京师大学报（社会科学版），2009（05）：147－151.

［6］冯德正，张艳，王艳.修辞结构理论在多模态语篇分析中的应用［J］.当代修辞学，2016（05）：49－58.

［7］何潇.试论限定性范围副词兼转折连词的历时演变——以"但是""不过""只是"为例［J］.汉语学习，2016（06）：103－112.

［8］金春梅."但"字小议［J］.东方论坛，2005（03）：106－110.

［9］金允经，金昌吉.现代汉语转折连词组的同异研究［J］.汉语学习，2001（02）：34－40.

［10］李婷，吴勇毅.基于修辞结构理论的汉语国际教育专业留学生学术论文语篇结构研究［J］.天津师范大学学报（社会科学版），2022（02）：16－23.

［11］李先龙，张晓芒.从历史化的角度推动逻辑学科的发展——以图尔敏的论证思想为例［J］.湖北大学学报（哲学社会科学版），2016（3）：34－39.

［12］ 刘东虹. 图尔敏成分"理由"与现代汉语论证性语篇［J］. 当代修辞学，2020(3)：86 - 95.

［13］ 刘佳平. 转折连词"但是"与"不过"的比较［J］. 语文学刊，2008(17)：47 - 50.

［14］ 刘云，李晋霞. 论"但(是)"与"却"的兼容与差异［J］. 华中师范大学学报(人文社会科学版)，2013，52(03)：100 - 105.

［15］ 吕长竑. 语篇的语料库研究范式评介［J］. 外国语，2010，33(02)：35 - 43.

［16］ 齐春红. 现代汉语语气副词"可"的强调转折功能探源［J］. 云南民族大学学报(哲学社会科学版)，2006(03)：138 - 143.

［17］ 强星娜. 无定预期、特定预期与反预期情状的多维度考察——以"竟然""偏偏"等为例［J］. 中国语文，2020(06)：675 - 689.

［18］ 沈家煊. 复句三域"行、知、言"［J］. 中国语文，2003(03)：195 - 204.

［19］ 沈家煊. 说"不过"［J］，清华大学学报(哲学社会科学版)，2004(05)：30 - 36.

［20］ 盛新华. "A，但 B"的类别及构成方法［J］. 唐山师范学院学报，2003(06)：1 - 6.

［21］ 石定栩，周蜜，姚瑶. 评价副词与背景命题——"偏偏"的语义与句法特性［J］. 外语教学与研究，2017(06)：914 - 926.

［22］ 史金生. "但(是)"类转折连词的内部差异及其形成机制［J］. 语文研究，2010(4)：34 - 40.

［23］ 史金生，孙慧妍. "但(是)"类转折连词的内部差异及其形成机制［J］. 语文研究，2010(04)：34 - 40.

［24］ 束定芳. 论隐喻的运作机制［J］. 外语教学与研究，2002(02)：98 - 106.

［25］ 孙娟，蒲志鸿. 《欧洲语言共同参考框架：学习、教学、评估》(扩展版)的解读及借鉴意义分析［J］. 外语教育研究前沿，2021(02)：37 - 42.

［26］ 王孔莉. 转折义虚词"却"跟"但是"、"倒"的对比分析［J］. 华文教学与研究，2013(02)：43 - 50.

［27］ 王伟. "修辞结构理论"评介(上)［J］. 国外语言学，1994(04)：8 - 13.

［28］ 王伟. "修辞结构理论"评介(下)［J］. 国外语言学，1995(02)：10 - 16.

［29］ 王霞. 转折连词"不过"的来源及语法化过程［J］. 河北师范大学学报

（哲学社会科学版），2003（02）：90 - 94.

［30］文旭，杨坤.《认知语言学教程》[M].北京：北京大学出版社，2022.

［31］谢耘，熊明辉.图尔敏的逻辑观述略[J].哲学研究，2013（08），66 - 71.

［32］邢福义.现代汉语转折句式[J].世界汉语教学，1992（02）：81 - 90.

［33］徐朝红.让步条件连词到让步连词的语义演变[J].语言科学，2017（05）：493 - 510.

［34］徐榕.话语联系语"虽然……但是"的幽默功能探析[J].黑河学刊，2015（08）：127 - 128.

［35］徐燕青."虽然 P，但是 Q"句式的语用条件[J].汉语学习，2015（04）：31 - 41.

［36］严丽明.表示对比的连词"而"[J].暨南大学华文学院学报，2009（01）：89 - 94.

［37］杨惠中.《语料库语言学导论》[M].上海：上海外语教育出版社，2002.

［38］杨宁芳.逻辑有效性概念：一元还是多元——图尔敏的逻辑有效性思想评析[J].自然辩证法研究，2009（7）：20 - 25.

［39］杨宁芳.图尔敏论证模式[J].重庆理工大学学报（社会科学），2012（7）：12 - 17.

［40］杨宁芳，何向东.图尔敏论证理论探析[J].哲学研究，2014（10）：116 - 121.

［41］姚双云，张磊.话语标记"但是"的宏篇连贯功能[J].长春理工大学学报（社会科学版），2011（05）：46 - 47.

［42］姚小鹏.副词"可是"的语法化及相关问题[J].汉语学习，2007（03）：45 - 49.

［43］姚小琴.语义最小论和语境论的争论与发展[J].当代语言学，2022（03）：429 - 446.

［44］姚燕.《德语语言大纲》（Profile Deutsch）述评[J].外语教学与研究，2012，44（01）：127 - 136.

［45］殷思源，袁毓林."偏"和"偏偏"的语义分工探究[J].汉语学习，2021（03）：34 - 46.

［46］于善志.一般疑问句疑问功能的语用消解[J].外语与外语教学，2003（10）：46 - 49.

[47] 袁雪梅.转折连词"然"和"然而"的形成[J].四川师范大学学报(社会科学版),2010(05):52－56.

[48] 张健军,吴长安."但是"与"却"的转折强度[J].语言教学与研究,2010(03):57－63.

[49] 张向阳.论心理表征及其规律对教学的启示[J].华南师范大学学报(社会科学版),2003(2):128－152.

[50] 章吟,李媛.话语实践意义的阐释——论式话语分析方法的改良[J].当代修辞学,2020(5):70－81.

[51] 张勇.德语基础语言学导论[M].北京:北京理工大学出版社,2016.

[52] 赵岩.现代汉语转折关系范畴研究[D].吉林:吉林大学文学院,2021.

[53] 周琳,邹立志."但是","不过"和"只是"的程序意义[J].西北大学学报(哲学社会科学版),2011(06):173－174.

[54] 朱城.试论转折连词"然"的形成[J].古汉语研究,2007(03):67－69.

[55] 朱怀."但"的语法功能演变及产生机制[J].中国语文,2015(2):141－149.

[56] 朱怀,范桂娟."但是"的来源及演化过程[J].语言研究,2017(03):22－26.

[57] 朱怀,范桂娟.句首助词"但"的语用功能及历时演变[J].语文研究,2021(02):36－42.

[58] 邹申,张文星,孔菊芳.《欧洲语言共同参考框架》在中国:研究现状与应用展望[J].中国外语,2015(03):24－31.

[59] AHRENHOLZ B. *Verweise mit Demonstrativa im gesprochenen Deutsch. Grammatik. Zweitspracherwerb und Deutsch als Fremdsprache* [M]. Berlin: De Gruyter, 2007.

[60] ASBACH-SCHNITKER B. *Konnektoren und Partikeln. Eine Untersuchung zu syntaktischen, semantischen und pragmatischen Aspekten von deutsch aber und englisch but* [D]. Regensburg: Universität Regensburg, 1978.

[61] ASBACH-SCHNITKER B. *Die adversativen Konnektoren aber, sondern und but nach negierten Sätzen* [C]//WEYDT, H. Die Partikeln der deutschen Sprache. Berlin: De Gruyter, 1979:457－468.

[62] BIRKNER K. *Konnektoren und Diskurskohärenz. Eine empirische Studie zum Erwerb des adversativen Konnektors aber* [C]// BECKMANN S, FRILLING S. Satz-Text-Diskurs. Akten des 27. Linguistischen Kolloquiums, Münster 1992. Tübingen: Niemeyer, 1994:303 – 310.

[63] BIRKNER K, DIMROTH C, DITTMAR N. *Der adversative Konnektor „aber" in den Lernervarietäten eines italienischen und zweier polnischer Lerner des Deutschen* [C]//BRIGITTE H. Fremde Sprache Deutsch. Grammatische Beschreibung-Erwerbsverläufe-Lehrmethodik. Tübingen: Narr, 1995:65 – 118.

[64] BLATZ F. *Neuhochdeutsche Grammatik mit Berücksichtigung der historischen Entwicklung der deutschen Sprache*. Zweiter Band. Satzlehre(Syntax)[M]. Hildesheim: Olms, 1970.

[65] BRAUßE U. *Bedeutung und Funktion einiger Konjunktionen und Konjunktionaladverbien: aber, nur, immerhin, allerdings, dafür, dagegen, jedoch* [C]//LANG E. Untersuchungen zu Funktionswörtern Adverbien, Konjunktionen, Partikeln. Berlin: Akademie der Wissenschaften der DDR, 1983a:1 – 40.

[66] BRAUßE U. *Konnektive als Indikatoren für Bewertungen von Argumenten* [C]//DANEš F/VIEHWEGER D. Ebenen der Textstruktur. Berlin: Akademie der Wissenschaften der DDR, 1983b: 28 – 35.

[67] BRAUßE U. *Was ist Adversität? aber oder und* [J]. Deutsche Sprache, 1998,26(2):138 – 159.

[68] BRAUßE U. *Die kontextuellen Varianten des Konnektors doch. Ein Ausdruck von Relationen zwischen Widerspruch und Begründung* [C]//KOCSáNY P, MOLNÁR A. Wort und(Kon)text. Frankfurt a. M. : Peter Lang, 2001:151 – 171.

[69] BREINDL E. *Kontrastkonnektoren: Einleitung* [C]//BLüHDORN H, BREINDL E, WAßNER U. Brücken schlagen. Grundlagen der Konnektorensemantik. Berlin/New York: De Gruyter, 2004a:215 –

224.

[70] BREINDL E. *Relationsbedeutung und Konnektorbedeutung: Additivität, Adversativität und Konzessivität* [C]//BLüHDORN H, BREINDL E, WAßNER U. Brücken schlagen. Grundlagen der Konnektorensemantik. Berlin/New York: De Gruyter, 2004b:225 - 254.

[71] BREINDL E. *Polysemie und Invarianz bei Konnektoren: allerdings und andere Kontrastmarker* [C]//POHL I, KONERDING K. Stabilität und Flexibilität in der Semantik. Strukturelle, kognitive, pragmatische und historische Perspektiven. Frankfurt a. M.: Peter Lang, 2004c:171 - 197.

[72] BREINDL E. *Konzessivität und konzessive Konnektoren im Deutschen* [J]. Deutsche Sprache, 2004d, 32(1),2 - 31.

[73] BREINDL E. *Die Brigitte nun kann der Hans nicht ausstehe-Gebundenes Topik im Deutschen* [J]. Deutsche Sprache, 2008,36(1):27 - 49.

[74] BREINDL E. *Nach Rom freilich führen viele Wege. Zur Interaktion von Informationsstruktur, Diskursstruktur und Prosodie bei der Besetzung der Nacherstposition* [C]//FERRARESI G. Konnektoren. Tübingen: Narr, 2011:1 - 40.

[75] BREINDL E, VOLODINA A, WAßNER U. *Handbuch der deutschen Konnektoren 2: Semantik der deutschen Satzverknüpfer* [M]. Berlin: De Gruyter, 2014.

[76] BUBLITZ W. *Deutsch* aber *als Konjunktion und als Modalpartikel* [C]//SPRENGEL K, BALD W D, VIETHEN H W. Semantik und Pragmatik. Akten des 11. Linguistischen Kolloquiums, Aachen 1976. Tübingen: Niemeyer, 1977:199 - 210.

[77] BURKHARDT A. *Abtönungspartikeln als Mittel des Vollzugs präsuppositionaler Akte. Zu Dittmanns und Rombouts' Untersuchungen über die Abtönungsfunktion von auch, denn und doch* [J]. Zeitschrift für germanistische Linguistik, 1982,10(1):85 - 112.

[78] BUßMANN H. *Lexikon Der Sprachwissenschaft* [M]. Stuttgart: Kröner, 2002.

[79] BüHRIG K. *Konnektivpartikel* [C]//HOFFMANN L. Handbuch der deutschen Wortarten. Berlin: De Gruyter, 2007:525 – 546.

[80] CASPARI D. *Grundfragen fremdsprachendidaktischer Forschung* [C]//CASPARI D, KLIPPEL F, LEGUTKE M K, et al. Forschungsmethoden in der Fremdsprachendidaktik. Ein Handbuch. Tübingen: Narr, 2016:7 – 21.

[81] CáRDENES M J. *Aber, denn, doch, eben und ihre spanischen Entsprechungen. Eine funktional-pragmatische Studie zur Übersetzung deutscher Partikeln* [M]. Münster: Waxmann, 1997.

[82] CléMENT D. *Einige Regelmäßigkeiten der Verwendung von freilich und* jedoch *und deren Beschreibung im Rahmen einer Teilsyntax der deutschen Standardsprache*. [C]//WEYDT H. Die Partikeln der deutschen Sprache. Berlin: De Gruyter, 1979:109 – 121.

[83] DI MEOLA C. *Der Ausdruck der Konzessivität in der deutschen Gegenwartssprache: Theorie und Beschreibung anhand eines Vergleichs mit dem Italienischen* [M]. Tübingen: Niemeyer, 1997.

[84] DI MEOLA C. *Zur Definition einer logisch-semantischen Kategorie: Konzessivität als „versteckte Kausalität"* [J]. Linguistische Berichte, 1998,175:329 – 352.

[85] DI MEOLA C. *Ikonische Beziehungen zwischen Konzessivrelation und Konzessivkonnektoren* [C]//BLüHDORN H, BREINDL E, WAßNER U. Brücken schlagen. Grundlagen der Konnektorensemantik. Berlin/New York: De Gruyter, 2004:287 – 308.

[86] DIEWALD G, FISCHER K. *Zur diskursiven und modalen Funktion der Partikeln* aber, auch, doch *und* ja *in Instruktionsdialogen* [J]. Linguistica, 1998,38(1):75 – 99.

[87] DOHERTY M. *Doch* [J]. Deutsch als Fremdsprache 1982,19:174 – 178.

[88] DOUGLAS B. *Corpus-Based and Corpus-driven Analyses of Language Variation and Use* [C]//HEINE B, NARROG H. The Oxford handbook of linguistic analysis. Oxford: Oxford Univ. Press, 2010:

159 – 191.

[89] DRÜGH H, KOMFORT-HEIN S, KRAß, A, et al. *Germanistik. Sprachwissenschaft-Literaturwissenschaft-Schlüsselkompetenzen* [M]. Stuttgart/Weimar: J. B. Metzler, 2012.

[90] DUDEN VERLAG. *Die Grammatik. Unentbehrlich für richtiges Deutsch. Umfassende Darstellung des Aufbaus der deutschen Sprache vom Laut über das Wort und den Satz bis hin zum Text und zu den Merkmalen der gesprochenen Sprache* [M]. Mannheim: Dudenverlag, 2009.

[91] EGGS E. *Zum Verhältnis von Grammatik- und Wirklichkeitskenntnis in Konzessivsätzen* [J]. Papiere zur Linguistik 1977, 12, 116 – 158.

[92] EROMS H W. *Die Konnektoren* aber *und* nur *im Deutschen* [C]// WERNER, R. Dokumentation der Tagungsbeiträge/Germanistentreffen Bundesrepublik Deutschland-Polen: 26. 9. – 30. 9. 1993. Bonn: DAAD, 1994: 285 – 303.

[93] FÉRY C. *Phonologie des Deutschen: Eine optimalitätstheoretische Einführung* [M]. Potsdam: Univ.-Bibliothek, 2001.

[94] FRITZ G. *Text Theorie und textlinguistische Annotation von Korpora: Bemerkungen zur Rhetorical Structure Theory* [J]. Zeitschrift für Germanistische Linguistik, 2014, 42(2): 163 – 195.

[95] FRITSCHE J. *Zur Entwicklung eines Bedeutungsmodells der Konnektive des Gegensatzes* [C]//HEYDRICH W, PETFI S. Aspekte der Konnexität und Kohärenz von Texten. Hamburg: Buske, 1986: 42 – 72.

[96] GRAEFEN G. *Eine streitbare Partikel: DOCH* [C]//FREUDENBERG-FINDEISEN R. Ausdrucksgrammatik versus Inhaltsgrammatik. Linguistische und didaktische Aspekte der Grammatik. München: Iudicium, 1999: 111 – 128.

[97] GROTE B, LENKE N, STEDE M. *Ma(r)king Concessions in English and German* [J]. Discourse Processes. A Multidisciplinary Journal, 1997, 24(1): 87 – 117.

［98］ GROTJAHN R. *Qualitative vs. quantitative Fremdsprachenforschung: Eine erklärungsbedürftige und unfruchtbare Dichotomie* ［C］// TIMM J P, VOLLMER H J. Kontroversen in der Fremdsprachenforschung. Dokumentation des 14. Kongresses für Fremdsprachendidaktik, veranstaltet von der Deutschen Gesellschaft für Fremdsprachenforschung（DGFF）Essen, 7. – 9. Oktober 1991. Bochum: Brockmeyex, 1993:223 – 248.

［99］ HELBIG G. *Lexikon deutscher Partikeln* ［M］. Leipzig: Verlag Enzyklopädie, 1988.

［100］ HELBIG G, BUSCHA J. *Deutsche Grammatik: Ein Handbuch für den Ausländerunterricht* ［M］. Berlin: Langenscheidt, 2001.

［101］ HELBIG G, KÖTZ W. *Die Partikeln* ［M］. Leipzig: Verlag Enzyklopädie, 1981.

［102］ HÖHLE, T. *Über Verum-Fokus im Deutschen* ［C］//JACOBS J. Informationsstruktur und Grammatik. Opladen: Westdeutscher Verlag, 1992:112 – 141.

［103］ HORN L R. *Metalinguistic Negation and Pragmatic Ambiguity* ［J］. Language, 1985,61(1),121 – 74.

［104］ JACOBS J. *Fokus und Skalen: zur Syntax und Semantik der Gradpartikel im Deutschen* ［M］. Tübingen: Niemeyer, 1983.

［105］ JACOBS J. *I-Topikalisierung* ［J］. Linguistische Berichte, 1997, 168:91 – 133.

［106］ KLAPPENBACH R, STEINITZ W. *Wörterbuch der deutschen Gegenwartssprache. Bd. 3: Glauben-Lyzeum* ［M］. Berlin: Akademie-Verlag, 1977.

［107］ KLEIN, J.（1980）: *Die Konzessivrelation als argumentationstheoretisches Problem* ［J］. Zeitschrift für germanische Linguistik, 1977,8:154 – 169.

［108］ KLEIN W, STUTTERHEIM C V. *Text structure and referential movement* ［J］. LiLi-Zeitschtift für Literaturwissenschaft und Linguistik, 1991,86:67 – 92.

[109] KOCH-KANZ S, PUSCH L F. *Allerdings（und* aber） [C]// WEYDT H. Aspekte der Modalpartikeln. Studien zur deutschen Abtönung. Tübingen: Niemeyer, 1977:73 - 100.

[110] KOHL M, KRANZ B. *Untermuster globaler Typen illokutionärer Akte. Zur Untergliederung von Sprechaktklassen und ihrer Beschreibung* [J]. Münstersches Logbuch zur Linguistik, 1992,2:1 - 44.

[111] KÖNIG E. EISENBERG P. *Zur Pragmatik von Konzessivsätzen* [C]//STICKEL G. Pragmatik in der Grammatik. Jahrbuch 1983 des Instituts für Deutsche Sprache. Düsseldorf: Schwann, 1984: 313 - 332.

[112] KÖNIG E. *Gradpartikel* [C]//VON STECHOW A, WUNDERLICH Dieter. Semantik/Semantics. Ein internationales Handbuch der zeitgenössischen Forschung. Berlin/New York: De Gruyter Mouton, 1991a:786 - 803.

[113] KÖNIG E. *Konzessive Konjunktionen* [C]//STECHOW A, WUNDERLICH D. Semantik/Semantics. Ein internationales Handbuch zeitgenössischer Forschung. Berlin/New York: De Gruyter Mouton, 1991b:631 - 639.

[114] KRIFKA M. *Basic Notions of Information Structure* [C]//FÉRY C, FANSELOW G, KRIFKA M. The Notions of Information Structure. Potsdam: Universitätsverlag Potsdam, 2007:13 - 55.

[115] KUNZMANN-MüLLER B. *Adversative Konnektive im Serbokroatischen, Slowenischen und im Deutschen. Eine konfrontative Studie* [C]// KUNZMANN-MüLLER B. Konfrontative Untersuchungen zu Funktionswörtern(Adversative Konnektive). Berlin: Akademie der Wissenschaften der DDR, 1988:1 - 106.

[116] KWON M J. *Modalpartikeln und Satzmodus. Untersuchungen zur Syntax, Semantik und Pragmatik der deutschen Modalpartikeln* [D]. München: Ludwig-Maximilians-Universität München, 2005.

[117] LAKOFF R. *If's, And's, and But's about Conjunction* [C]// FILLMORE C J, LANGENDOEN D T. Studies in Linguistic

Semantics. New York: Holt, Rinehart and Winston, 1971: 114 –
149.

[118] LANG E. *Semantische Analyse der koordinativen Verknüpfung.*
Ein Überblick [C]//Linguistische Studien des Zentralinstituts für
Sprachwissenschaft der Akademie der Wissenschaft der DDR. Berlin:
Akademie der Wissenschaft der DDR, 1975a, A(18): 83 – 108.

[119] LANG E. *Koordinationsanalyse in Anwendungsbeispielen. Ein*
Beitrag zur Erklärung der sprachlichen Wirkungen koordinativer
Konstruktionen [C]//Linguistische Studien des Zentralinstituts für
Sprachwissenschaft der Akademie der Wissenschaft der DDR.
Berlin: Akademie der Wissenschaft der DDR, 1975b, A(18): 109 –
133.

[120] LANG E. *Semantik der koordinativen Verknüpfung* [M]. Berlin:
Akademie-Verlag, 1977.

[121] LANG E. *The Semantics of Coordination* [M]. Amsterdam: John
Benjamins, 1984.

[122] LANG E. *Koordinierende Konjunktionen* [C]//VON STECHOW
A, WUNDERLICH D. Semantik/Semantics. Ein internationales
Handbuch der zeitgenössischen Forschung. Berlin/New York: De
Gruyter Mouton, 1991: 597 – 623.

[123] LANG E. *Adversative Connectors on Distinct Levels of Discourse:*
A Re-examination of Eve Sweetser's Three-level Approach [C]//
KORTMANN B, COUPER-KUHLEN E. Cognitive and Discourse
Perspectives on Cause, Condition, Concession, and Contrast. Berlin/
New York: De Gruyter, 2000: 235 – 256.

[124] LANG E. *Schnittstellen bei der Konnektoren-Beschreibung* [C]//
BLÜHDORN H, BREINDL E, WAßNER U H. Brücken schlagen.
Grundlagen der Konnektorensemantik. Berlin/New York: De Gruyter,
2004: 45 – 92.

[125] LANG E, UMBACH, C. *Kontrast in der Grammatik: spezifische*
Realisierungen und übergreifender Konnex [J]. Linguistische

Arbeitsberichte 2002, 79, 145 – 186.

[126] LEMNITZER L, ZINSMEISTER H. *Korpuslinguistik. Eine Einführung* [M]. Tübingen: Narr Verlag, 2010.

[127] MEIßNER C, LANGE D, FANDRYCH C. *Korpusanalye* [C]// CASPARI D, KLIPPEL F, LEGUTKE M, et al. Forschungsmethoden in der Fremdsprachendidaktik. Ein Handbuch. Tübingen: Narr, 2016: 306 – 319.

[128] MÉTRICH R, FAUCHER E. *Wörterbuch deutscher Partikeln. Unter Berücksichtigung französischer Äquivalente* [M]. Berlin: De Gruyter, 2009.

[129] MÜLLER S. *Zur Analyse der scheinbar mehrfachen Vorfeldbesetzung* [J]. Linguistische Berichte, 2005, 203: 297 – 330.

[130] MÜLLER S, BILDHAUER F, COOK P. *Beschränkungen für die scheinbar mehrfache Vorfeldbesetzung im Deutschen* [C]//CORTÈS C. Satzeröffnung. Formen, Funktionen, Strategien. Tübingen: Stauffenburg, 2012: 113 – 128.

[131] PASCH R, BRAUßE U, BREINDL E, et al. *Handbuch der deutschen Konnektoren* 1. *Linguistische Grundlagen der Beschreibung und syntaktische Merkmale der deutschen Satzverknüpfer* [M]. Berlin: De Gruyter, 2003.

[132] PIERREHUMBERT J B, HIRSCHBERG J. *The Meaning of Intonational Contours in the Interpretation of Discourse* [C]// COHEN P, MORGAN J, POLLACK M. Intentions in Communication. Cambridge MA: The MIT Press, 1990: 271 – 311.

[133] POSNER R. *Bedeutungsmaximalismus und Bedeutungsminimalismus in der Beschreibung von Satzverknüpfern* [C]//WEYDT H. Die Partikeln der deutschen Sprache. Berlin/New York: De Gruyter, 1979: 378 – 394.

[134] PÖTTERS W. *Negierte Implikation im Italienischen. Theorie und Beschreibung des sprachlichen Ausdrucks der Konzessivität auf der Grundlage der Prosasprache des „Decameron"* [M]. Thübingen:

Niemeyer, 1992.

[135] RUDOLPH E. *Satzgefüge mit* aber. *Opposition und Kontrast-aber wogegen?* [C]//REITER N. Sprechen und Hören. Akten des 23. Linguistischen Kolloquiums. Tübingen: Niemeyer, 1989:209 - 221.

[136] RUDOLPH E. *Syntaktische und semantische Vielfalt in konzessiven Satzgefügen* [C]//BÆRENTZEN P. Aspekte der Sprachbeschreibung. Akten des 29. Linguistischen Kolloquiums, Aarhus 1994. Tübingen: Niemeyer, 1995:227 - 230.

[137] RUDOLPH E. *Contrast: Adversative and Concessive Relations and their Expressions in English, German, Spanish, Portuguese on Sentence and Text Level* [M]. Berlin: De Gruyter, 1996.

[138] REZAT S. *Die Konzession als strategisches Sprachspiel* [M]. Heidelberg: Winter, 2007.

[139] SEARLE J R. *A Taxonomy of Illocutionary Acts* [C]//GUNDERSON K. Language, mind, and knowledge. Minneapolis: University of Minnesota Press, 1975:344 - 369.

[140] SEARLE J R. *A classification of illocutionary acts* [J]. Language in Society, 1976,5(1),1 - 23.

[141] SEKIGUCHI T. *Was heißt* doch? [C]//WEYDT H. Aspekte der Modalpartikeln. Studien zur deutschen Abtönung. Tübingen: Niemeyer, 1977:3 - 9.

[142] STARKE G. *Untersuchungen zum Problem der konzessiven Beziehung und zu ihrem sprachlichen Ausdruck im Deutschen* [J]. Beiträge zur Erforschung der deutschen Sprache 1982,2,130 - 144.

[143] STARKE G. *Und-oder-aber* [J]. Sprachpflege Zeitschrift für gutes Deutsch, 1989,38,31 - 34.

[144] STEDE M. *Kontrast im Diskurs*. [C]//BLÜHDORN H, BREINDL E, WAßNER, U H. Brücken schlagen. Grundlagen der Konnektoren-semantik. Berlin/New York: De Gruyter, 2004:255 - 286.

[145] STEDE M. *Korpusgestützte Textanalyse. Grundzüge der Ebenen-orientierten Textlinguistik* [M]. Tübingen: Narr, 2007.

[146] SWEETSER E E. *From Etymology to Pragmatics. Metaphorical and Cultural Aspects of Semantic Structure* [M]. Cambridge: Cambridge University Press, 1990.

[147] SZULC-BRZOZOWSKA M. *Zur semantisch-pragmatischen Erweiterung der Abtönungsfunktion bei polnischen Modalpartikeln aus kontrastiver Sicht(Deutsch-Polnisch)* [J]. Linguistik online, 2010, 44(4), 19 – 28.

[148] TOULMIN S E. *The Uses of argument* [M]. Cambridge: Cambridge University Press, 2003.

[149] THURMAIR M. *Modalpartikeln und ihre Kombinationen* [M]. Tübingen: Niemeyer, 1989.

[150] UHMANN S. *Fokusphonologie: eine Analyse deutscher Intonationskonturen im Rahmen der nicht-linearen Phonologie* [M]. Tübingen: Niemeyer, 1991.

[151] UMBACH C, STEDE M. *Kohärenzrelationen: Ein Vergleich von Kontrast und Konzession. KIT Report 148* [R]. Berlin: TU Berlin, 1999[09 – 09 – 2023]. https://www. researchgate. net/publication/ 241112385_Koharenzrelationen_Ein_Vergleich_von_Kontrast_und_ Konzession.

[152] UMBACH C. *Relating Contrast and Contrastive Topic: a focus-semantic analysis of "but"* [C]//KRUIJF-KORBAYOVÁ I, STEEDMAN M. Information Structure, Discourse Structure and Discourse Semantics. Workshop Proceedings. Helsinki: The University of Helsinki, 2001:175 – 188[09 – 09 – 2023]. http://www. coli. uni-saarland. de/publikationen/softcopies/Steedman:2001: ITD. pdf.

[153] VOGEL B. *Zur pragmatischen Funktion von Adversativ- und Konzessivsätzen in Dialogen.* [C]//WEYDT H. Die Partikeln der deutschen Sprache. Berlin/New York: De Gruyter, 1979:95 – 108.

[154] VÖLZING P L. *Begründen, Erklären, Argumentieren. Modelle und Materialien zu einer Theorie der Metakommunikation* [M]. Heidelberg: Quelle & Meyer, 1979.

[155] WEINRICH H: *Textgrammatik der deutschen Sprache* [M]. Darmstadt: Wissenschaftliche Buchgesellschaft, 2007.

[156] WEYDT H. „ *Immerhin* " [C]//WEYDT H. Die Partikeln der deutschen Sprache. Berlin: De Gruyter, 1979a:335 – 348.

[157] WEYDT, H. *Partikelanalyse und Wortfeldmethode: doch, immerhin, jedenfalls, schließlich, wenigstens* [C]//WEYDT H. Die Partikeln der deutschen Sprache. Berlin: De Gruyter, 1979b:395 – 413.

[158] WEYDT H. *Partikelforschung* [C]//HOLTUS G, METZELTIN M, SCHMITT C. Geschichte des Faches Romanistik. Methodologie. Tübingen: Niemeyer, 2001:782 – 801.

[159] WÖLLSTEIN A. *Topologisches Satzmodell* [M]. Heidelberg: Universitätsverlag Winter, 2014.

[160] WUNDERLICH D. *Arbeitsbuch Semantik* [M]. Königstein: Athenäum-Verlag, 1980.

[161] ZIFONUN G, HOFFMANN L, STRECKER B. *Grammatik der deutschen Sprache* [M]. Berlin: De Gruyter, 1997.

索　引

并列复合结构　27－35,39,41,105

COMMON INTEGRATOR（简称 CI）
32

从属连词　1,47,57,61,109,111－
113,120,128,129,139,142,147－
149,174－176,178

对立　4－14,17－26,31,36,37,39,
40,44－47,53,56－58,61－64,66－
73,76,78,81－85,87,88,90,94,95,
98,106,108,109,116,117,119,121,
123,124,126－131,133－135,138,
140,142,147－150,160,162－164,
166,171－173,175－180,182,183,
189,195,197－200,202,204,206,
207,211,214－216,220－222,224,
228,229

Gemeinsame Einordnungsinstanz（简
称 GEI）　4

话题　12,14－17,19,25,31,35,37－
40,46,48,50,67,68,70,77,78,84,
89,97－99,106,107,112,122,123,
126,130,132,135,140,150,164,
171－173,181,183,193,194,197,
198,201,204,205,210,217,223,
225,228

焦点信息　12－17,35,37,58,88,
92,98,123

连接词　1－14,16－18,20－31,34,
36,38－58,61,63－70,73,75－82,
85－94,96－99,102,104－144,146－
151,153－185,187,188,193－195,
200,201,203－211,213,215,217－
220,222,224－230

连接单位　2,27－31,34,39,40,63,
64,67,99,104,228

联结副词　39,57,61,98,110－113,
129,137,139,140,147－149,157,
158,175

论证结构　99－104

NE 位置　13,38,39,68,88,89,93,
98,99,110,123,126,130,132,134,
135,140

Quästio　14－16,19

让步　8－11,17－26,36,38－40,53,
54,61,67－70,73,76,79－82,89,
93,99－104,106,109,124,130,136,